正能量 也有

大流量

企业媒体融合作品赏析

裴增雨　主编

中国电力出版社
CHINA ELECTRIC POWER PRESS

图书在版编目（CIP）数据

正能量也有大流量：企业媒体融合作品赏析 / 裴增雨主编 . —北京：中国电力出版社，2023.12
ISBN 978-7-5198-8598-4

Ⅰ . ①正…　Ⅱ . ①裴…　Ⅲ . ①国有企业—传播媒介—案例—中国　Ⅳ . ① F279.241

中国国家版本馆 CIP 数据核字（2023）第 253360 号

出版发行：中国电力出版社
地　　　址：北京市东城区北京站西街 19 号（邮政编码 100005）
网　　　址：http://www.cepp.sgcc.com.cn
责任编辑：刘红强（010–63412520）
责任校对：黄　蓓　常燕昆
装帧设计：王红柳
责任印制：钱兴根

印　　刷：北京九天鸿程印刷有限责任公司
版　　次：2023 年 12 月第一版
印　　次：2023 年 12 月北京第一次印刷
开　　本：787 毫米 ×1092 毫米　16 开本
印　　张：20.5
字　　数：338 千字
定　　价：200.00 元

编　委　会

序　言

　　昂首奋进新时代新征程，需要正能量汇聚强大力量。当今世界正经历百年未有之大变局，中华民族伟大复兴进入关键时期，全面建设社会主义现代化国家、全面推进中华民族伟大复兴，是一项伟大而艰巨的事业。习近平总书记在多场重大活动的重要讲话中强调："实现中华民族伟大复兴的中国梦，需要广泛汇聚团结奋斗的正能量。"步入新时代，开启新征程，要以正能量精品力作广泛汇聚向上向善的精神力量，以正能量融媒传播有效增强人民为梦想奋斗的创造伟力。

　　扎实推进中国式现代化，需要正能量铸牢信心基石。中国式现代化不断推动着国家的发展，成功树立了独立自主迈向现代化的典范，在经济发展、科技创新、文化交流等各领域持续迸发出巨大的正能量，将全党全国人民士气鼓舞起来、精神振奋起来，朝着党中央确定的宏伟目标团结一心向前进，成为中国硬实力和文化软实力的重要象征，并为世界注入确定性和正能量，使全球合力应对各领域挑战、共同开创繁荣发展前景的信心更加坚定。

　　共建共享清朗网络空间，需要正能量引领新风正气。我国全功能接入国际互联网已整整 30 周年。这 30 年间，互联网深刻地改变着人们的生产和生活方式，网络空间不但是人们生产生活的新空间，也成为意识形态斗争的主战场和舆论交锋的最前沿。"正能量是总要求，管得住是硬道理，用得好是真本事"。❶ 唱响主旋律、传播正能量是营造风清气正网络空间的有效举措，要加强网络正能量内容建设，做强网上正能量传播，努力做到正能量充沛、主旋律高昂，为广大网民特别是青少年营造一个风清气正的网络空间，将互联网这个"最大变量"变成事业发展的"最大增量"。

　　国有企业是中国特色社会主义的重要物质基础和政治基础，是我们党执政兴国的重要支柱和依靠力量。国有企业创造的大庆精神、铁人精神、载人航天精神、青藏铁路精神等宝贵精神财富，是正能量的重要组成部分。国有企业宣传思想文化工作是党的宣传思想文化工作的重要组成部分，面对复杂的社会舆论环境，国有企业要积极凝聚国企正能量，立

---

❶　2019 年 1 月 25 日，习近平在十九届中央政治局第十二次集体学习时的讲话。

体传播国企正能量，主动展示国企力量，切实维护国企形象。

坚持以人为本，凝聚广大干部职工共同奋斗、干事创业的强大正能量，是中国电力工业不断战胜困难挑战、实现基业长青的坚强依靠。国网浙江省电力公司作为国家电网有限公司下属的全资子公司，公司党委始终以习近平新时代中国特色社会主义思想科学为指引，把做好宣传思想文化工作作为重大政治责任扛在肩上，坚持"正能量是总要求"重要原则，全面深化"红船精神、电力传承"特色实践，立足省级电网企业坐标定位，守正创新，弘扬正气，立足发掘、汇聚之江大地电网企业向上向善正能量的初心，打造了一批正能量融媒精品力作，并以网上网下一体、内宣外宣联动的传播格局推动正能量赢得大流量，有力增强人民为梦想奋楫扬帆的精神力量，积极助力中华民族乘风破浪、阔步前行。

坚持正能量，就是要始终高举正能量风向标。公司各级自觉担负起举旗帜、聚民心、育新人、兴文化、展形象的使命任务，牢牢把握正确的政治方向和舆论导向，紧扣正能量主线，精心策划组织正能量融媒传播，以正能量坚定主心骨、把准定盘星，确保政治方向上不动摇、指导思想上不偏向、团结鼓劲上不松懈，有力推动党员干部职工听党话跟党走的信念信仰更加坚定，努力把人民士气鼓舞起来、精神振奋起来，不断开创新时代新征程国有企业宣传思想文化工作新局面。

坚持正能量，就是要持续澎湃正能量大流量。随着 5G、大数据、区块链、云计算、全息投影、增强现实、人工智能等各种新技术不断涌现，全媒体时代的传播生态和传播格局也发生了深刻变化。公司各级与时俱进焕新宣传思想文化工作观念，把正能量传播作为内容产品去运营，在丰富原创内容、创新表达方式、开展立体传播上下功夫，利用文字、图解、音视频等全媒体报道方式，推出一大批内容鲜活、形式新颖、可亲可感的现象级融媒产品，提升正能量传播的亲和力、吸引力和感染力，推动正能量持续产生大流量，得到广大网友点赞评论。

坚持正能量，就是要共绘最大正能量同心圆。社交媒体时代，网络正能量建设需要全民积极参与。公司坚定走好全媒体时代群众路线，坚持网上网下相结合，贴近群众发掘和展现身边的正能量，在春风化雨中激励广大受众在思想上行动上产生共鸣、凝聚共识，带动风气向上、向善、向美。

坚持正能量，就是要大力拓展正能量影响力。新时代以来，公司紧扣"走在前、作示范，打造示范窗口"目标定位，把对外宣传工作摆在更加重要位置，精心策划重大主题对外宣传，建强用好海外社交矩阵，不断加强国际传播能力建设。借助一个个正能量故事的国际传播，树立企业良好的海外形象，向国际社会生动展示我国的发展道路、发展理念、发展成就，使海外受众在潜移默化中感受我国的道路优势、制度优势、文化优势，着力扩大在中国企业在国际舆论场的"音域、音量"。

本书以国有企业为主体，以坚持正能量为主题，以融媒体作品为载体，在结构上分为两个篇章。"之江大地"部分，汇集了国网浙江电力各级新闻宣传部门关于正能量传播的工作部署及典型案例。聚焦初心使命、大国重器、敬业奉献、社会责任等维度，刻画了一位位看似普通的电网员工，在平凡岗位上执着敬业的无私奉献，打造大国重器、践行高质量发展的奋斗姿态，弘扬社会主义核心价值观的感人行动，并邀请学界和业界的学者、专家对作品和工作进行深入分析和深度点评。"他山之石"部分，精选了国铁集团、中国航天、中核集团、中国安能、中建集团、中粮集团、中国石油、中国移动等国有企业的正能量案例及融媒体作品，并对其传播过程进行了复盘，对传播效果进行了评估。我们期望从作品中借鉴工作经验，从分析中总结方法路径，从点评中拓展创意思路，进一步增强国企正能量的感染力和影响力，以正能量展示负责任、有担当的国企形象，以正能量增强广大党员干部职工群众的凝聚力和向心力，坚定当好正能量传播的国家队、排头兵，使正能量更加充沛、高昂！

目　录

序　言

上篇　之江大地

下篇 他山之石

上篇

之江大地

国网浙江电力融媒体中心
与电网头条联合开展主题报道

▶▶ **案例分析** 从"县"出发，用"电"观察，以"数"刻画

一、入选理由

2023年3月起，国家电网旗下微信公众号电网头条与国网浙江电力融媒体中心联合开展"县在发力"浙江县域高质量发展专题传播报道。系列作品通过电网头条微信公众号、视频号、网站等多种载体、多个平台共同发声，融出新闻传播新合力，吸引了社会各界的广泛关注，有效传播了国网浙江公司下属各县级公司积极助力之江大地县域高质量发展，为实现全面建设社会主义现代化国家和实现中华民族伟大复兴的中国梦作出新的更大贡献的正能量案例。

二、基本情况

浙江省是中国经济最发达的省份之一，也是县域经济的典范。近年来，浙江省委省政府高度重视县域经济的发展，出台了一系列的政策措施，推动县域经济实现高质量发展，助力乡村振兴和区域协调发展。"县在发力"浙江县域高质量发展专题报道自2023年3月启动，于7月正式收官。四个月的时间里，在全网先后推出了11篇一线调研报道、11篇县级供电公司负责人访谈、3期微记录视频，以电力视角探寻浙江县域经济高质量发展的能源底气，讲述电联万家、电促发展的故事。其间，电网头条开设"解读县域经济"专栏，新华财经开设"电眼看县域"专栏，浙电e家开设"一线调研·浙江县域高质量发展"专栏，同时人民网、潮新闻等多个媒体渠道给予转发刊载，全媒体传播达到预期效果。

三、策划过程

1. 打开策划"天花板"，增强了企业策划与央媒策划的关联度

县域经济是宏观经济与微观经济的桥梁，浙江县县有特色，电网县县有亮点。在策划执行过程中，国网浙江电力结合时政热点，及时调整完善实施路径，将走基层采访的形式与主题教育提出的"大兴调查研究之风"要求相结合，进一步增强了企业级策划与"高质量发展调研行"等央媒大型策划的关联度，打开了策划"天花板"。

2. 从"小切口"出发，用新动向展现县域经济发展新变革、新思路

报道将目光聚焦于一个个行业、企业乃至个人的生动实践。以衢州龙游《龙游出山 引凤来栖》为例，该篇报道聚焦龙游在"双碳"背景下，通过"供电＋能效服务"模式，从经济用能、智慧用能等维度，为企业提供综合能效诊断报告，助力企业节能降耗；在"电等发展"形势下，持续优化大项目服务模式，与政府建立常态化协同机制，在招商意向协议签订环节就主动获取大项目用电需求，将供电方案前置至土地规划收储环节，缩短办电启动时间，全省率先落地实施电力接入工程费用分担机制，在浙江先行探索高质量发展模式。

四、传播成效

通过在中央媒体、行业媒体、公司媒体的立体报道和全媒传播，2023 年 4—7 月，国网浙江电力在电网头条、浙电 e 家平台相继推出 11 篇一线调研报道、11 篇县级供电公司负责人访谈以及 3 期微记录视频。经多方沟通，除了与电网头条联动策划，还与新华财经达成共识，新华财经特别开设"电眼看县域"专栏，刊发了所有 11 篇报道。自 4 月 25 日刊发首篇报道后，人民网、潮新闻等多家网络媒体也同步转发系列报道。中央媒体、行业媒体、省级媒体等纷纷给予好评。据初步统计，全网联动传播阅读量超千万。其中，电网头条总阅读量超 100 万，浙电 e 家总阅读量超 200 万、点赞在看突破 3 万。

五、可推广的经验

1. 联动策划传播，聚合最优资源

媒介生态瞬息万变，但"内容为王"的规律并不会改变。国网浙江电力融媒体中心自成立以来，一直强调主题策划能力是不可或缺的核心竞争力。将"时代主题"与"创新表达"紧密结合，在海量信息中根据主题特点、需求精准选择有效信息，创新视角、多维度表达，从而占据舆论引导的制高点，是国网浙江电力孜孜以求的自我要求。此次"县在发力"浙江县域高质量发展的策划，得到了电网头条的大力支持，自策划开始，国网浙江电力融媒体中心便与英大传媒集团新媒体中心始终保持紧密沟通，多方沟通商讨，明确有关事项，达成策划意图、主题名称、风格类型、质量把控、推送节奏、传播策略等多项共识，为后续策划实施与推进奠定了厚实基础。电网头条对接老师、责任编辑、部门负责人以专业、敬业、勤业、精业的精神，逐字逐句编辑校对每一篇文章，核对细节，尤其对标题更是精心打磨、反复推敲，为系列报道最终以较高品质呈现付出了大量心血。

2. 以"小切口"透视"大脉络"

"上接天线，下接地气"，这是酝酿策划之初即明确的目标，也是专题报道取得较好成效的关键。聚焦县域层面高质量发展的选题策划，其实早在今年2月份就已经开始酝酿。这是在全国两会、浙江省两会期间对时政热点新闻学习基础上，基于专业的新闻敏感性作出的判断。今年浙江省政府工作报告中，将实施县城承载能力提升和深化"千村示范、万村整治"工程，列入"事关全局、牵一发动全身"的十项重大工程之一，明确努力打造以县城为重要载体的城镇化建设示范省。

3. 创新形式拓展载体

顺应视频化传播趋势，在传统图文报道基础上，聚焦奋斗在县城的中青年群体，创新推出以"我的家在某某县"为主题的综艺风格微记录视频报道，以视频呈现普通人的奋斗故事。改变以往综合报道中视频内容服务于文字的辅助定位，给予视频内容足够的策划独立性，有效丰富了整体策划的内容形式。

4. 新机制确保高质量推进

在保障机制上，从前期采访准备，到后期稿件打磨，融媒体中心各处室负责人、首席记者均以不同角色深度参与作品创作全流程，或为执笔人，或为指导者。在细节上，"县在发力"四个字，字字几经推敲，十一张海报，张张创意满满。全员全层级的深度参与使得融媒体中心内部形成相互"比拼"的良性氛围，有效提升了系列作品的整体质量。在传播策略上，在策划初期即明确借助第三方媒体资源开展联动传播、力图破圈、扩大影响力的思路。

专家点评 **如何让正面报道"活"起来**

2016 年 2 月 19 日，习近平总书记在党的新闻舆论工作座谈会上提出，在新的时代条件下，党的新闻舆论工作必须牢牢坚持党性原则，牢牢坚持马克思主义新闻观，牢牢坚持正确舆论导向，牢牢坚持正面宣传为主。这四个"牢牢坚持"，不仅是我国新闻舆论工作的多年经验总结，更是中国共产党领导中国现代化事业的多年智慧结晶。正是在这个重要思想的指引下，"坚持以正面报道为主"，成为我国新闻宣传工作的重要选择。

所谓正面报道，就是以报道"正面事实"为主。对此，知名学者杨保军教授认为："以正面宣传（报道）为主是'党媒'的核心工作观念，它实质要求新闻报道要把对正面事实的报道置于主导地位，并从追求正面效应的目标出发报道负面事实，展开新闻批评或舆论监督"[1]。由此可见，正面报道并不等同于"唱赞歌"，它同样强调事实的"新闻价值"和对社会的"监督"。近年来，我们的正面报道取得了很大成绩，但同时也出现了一些问题，主要表现为调门高、内容空、情感假。"写工作典型是'做法 + 数字'，写人物典型是'奉献 + 荣誉'，淡化了挖掘典型中的思想和社会意义，抽走了人物典型的自我价值。"[2]从而导致当前的正面报道越来越陷入"写谁谁看，谁写谁看"的传播困境。

在这种情况下，国网浙江电力于 2023 年 4 月至 7 月推出的"县在发力"浙江

[1] 杨保军. 准确理解"党媒"新闻报道"全面"观念与"正面为主"观念之间的关系 [J]. 西安交通大学学报（社会科学版），2022，42（3）.

[2] 傅弘蔚. 如何创新正面报道 [J]. 青年记者，2010（5）.

县域高质量发展专题报道，无疑为新时代我们如何重新激活正面报道的"活力"做出了积极探索。具体来说，主要表现在以下几个方面。

一、正面报道不仅要讲宣传价值，也要讲新闻价值

无论是全面报道还是正面报道，具有新闻价值都是它们的立身之本，也是宣传价值得以实现的基本基石。但是近些年来，一些正面报道一味强调素材的"宣传价值"，缺乏对素材背后"新闻价值"的挖掘，从而使得其叙事多停留在事实的"表层"，缺乏真正的"新闻属性"。

"县在发力"相比传统的正面报道，一个重要改变之一，就是充分发掘出了浙江电力日常生活和串串数字背后的新闻价值。以《"糯叽叽"的美食天堂很"硬气"》为例，该篇报道关注的是台州的发展与电力故事，却是从台州的美食谈起：从香甜可口的海苔饼、入口即化的蛋清羊尾，到可以无限"拉丝"的乌米麻糍，随即文峰一转，引出了饮食偏爱甜糯的台州临海人，血液里流淌着的是"台州式硬气"。从九战九捷大破倭寇，到缔造民营经济一个又一个奇迹，再到破局立新打造"共富高地"……在这种文化的润泽下，临海不断获得持续发展的生命力。然后，再从一串串的数字入手，抽丝剥茧地讲述背后的故事，并从中发现"台州式硬气"的精神来源。整篇报道虽然以正面宣传为主，但是并没有停留在"业绩"层面，而是尽可能呈现出了背后的人和故事。

但是，我们也看到，这11篇专题报道在新闻价值的挖掘上依然有着较大的提升空间。主要表现为缺乏核心的新闻事件，报道的新闻价值与宣传价值存在着一定程度的脱节。绝大多数报道多是以时间线为线索串起诸多人和故事，但是缺乏具有较高新闻价值的核心事件，从而使得整篇报道依然未完全跳脱"做法＋数字"的传统窠臼。

正如我们所知，"新闻报道的关键是挑选事实。如果说文学是语言的艺术——用语言来塑造形象，那么新闻是选择的艺术——选择一定的事实来公开传播，"❶ 新闻价值和宣传价值正是新闻选择的两个必须标准，我们既不能让新闻价值凌驾于宣传价值之上，同样也不能一味讲宣传价值，忽略新闻价值，更不能以宣传价值代

---

❶ 李良荣.中国报纸的理论与实践[M].上海：复旦大学出版社，1992.

替新闻价值。轻视新闻价值的直接后果，不仅仅是与读者的距离越来越远，宣传价值也会因此成为"无源之水""无本之木"。所以，改进我们的正面报道，首先要确定正确的新闻观，坚决杜绝正面报道中的公式化、模式化、宣教化倾向，抓住与人民生活密切相关的鲜活故事，充分发掘背后的新闻价值与宣传价值，做活做深正面报道。

二、正面报道不仅要有情有理，也要情理交融

随着社会的变革和媒介环境的变迁，传统意义上的"受众"已经一去不复返。在新的媒介环境下，读者的主体性不仅有了极大释放，他们的需求也日趋多元和分化。在此背景下，正面报道传统的"典型人物＋历史成绩"的叙事框架，不仅很难与读者产生共鸣甚至还会引起他们的情感排斥。所以，新时代的正面报道，不仅要厚植"诉诸感性"的"感动"，更需强化"诉诸理性"的"说服"，全方位提升正面报道的吸引力、感染力和说服力[1]。

"县在发力"系列报道，虽然也是传统意义上的"成就报道"，但将报道重心转移到了一个个行业、企业乃至个人的生动实践上。它们不仅关注到了这片土壤上的新变化、新表征，更及时将变化背后的历史"回声"记录了下来，以"时度效"的全新标准不断反思并更新自己的报道理念。以《德清成长有烦恼？弄潮闯出一片天！》为例，该篇报道不仅及时关注到了德清发展过程中的"真问题"，还将报道重心聚焦到成长烦恼中的诸多鲜活人与事。从家居行业到民宿产业，不同行业的烦恼、不同人群的烦恼，以及如何在政府的扶持下如何战胜这些烦恼的，都被一一记录了下来。类似的还有《双擎驱动余杭重回"浙江第一区"》等多篇报道，同样将报道的视角触及社会的深处，并且改变了传统的"仙人指路"思维，尊重读者的情感需求和现实关怀。但是同时我们也要注意到，"县在发力"系列报道虽然在这方面做出了一定探索，但依然存在着一些问题，譬如对人物、事件的书写，依然还存在着公式化、概念化的表达手法，对故事背后的细节与动态挖掘得还不够。

由此可见，要想让正面报道具有"生命力"，就必须要学会从人民群众的视角出发，寻找党和人民的情感"共鸣点"，不仅要"入眼入情"，更要"入脑入心"。

---

[1] 李成.正面报道要情理交融——从此次抗击疫情报道中的舆论效应说起 [J]. 中国记者，2020（3）.

"新闻媒体在策划、组织典型报道时，要更多地考虑社会需要和受众需求，要善于抓住社会中绷得最紧的那些弦，推出典型，才能引起社会关注、群众共鸣。"❶

三、正面报道不仅要强化脚力，也要优化笔力

2018 年，在全国宣传思想工作会议上，习近平总书记要求我们的新闻舆论工作者，一定要强化调查研究意识，不断增强脚力、眼力、脑力、笔力。总书记之所以再三强调调查研究，并且将新闻舆论工作者的脚力、眼力、脑力、笔力提到一个政治高度，是因为这不仅关系着我们的舆论阵地建设，更关系着我们的国际话语权建设。但是仍有很多正面报道囿于传统的宣传观，内容严肃、语言生硬，越来越脱离当代读者（尤其是年轻读者）的知识框架和情感需求。尤其是成就报道一直是"旧瓶换新酒"，缺乏新意、缺乏活力。有学者将其总结为虚、大、空、全、远。所谓"虚"，就是报道的事情不具体，看不见，摸不着；所谓"大"，就是报道的内容大而无当，不善于以小见大，抓切入口、抓细节；所谓"空"，就是说大道理，空洞无物，不实在；所谓"全"，就是面面俱到，没有特色；所谓"远"，就是远离社会实际，远离百姓生活。❷

"县在发力"系列报道，将走基层采访的形式与主题教育提出的"大兴调查研究之风"要求相结合，进一步增强了主题策划与国家使命的关联度，将新闻报道的"脚力"充分落到了实处。在这过程中，该调研行动共推出 11 篇一线调研报道、11 篇县级供电公司负责人访谈、3 期微记录视频，并与不同的媒体合作，根据不同媒介的属性推出个性化新闻产品。譬如与电网头条合作开设"解读县域经济"专栏，与新华财经合作开设"电眼看县域"专栏，与浙电 e 家合作开设"一线调研·浙江县域高质量发展"专栏等，充分体现出了新闻宣传工作者的眼力与脑力。但是该系列的新闻产品，在笔力上却依然有着较大的提升空间，主要表现为部分新闻作品贪求大而全，"'葫芦茄子一齐揽'，表面看热热闹闹，实则没有抓住典型的精彩部分进行深入挖掘，缺乏思想的、理性的深度思考，没有揭示典型的发展规律、发展方

---

❶ 傅弘蔚 . 如何创新正面报道 [J]. 青年记者，2010（5）.

❷ 傅弘蔚 . 如何创新正面报道 [J]. 青年记者，2010（5）.

向。"❶还有些作品依然喜欢"穿靴戴帽"，空话、套话掺杂其中。此外，文学化色彩较为浓厚也是这个系列作品的不足之处之一。

由此可见，新闻工作者的四力，缺失了任何一个，都会让正面报道面临脱离群众的风险，只有有了扎实的脚力，才能让眼力和脑力有了落脚之处，只有有了生动活泼的笔力才能让脚力、眼力和脑力转化为感染力和影响力。

---

❶ 傅弘蔚. 如何创新正面报道 [J]. 青年记者，2010（05）.

国网杭州供电公司

绿色清洁电力宣传

▶▶ 案例分析 ┃ 绿电，让亚运别样精彩

一、入选理由

杭州第 19 届亚运会（The 19th Asian Games）又称"2022 年杭州亚运会"，是继 1990 年北京亚运会、2010 年广州亚运会之后，中国第三次举办亚洲最高规格的国际综合性体育赛事。2022 年 7 月 19 日，亚洲奥林匹克理事会宣布原定于 2022 年 9 月 10—25 日举行的杭州 2022 年第 19 届亚运会将于 2023 年 9 月 23 日—10 月 8 日举行，赛事名称和标志保持不变。

杭州亚运会以"中国新时代·杭州新亚运"为定位、"中国特色、亚洲风采、精彩纷呈"为目标，秉持"绿色、智能、节俭、文明"的办会理念，坚持"杭州为主、全省共享"的办赛原则。2023 年 6 月 14 日，国务院新闻办公室举行新闻发布会，介绍杭州亚运会亚残运会筹办情况，并答记者问。本届亚运会印发了《杭州亚运会绿色行动方案》，实施绿色能源供应在内的八个专项行动，并提出力争实现首届碳中和亚运会。

绿电，作为杭州亚运会绿色能源供应的重要组成部分，是本次亚运会的主色调和最深刻的底色。从"中国承诺"到"杭州样板"，国网杭州供电公司坚持以绿色能源助力打造史上首个碳中和亚运，争当能源清洁低碳转型的推动者、先行者、引领者，让"绿色亚运"的"含绿量"更高。

二、基本情况

杭州亚运会是向世界展示中国良好形象的重要窗口、促进国家发展振奋民族精神的重要契机、中国建设体育强国路上的标志性事件。国网杭州供电公司作为重要窗口、盛会城市的属地央企，充分发挥专业优势，积极构建新型电力系统，大力推动绿电交易，为杭州亚运会、亚残运会提供安全可靠、绿色清洁的电力服务，为杭州亚运会实现首届碳中和亚运会，贡献国家电网力量。

1. 绿色供能：绿电点亮亚运的光

国网杭州供电公司在宣传活动中聚焦绿电交易，生动讲述了亚运会的绿电到底来自哪里。自杭州亚运会绿电交易开展以来，截至2023年6月2日，交易电量已达6.21亿千瓦时，相当于节约标准煤76320.9吨。这些绿电既有来自青海柴达木盆地、甘肃嘉峪关等地的光伏发电，新疆哈密巴楚等地的风力发电，也有浙江省内的分布式光伏、海上风电等绿色能源，最终实现亚运史上首次建设场馆常规电力100%绿电供应。

2. 绿色服务：擦亮"品牌亚运"新名片

国网杭州供电公司在宣传活动中聚焦亚运场馆节能降碳，挖掘呈现了"零碳工程师"们服务绿色办会的做法和举措。2021年，随着杭州亚组委的一纸聘书生效，国网杭州供电公司13名人员成为亚运历史上首批"零碳"工程师并正式上岗，后又扩展至49人。两年多来，这群神秘的工程师活跃在杭州的亚运场馆里及周边，提供亚运交通零碳化配套建设、零碳智慧能源场馆、赛事场馆绿电交易等3大类13项专业化服务，实施亚运氢能低碳示范工程、打造降碳楼宇，服务首届"碳中和"亚运会。

3. 绿色出行：打造0.9公里电动汽车充电圈

国网杭州供电公司在宣传活动中聚焦亚运村电动汽车充电站，突出展现公司引领充电桩充电技术的前沿科技。国网杭州供电公司全力支撑亚运赛事场馆周边配套充电设施建设，结合绿色亚运契机，积极打造亚运核心区域0.9公里充电圈，并助力亚运会56座赛事场馆充电桩全覆盖。在亚运村区域，建成全国首个汇集无线充电、大功率、V2G技术的电动汽车充电站，相当于一个全能的电动汽车"超级快充站"，为杭州第19届亚运会"三馆三村"区域提供高效便捷的绿色交通保障。

4. 绿色管理：通过央企首个服务大型赛事可持续管理体系认证

国网杭州供电公司在宣传活动中聚焦可持续发展理念，强调呈现了公司深耕可持续能源服务的不断努力。2020年11月9日，国网杭州供电公司获得服务亚运可持续性管理体系认证。这是央企首个服务大型赛事可持续管理体系认证，也是继北京冬奥组委之后，国家认证认可监督管理委员会颁发的第二张可持续性管理体系认证证书。先后发布了《国网杭州供电公司服务亚运可持续性管理体系手册》和杭州亚运会可持续发展行动报告《绿电，让亚运别样精彩》，积极回应杭州2022亚运会"绿色、智能、节俭、文明"的办赛理念。

5. 绿色风尚：绿电兔宣传亚运

国网杭州供电公司在宣传活动中聚焦绿电精彩形象展示，以绿电兔卡通形象为载体，向公众宣传杭州亚运会绿电。在杭州亚运村"电力驿站"和"亚运青年Ⅴ站"，一只手持风力发电站模型的巨型绿电兔，深受"村民"们喜爱。亚运会举办期间，围绕绿电兔进学校、进社区、走入闹市街头，向市民大众传递绿电理念。营造出绿色亚运浓厚氛围。

三、策划过程

围绕"绿电，让亚运别样精彩"主题，国网浙江省电力有限公司、国网杭州供电公司深刻领悟习近平总书记对办好杭州亚运会的殷切期望，系统学习借鉴杭州亚运会的成功经验，紧紧抓住亚运倒计时100天、亚运测试赛、亚运会保障等重大节点，集中开展"电，让亚运别样精彩"供电服务保障系列宣传，全面展示国网品牌、浙电示范、杭电精彩。

1. 依托权威传统媒体提升传播高度

与人民日报、新华社、中央广播电视总台等中央权威媒体沟通，综合运用深度报道，围绕绿电交易、"零碳"工程师、无线充电站等内容，宣传公司高标准完成亚运配电网规划建设、高可靠供电保障，"点亮"精彩亚运。借助《人民日报》《浙江日报》《杭州日报》重要版面，以及省市广播电视频道、客户端等渠道，多角度深入呈现公司在助力绿色亚运和高素质保障团队方面的特色亮点工作。

2. 借助新媒体平台扩大传播影响力

发挥传统媒体的新媒体平台优势，运用央视频客户端、新华社、人民网、人民日报数字屏媒、浙江日报客户端等，重点揭秘绿电从哪里来、怎么来、怎么用等读者感兴趣的内容，宣传亚运供电服务保障特色案例和典型故事，通过新颖、生动的形象展示，提升传播吸引力与感染力，增强传播效果。

3. 联动行业媒体拓展报道深度

与国家电网报、亮报和中国电力报等行业媒体联动，深度解读公司助力打造亚运史上首届碳中和亚运会的理念和成就，宣传亚运会电力服务保障举措和亮点工作。运用电网头条、浙电 e 家等平台，通过消息、通讯、短视频、直播等多种形式，推出图文微故事等系列报道，展示亚运配套电网建设历程和供电服务保障感人故事，彰显奋斗者的事迹和风采。

4. 用好公司媒体营造浓厚氛围

结合亚运倒计时 100 天等重要节点，在公司网站开设专栏，以飘窗、专题页面、要闻系列报道形式进行展示，集中报道公司服务保障亚运最新进展和成果。围绕"绿电"话题，公司官方微博、微信公众号以及微信视频号等实时推送专题报道，以图说数说类、故事类、短视频等多形式多视角呈现公司在亚运各个场馆、场所的降碳举措以及人物故事。

四、传播成效

国网浙江电力有限公司、国网杭州供电公司在宣传活动中集中开展"电，让亚运别样精彩"供电服务保障系列宣传，全媒体宣传公司在供电保障工作中的经验、亮点、成效，全面展示国网品牌、浙电示范、杭电精彩，凝聚各方共识，展现广大干部员工在保电中的良好精神风貌，营造和谐舆论氛围。

1. 企业内部传播成效

国家电网网站要闻发布《新华社：杭州亚运会绿电交易总电量达 6.21 亿千瓦时》《人民日报整版报道：国家电网加快构建新型电力系统——让更多绿电供得上用得好》，"国家电网"微信公众号刊发亚运绿电报道 11 次。浙电 e 家微信公众号先后发布《浙江绿电交易用户破万 市场为何活跃》《亚运保电准备就绪 全力以赴有我必胜》《6.21 亿千瓦时！绿电点亮亚运》《重磅发布：杭州亚运力争实现首届碳中和亚运会》等报道，视频号发布"零碳"工程师、绿电兔、"绿电交易"等视频

近 20 篇，"浙江电力"微博发布的"绿电让亚运别样精彩"话题冲上全国热搜榜，引起社会广泛关注。

2. 社会外部传播成效

国网浙江省电力有限公司、国网杭州供电公司积极打造"绿电，让亚运别样精彩"品牌，向浙江全省、全国范围乃至世界进行推广。中央电视台（简称央视）《新闻联播》播出《杭州亚运会践行"绿色"办赛理念》，《新闻直播间》《第一时间》等栏目 4 次播报亚运"绿电"，人民日报头版《为共建清洁美丽世界作出更大贡献——习近平总书记在首个全国生态日之际作出的重要指示激励干部群众奋力推进生态文明建设》、体育专版刊发长文《杭州亚运筹办践行绿色低碳理念》报道绿电助力打造首届碳中和亚运并配发评论《提升办赛成色的契机（体坛观澜）》，新华社先后刊发《"零碳"工程师：杭州亚运场馆节能降碳的探路者》《杭州亚运会 | 国网浙江电力发布服务杭州亚运会可持续发展行动报告》等，"绿色让亚运别样精彩"在三大央媒累计传播 40 余条次。浙江日报、浙江卫视、杭州日报、潮新闻、浙江在线等中央、省市地方主流媒体发布亚运绿电相关报道 400 余篇，两次冲上全国热搜。国务院新闻办公室官方英文网站、CGTN、新华网日文频道、新华社 GLOBALink、Bloomberg、意大利侨网、葡新报等国际媒体刊发绿电内容 31 条次，赢得了世界各界的广泛认可。

五、可推广的经验

1. 联动策划，挖掘"爆款"

紧密跟进保电办公室、业务部门，动态发现亚运绿电交易新进展。紧扣"中国特色、浙江风采、杭州韵味、精彩纷呈"，第一时间联合省电力交易中心开展联动策划，打造亚运保电新 IP。针对国际受众，积极探索话语体系创新，对接新华社、亚组委、专业部门，以通俗的语言、生动的画面讲述国家电网公司将中国古代丝绸之路上光伏发电和新疆等地的风电应用在杭州亚运会上的生动故事。

2. 主动出击，借势登高

把握省委主要领导调研契机，提前梳理、精彩展示亚运"绿电"特色亮点。在

8月7日，易炼红到公司基层调研慰问时，看到亚运倒计时并了解到杭州亚运会是首届碳中和亚运会后，专门强调绿色是杭州亚运的特色，要求媒体要对绿电进行专题报道和宣传。得到上级领导高度重视和专门部署后，第一时间梳理素材，借力实现三大中央媒体全面发声。

3. 主动联络，扩大影响

积极对接省委宣传部、亚组委宣传部，争取杭州亚运会倒计时30天、10天等关键节点官方集中采访。浙江日报微博发起"丝绸之路的光点亮亚运的灯"和"绿电，让亚运别样精彩"等话题，中国新闻周刊、国资小新、浙江之声等微博大号，以及国家电网、中国能源报、北极星电力网等行业新媒体平台及时跟进，公司网评员积极转发评论，累计关注评论传播量超过千万，并冲上微博热搜榜，成为一起现象级传播事件，迅速引发社会强烈反响，"绿电，让亚运别样精彩"品牌影响力进一步扩大。

4. 借船出海，走向世界

树立增量意识，在锤炼"造船出海"的同时，积极探索"借船出海"模式，深化应用中央官方媒体平台的权威性和背书作用，凭借优质内容，与欧美、亚非等不同地区国家不同领域的媒体建立引用互动机制，不断扩大知华友华的国际舆论朋友圈和国际传播矩阵，全面增强"绿电让亚运别样精彩"主题传播的公信力、传播力和影响力。

专家点评 重大活动系列宣传报道的一次综合策划

一、时代背景

国网杭州供电公司倾力支持举办史上首个碳中和亚运会，并重点打造关于新能源和绿色环保的传播主题，这与当下的时代主题和国家发展战略紧密契合，不仅向国内外公众呈现了杭州、亚运会、国网、杭州电力等的全新形象，更是以一种自信和自豪的态度向全世界展示了我国在全球绿色环保、新能源研发和应用、低碳转型等领域继续作为先行者、引领者、推动者的重要角色。

2023年9月23日—10月8日举行的杭州第19届亚运会（The 19th Asian Games），是继1990年北京亚运会、2010年广州亚运会之后，中国第三次举办亚洲最高规格的国际综合性体育赛事。杭州亚运会以"中国新时代·杭州新亚运"为定位，秉持"绿色、智能、节俭、文明"的办会理念。2023年6月，在赛会正式开赛之前，我国就发布了《杭州亚运会绿色行动方案》，重点实施八个专项行动，包括：绿色场馆建设、绿色环境提升、绿色能源供应、绿色交通升级、绿色运营管理、绿色开发与采购、绿色生活推广、绿色办公倡导，为实现首届碳中和亚运会提供了重要的政策支持。

国网杭州供电公司通过完善的传播策划准备和全员倾力的强有力执行，让贯穿整个杭州亚运会周期的有关"绿电，让亚运别样精彩"主题传播活动获得了巨大成功，产生了非常积极的社会影响。

二、传播策划

国网杭州供电公司为有关"绿电，让亚运别样精彩"的主题传播活动做了充足的准备，在传播的主题、主体、内容、平台等方面都做出了详细、周密、具有一定创意的策划安排。

一是清新且易传播的主题。此次传播活动的主题为"绿电，让亚运别样精彩"，语言清新、朴实，其设计与提出体现出了国网杭州供电公司及相关部门的团队智慧。面向广大社会公众的传播活动，主题表述需要易读、易懂、易记忆、易传播，"绿电，让亚运别样精彩"的表述完全符合这些特征，同时也突出了"绿电"主题词及与杭州亚运会的关系。"绿电"概念在国内的提出已经有十余年的历史，与国外"green power/energy"（绿色能源）或"green electricity"（绿色电力）等概念有一定的相关性。此次传播活动是我国首次在大型国际赛事或重大主场外交活动中将其作为核心主题词。

在"绿电，让亚运别样精彩"这个核心主题的统领下，国网杭州供电公司也设置了一系列的子主题，贯穿在整个杭州亚运会的活动周期中，如"绿色供能""绿色服务""绿色出行""绿色管理"等。这些子主题分别对应不同领域的传播活动和议题，并将"绿电"理念和执行层面的具体行为完美结合，成为杭州亚运会故事中的另一条重要线索。

二是多方联动的传播主体。此次关于"绿电，让亚运别样精彩"的传播活动呈现出多部门、多层级、多区域主体联动的合力效果。国家电网有限公司在传播过程中给予了大力支持，在官方媒介平台上多次发布或转发相关内容；国网浙江电力有限公司和国网杭州供电公司承担了主要的创作和传播工作；国网杭州供电公司相关部门充分协作、全员参与，为传播活动的顺利展开提供了人力和智力基础；与此同时，杭州、浙江省、中央政府的相关部门协同参与，不同层级和不同地区的主流媒体、社交媒体全程跟踪，这为在一线奋战的国网杭州供电公司提供了大力的支持。多方主体形成合力，最终使得传播活动取得了预期效果。

三是丰富多彩的传播内容。在此次传播活动中，基于国网杭州供电公司的精心策划安排，传播内容主要表现出了三个层面。第一，在理念层面，绿色环保、清洁能源、碳中和、碳转型等理念通过传播活动都能够直接触及社会公众，让这些理念进一步深入人心。第二，在议题层面，杭州亚运会的赛事扣人心弦，赛事的相关议题往往很容易引发公众的关注，"绿电"议题恰到好处地融入亚运议题中，让"绿色供能""绿色服务""绿色出行""绿色管理"等议题可以借势传播；第三，在形象层面，国网杭州供电公司通过文字描述、图片展示、视频播放等方式，向国内外生动地展现了中国、杭州城市和亚运会赛事的全景风貌；更重要的是，在传播活动中也呈现了国网人、国网浙江电力有限公司和国网杭州供电公司的风貌，这对提升企业的品牌形象有着非常重要的意义。

四是多维立体的媒介平台。"绿电，让亚运别样精彩"传播活动的媒介策略充分体现了当下融媒体、全媒体、网络新媒体的时代特征。国网杭州供电公司在此次传播活动中全力整合并调动了内部媒体和外部媒体、地方媒体和全国媒体、传统媒体和社交媒体，并通过国内媒体设置议题影响了国外媒体，充分展现出了多维立体媒介平台合力传播的特质，以达到了最佳传播效果。这种媒介平台的选择，也是传播主体协同发力、共同进行内容创作的结果。

三、具体执行

"绿电，让亚运别样精彩"传播活动能够取得良好社会影响的关键在于传播策划的落地与执行。国网杭州供电公司协同国网浙江电力有限公司，协调相关部门，最大程度地保障了传播活动的有序落实，并覆盖了整个杭州亚运会周期。

一是坚守一线的国网员工。 在此次传播活动中，最重要的执行者和贡献者就是坚守在一线的国网员工，包括坚守在一线的国网管理层成员、坚守在保电一线的普通员工、坚守在传播活动一线维护媒介平台正常运行的员工等。国网杭州供电公司坚守在一线的各部门管理者是协调传播工作的重要决策者和执行者，在拟定议题、文案审核、资源保障方面起到至关重要的作用。一线的保电员工似乎并不直接参与传播活动，但是他们却是绿电故事中最重要的角色，他们是作为被传播的内容展现在图文与视频中的，他们的工作与风貌就是最好的传播素材。在一线直接参与采编、创作、维护账号运营等工作的国网员工是传播活动的直接操作者和把关人，在他们与其他部门员工的共同努力下，此次传播活动得以顺利进行并获得诸多可喜的成绩。

二是上下一心的组织保障。 在此次传播活动中，国网杭州供电公司创作了海量的传播内容，部分刊发在国内主流媒体上，部分发布在社交媒体平台上。从社交媒体官方账号的互动中可以看到，浙江各地区的国网供电公司都会第一时间在社交媒体上转赞评。齐心协力、互相支持是保障传播活动圆满成功的重要基础。国网杭州供电公司协调辖区内的各部门和员工时，国网浙江电力有限公司也在全省范围内进行了有力的组织和协调，并获得了国家电网有限公司的支持。同时，国网杭州供电公司也与杭州市政府、杭州亚组委等相关部门积极联动，在运行机制上争取最大程度的支持，为"绿电，让亚运别样精彩"传播活动提供了重要的组织保障。

三是全过程覆盖的执行力。 "绿电，让亚运别样精彩"的传播活动完整覆盖了赛会前、中、后三个阶段。由于赛会原定于2022年9月举行，因而，国网杭州供电公司早在2022年2月28日便在微博官方账号上发布了传播活动的首发文案，也成为该传播活动的起点或预热阶段；国网浙江电力有限公司从3月10日起也开始在官方账号发布相关文案。但是由于疫情的影响，赛会被推迟到了2023年9月，这对于一项传播活动来说，是非常不利的。由于传播活动已经揭开帷幕，如果中断，必然会对整个传播过程及传播效果产生不利的影响，但国网杭州供电公司坚持在2022年每个月都有多篇相关传播内容发布。这也就意味着，国网杭州供电公司的一线员工们为此次传播活动多做了一年的工作。这种坚持和毅力是令人敬佩的。在杭州亚运会召开期间，相关主题的传播内容也开始在各大媒介平台爆发，产生了显著的传播效应。而且，在赛会结束后，相关的传播活动仍在继续，这是难能可贵的，这就说明，在此次活动的策划和执行过程中，已经将"绿电"作为企业中长期的一个工作重点，如此一来，此次传播活动将一直持续下去，并持续产生社会效应。

四、传播成效

在国网杭州供电公司相关部门和员工的共同努力下，"绿电，让亚运别样精彩"传播活动产生了非常显著的积极的社会影响，不仅成功打造了新的企业品牌，也吸引了国内外主流媒体和社交媒体的关注。

一是企业传播的品牌效应。"绿电，让亚运别样精彩"传播活动成功地打造了两种品牌。第一，国家电网有限公司拥有自己的企业内部传播媒体，在"绿电，让亚运别样精彩"传播活动期间，国家电网网站、"国家电网"微信公众号与微博账号、浙电e家微信公众号、国网浙江电力微博账号等企业自管媒体发布了大量的相关内容，国网杭州供电公司在企业系统内部成功打造了"绿电，让亚运别样精彩"品牌。第二，对于国家电网有限公司整体而言，"绿电，让亚运别样精彩"通过国内外媒体的广泛传播，已经成为社会公众认识国家电网的新品牌和新名片。同时，在传播活动中产生的绿电兔卡通形象也成为这个品牌的具象表达或标识。

二是全国媒体的热门议题。"绿电，让亚运别样精彩"传播活动引发了全国媒体的广泛关注。其中，人民日报和央视的《新闻联播》《新闻直播间》《第一时间》栏目累计传播40余条次；浙江日报、浙江卫视、杭州日报、潮新闻、浙江在线等中央、省市地方主流媒体发布相关报道400余篇；在国内社交媒体方面，中国新闻周刊、国资小新、浙江之声等微博大号，以及国家电网、中国能源报、北极星电力网等行业新媒体平台及时跟进，累计关注评论传播量超过千万，两次冲上全国热搜，成为一起现象级传播事件。

三是国际媒体的广泛认可。"绿电，让亚运别样精彩"的对外传播活动也同时产生了一定的国际影响。国外媒体在评述杭州亚运会的"绿电"议题时，普遍采用的是客观和正面的态度，这说明此次传播活动的核心理念和内容已经受到国际社会的普遍认可。

五、不足与反思

"绿电，让亚运别样精彩"传播活动取得的成就是显而易见的，但在传播活动的组织、策划和执行过程中，仍有些许不足之处，通过对之进行总结反思，有利于国网杭州供电公司和国网浙江电力有限公司在未来的相关工作中获得更大的成绩。

一是缺乏新意的内容创作。虽然针对此次传播活动，国网杭州供电公司和国网浙江电力有限公司在多种媒体平台上发布了大量的传播内容，但是总体上看，仍然偏向于传统的新闻报道内容，缺乏能够吸引公众广泛关注的亮点或爆点。比如，2023年10月7日，国网浙江电力微博账号一天就发布了12条"绿电，让亚运别样精彩"主题博文，虽然频次极高，但总体的转赞评都较少。在社交媒体上，数千转赞评的推送其实只能算是表现一般，但此次传播活动中，能够达到数千转赞评的传播内容的确非常少。在这种情况下，高频词的推送虽然可以保持自管媒体的热度，但对社会公众而言，影响力并不大，甚至会产生审美疲劳的情况。内容创作的关键还在于创意，一个好的创意引发的舆论关注和社会影响远胜于数百甚至数千的篇章推送。

二是特定时期的边缘议题。在杭州亚运会期间，媒体及公众普遍关注的焦点还是赛事本身。这就意味着，"绿电"相关议题与赛事议题相比，并非是核心议题。若想获得更为广泛的关注，传播主体需要在策划与实施过程中处理好相关议题与核心议题的关系，避免核心议题对边缘议题的湮没。比如，在杭州亚运会田径赛场上的机器狗，由于其融科技与滑稽于一身，迅速成为国内外媒体报道中的"靓仔"，但少有人能够通过这些机器狗想到它们的电能来源——"绿电"，这些移动的机器狗本身就是传播的最佳载体，"绿电"的标识和理念如果能够与机器狗进一步结合，其传播效果会更好。再如，所有奥运会、亚运会或重大的国际体育赛事，都会发布吉祥物，这些吉祥物会成为赛会期间各类文创产品的主角，杭州亚组委在2022年4月便发布了吉祥物"忆江南"组合，如此一来，媒体和公众基本不会非常关注期间其他活动发布的吉祥物，也就是说，"绿电，让亚运别样精彩"主题吉祥物绿电兔无论在舆论场还是在文创市场上，都不可能与杭州亚运会的"忆江南"吉祥物相提并论。但是，如果能够在杭州亚运会的吉祥物中直接加入"绿电"理念标识，甚至是在"忆江南"系列中设计一个专属的"绿电"吉祥物，那么其传播效果会大大增强，而且在赛会结束后，这个充满纪念意义的吉祥物也可以作为该品牌的长期吉祥物来使用。

三是战略层面的传播缺失。对于国网杭州供电公司和国网浙江电力有限公司而言，"绿电"究竟应该如何发展？在企业未来的中长期发展战略中，"绿电"究竟应该占据什么样的地位？这是此次传播活动应该展现出来但却缺失的部分。基于当下绿色环保的时代主题和国家节能减排的发展战略，"绿电"在杭州亚运会期间的传播应该只是企业相关发展战略的起点，"绿电"不只是服务于杭州亚运会，更应该成为未来中国发展和国家电网整体发展的重中之重。战略层面的布局、战略理念的传播以及战略举措的推进对于一个企业而言都是至关重要的，其涉及企业内部的共识、信念、价值体系的形成与稳固，也影响企业社会形象的提升，更事关企业社会责任的履行以及如何服务于社会进步和国家发展战略。

国网杭州供电公司

"绿电兔"品牌打造

▶▶ **案例分析** "绿电兔"品牌推广网络正能量传播

一、入选理由

为进一步丰富"绿电，让亚运别样精彩"的亚运宣传主题，生动传播绿色低碳理念，宣传好公司推动能源电力绿色低碳转型的责任担当和主动作为，展示国家电网的良好品牌形象，在亚运会即将开幕之际，国网杭州市萧山区供电公司推出"绿电兔"品牌。品牌源自国家电网公司亚运宣传口号"绿电，让亚运别样精彩"。2023年，国网杭州市萧山区供电公司"点亮玉树"公益项目邀请青海玉树的孩子们"圆梦亚运"，并组织100名玉树的孩子和100名杭州的孩子创作心中的亚运"绿电"绘画作品，通过层层征集评选后，最终从作品中凝练出"绿电兔"品牌形象，使其成为绿电的象征。9月7日，国网杭州市萧山区供电公司选送的原创短视频《绿电兔To亚运》荣获由外交部新闻司、中央网信办网络传播局指导，中国公共外交协会、国务院国资委新闻中心、环球网联合主办的第五届"一带一路"百国印记短视频大赛丝路人气奖（国内）。

二、基本情况

"绿电兔"具有两层寓意，一是"兔"为英文"TO"的谐音，翻译为中文"到达"的意思，表示绿电到达本届亚运会，寓意着随着国家电网"绿电"的到达，杭州亚运会呈现出别样的精彩；二是2023年正是中国农历兔年，把该品牌设计成为一只温顺可爱，天真活泼的绿色兔子，这一品牌形象形成后，国网杭州市萧山区供电公司围绕这一形象构思策划设计了《绿电兔To亚运》《绿电兔带你打卡低碳亚运村》短视频，绿电兔盲盒、拼图、表情包等文创周边，开展绿电兔进社区校园、绿电兔毅行等线下活动，以可爱的品牌形象、丰富的品牌内容开展"线上＋线下"品牌推广活动，凭风借力杭州亚运会社会热点，向社会各界呈现"绿电，让亚运别样精彩"主题，展现了国家电网践行绿色低碳的理念，助力首届碳中和亚运，推动全社会绿色低碳转型发展的央企履责形象。

三、策划过程

1. 从单点到全面，扩大品牌辐射度

将"绿电兔"品牌从杭州萧山延伸推广到各赛事承办城市，乃至全省范围。在实体展示方面，各单位应参照亚运村电力驿站模式，共享共用"绿电兔"品牌，依托所在区域的亚运场馆、亚运青年 V 站、供电营业厅等内外部区域，结合实际放置绿电兔大型雕塑、模型，推广应用包括盲盒套装、低碳套装、明信片、拼图、微信表情包、主题文创等在内的相关绿电兔周边产品，以此进行引流，吸引运动员、工作人员、社会各界人士，扩大品牌辐射度，增加品牌曝光度。

2. 从内部到外部，提升品牌影响力

将"绿电兔"品牌从公司系统内部拓展推广到全社会各界。各单位应加强对外品牌推广，结合亚运赛事，以"绿电兔"品牌为主题，开展各类形式多样的线下活动，根据实际情况在各地区的赛场、广场、地铁站、公交站等重要公共区域，放置绿电兔大型雕塑、模型等；通过车厢广告、车身广告展示绿电兔及宣传口号图案；通过站台指引屏、地铁电视、公交电视等平台，播放品牌推广宣传片，进一步根植公众记忆。

3. 从线下到线上，增强品牌体验感

将"绿电兔"品牌从线下集中展示体验拓展推广到线上传播互动。各单位应依托全媒体平台进行多维度线上宣传、展示和推广，高频度传播线下开展的品牌宣传推广活动，通过微博社区等平台进行线上话题讨论；制作形式多样的"绿电兔"新

媒体品宣广告作品，在媒体采访、人物采访、视频拍摄等过程中，充分体现品牌形象，组织网络评论员、意见领袖、IP 达人进一步推广品牌，扩大品牌知名度。

四、传播效果

"绿电兔"相关报道在各级媒体刊发 73 篇次，其中，中央权威媒体发稿 7 篇次（新华社报道《杭州：亚运之约 童心筑梦"点亮玉树"》《杭州亚运村正式开村 低碳打卡助力碳中和亚运》2 篇次），行业媒体发稿 2 篇次，省级媒体发稿 10 篇次，市级媒体发稿 8 篇次，县级媒体发稿 7 篇次，公司媒体发稿 37 篇次，网络媒体发稿 2 篇次。《绿电 To 亚运》线上视频一经发出即获 10 万浏览量，并由国资小新视频号、美丽浙江视频号、电网头条视频号、国家电网报视频号及哔哩哔哩电网头条积极转载播出。

五、可推广的经验

1. 高站位，彰显可持续发展理念

立足责任央企的高标站位，聚焦国家"双碳"目标，传播绿色发展理念，生动呈现了"绿电，让亚运别样精彩"主题。

2. 巧思创，创新绿电 IP 有声有色

"绿电兔"品牌融合了绿电专业内容，以动漫形象生动诠释"一度绿电"，化繁为简、贴近生活，巧妙展示了杭州亚运会中用到的绿电技术。实现了在吸引公众关注的同时，起到号召并推动全社会绿色低碳转型发展的衍生作用。

3. 鲜出坊，双线发力出彩出圈

从线上走到线下，通过多阶段多种宣传体裁（进社区、进活动、进学校、进交通），创新文创周边（表情包、拼图、盲盒等）引发杭州乃至浙江省广大年轻群体喜爱。

专家点评 打造亚运"宣传大使"，品牌表达有声有色

一、在童趣中寻找文化传播共性

绿电兔是一只浑身翠绿，温顺可爱、天真活泼的兔子。它手持风车，象征着来自西北地区的风能，向世人传递着低碳、环保的生活方式。作为杭州亚运会的象征之一，它是一个富有创意和辨识度的 IP 形象。绿电兔一经推出便火爆异常，成为亚运村 2 万余"村民"乃至亚运期间各国朋友相互炫耀的紧俏物，成为名副其实的杭州绿色亚运的"宣传大使"。

它的形象设计一方面源于"农历兔年"这一具有中国传统特色的十二生肖年历，一方面也源于孩子们对于"绿电"蓬勃的想象与表达：国网杭州供电公司召集了 100 名玉树的孩子和 100 名杭州的孩子们，共同用彩色画笔描绘出自己心中的亚运"绿电"，最终从这 200 幅充满童趣的作品中凝练出了"绿电兔"品牌形象。

在绿电兔的形象设计上，以孩子们童真的视角下的关于"绿电"的理解作为设计的基本元素，更容易跨越语言与文化隔阂，可以有效降低语言文化、政治立场等差异带来的传播障碍。

同时，设计者也凸显了绿电兔可爱的视觉体验和人格化形象，以激发人类普遍拥有的情绪共情本能，进一步促进各国人民在认知和行为上共情。使绿电兔象征的"践行绿色低碳理念、助力首届碳中和亚运，推动全社会绿色低碳转型发展"的国网品牌形象得到跨文化的理解和认同。

二、赋予绿电兔更多属性

从 1968 年格勒诺布尔的第一个冬奥会吉祥物开始，各大赛事的象征物逐渐化静为动，不再是一个单纯的卡通形象，而是以捕捉有趣场景、利用动画影视等方式呈现更符合受众关注的产品，并成为一个可供互动的拟人表达、彰显创意的活动IP。通过各种媒介进行二次传播，象征物也更加深入人心。

绿电兔也不例外。一路走来，绿电兔形象还衍生了出盲盒套装、明信片、拼

图、微信表情包、主题文创等一系列周边产品。用绿电兔表情包斗图，在朋友圈分享拼图已经从亚运保电人员开始，在更多年轻人中风靡。在5月亚运村电力驿站正式揭牌时，门口巨型绿电兔就已同步登场，成为亚运村内的"低碳地标"。8月，电力驿站又联合中国邮政打造"绿电兔邮"，设计制作了主题邮筒、明信片、邮戳等趣味周边，运动员可以将在杭州亚运会的美好体验写在明信片上通过邮箱邮递到世界各地。运动员前往驿站打卡扫码就能赚取低碳积分，攒够积分就能在驿站兑换绿电兔盲盒、勋章等纪念品。同时，绿电兔也来到了遍布杭州市的亚运会服务站点——亚运青年V站。亚运期间，各国朋友乘坐地铁或公交，都可能会路遇可爱的绿电兔陪伴着一起看亚运、游杭州。

由此，绿电兔已经从单点到全面、从内部到外部、从线上到线下进行推广，从杭州萧山延伸推广到各赛事承办城市，再到全省，乃至全社会范围。一只象征绿色低碳的兔子玩偶，也成为亚运期间各国朋友相互炫耀的紧俏物。而这个时候的绿电兔，已经不仅仅只是一个具有文化属性的亚运象征物了，它已经具备了礼品属性、社交属性以及娱乐属性，促使它快速出圈。

三、讲述好故事传播品牌价值

正如案例标题所言，此次绿电兔 IP 的打造并不仅仅是一个玩偶形象的塑造，而是一次国网杭州供电公司"绿电兔"的品牌推广。

为丰富绿电兔的品牌形象，国网杭州供电公司先后拍摄了短片《绿电兔 To 亚运》《绿电兔带你打卡低碳亚运村》等，为绿电兔 IP 叠加了场景和故事。其中，融入动画元素的短片《绿电兔 To 亚运》，画面活泼有趣，内容别出心裁，创意十足。

视频中，丝路少女画笔下的绿电兔跃出纸面，越过巍峨铁塔，开启了一段丰富的旅程，巧妙展示了杭州亚运会中用到的绿电技术。生动地讲述了国家电网践行绿色低碳理念、助力首届碳中和亚运，推动全社会绿色低碳转型发展的品牌故事。在这过程中，绿电兔被赋予了故事感、体验感，奠定了绿电兔 IP 的价值基调。

另一方面，无论是在官方媒体的宣传内容，还是在各国运动员、记者的 VLOG 里，绿电兔常以徽章、玩偶、贴纸等日常符号出现。在《绿电兔带你打卡低碳亚运村》中，真人扮演的绿电兔也频繁出现在亚运村的日常生活中，这些日常符号、日常场景的使用建立起了受众对于陌生文化的共有认知，拉近了海外目标受众与绿电兔的距离。在与各类人群的互动中，绿电兔的"人格特征"也逐渐变得鲜明、丰盈。从而跨越文化隔阂，逐渐强化 IP 的品牌价值传播，将"绿色零碳"的用电理念传达给各国友人，并引导大家一起参与到低碳亚运、绿色行动中来。

国网宁波供电公司

"时代楷模"钱海军登上央视春晚

▶▶ **案例分析** | **"时代楷模"主题宣传策划**

一、入选理由

2023 年 1 月，国网宁波供电公司抓住"时代楷模"钱海军受中宣部邀请，赴北京参加央视 2023 年春节联欢晚会契机做好重大宣传。通过抢抓全国人民关注春晚文化大餐的热度，省地县公司三级联动、与地方宣传部门同频共振，打造"时代楷模"在春晚现场向全国人民拜年的高光时刻，使得崇尚楷模、弘扬先进的氛围愈加浓厚，激发公司职工进一步学习钱海军爱岗敬业、善于创新、甘于奉献、灯暖万家的精神。

二、基本情况

2023年1月22日，全球华人围坐屏幕前，在中央广播电视总台2023年春节联欢晚会的欢声笑语中，共迎兔年的到来。对于"时代楷模"、国网浙江慈溪市供电公司社区客户经理钱海军来说，这一天过得尤为不一样。作为"时代楷模"代表，他与最美奋斗者代表、最美新时代革命军人代表、最美铁路人代表、最美应急管理工作者代表们一起，齐齐亮相央视春晚现场，在新春即将到来之际，向全国人民送上火热的新春祝福。

"以前是在屏幕前看春晚，今年能够亲临春晚现场，又是作为'时代楷模'的代表受邀观看，这是党和政府给我的荣誉和尊重，我觉得很幸福，也感到很荣幸。春晚是中国人的传统文化活动，每一年的春晚都是整个中国民众生活的写照，也是百姓情感的浓缩，更是老百姓对新一年的美好期待。"谈及此次受邀去北京参加央视春晚，见惯了"大场面"的钱海军还是难掩兴奋："现场观看演出和守着电视机看的感受完全不一样，感受妙不可言，尤其是还能跟崇敬的各位最美代表们坐在一起，共同欣赏这场文化盛宴，百感交集，十分开心！"

三、策划过程

1. 与地方宣传部门紧密联动策划实施专项宣传

制定专项宣传方案，主动向省委宣传部、省公司汇报，积极向春晚节目组争取有利于镜头展现的现场座位，提前了解春晚直播的相关流程；主动对接宁波市委宣传部，与宁波市创建文明典范城市主题相结合，融入宁波市两位先进人物同时亮相春晚的整体宣传，推动组建专门的媒体微信群，全过程加强联动；同时，积极沟通中央权威媒体，策划春节期间在人民日报相关平台的爆款传播作品；国网宁波公司宣传人员放弃春节休假，安排跟随钱海军赶赴北京的宣传联络员，提前谋划钱海军上春晚的服装。当晚钱海军身穿国家电网工装、佩戴党徽和奖章，向全国人民热情打招呼拜年，展示国家电网人的形象。

2. 以中心事件为"原点"延伸宣传的时间与空间

春节前夕，提前策划"新春走基层"选题，结合钱海军春节期间行程进行宣传：钱海军在宁波慈溪金山社区"累了么"驿站，与过年不回家的外卖小哥一起包饺子，陪他们寄一封家书；在春晚后的第二天正月初一，策划钱海军回到宁波慈溪后的第一件事就是来到结对帮扶的孤寡老人家中，分享参加春晚的感受，表达对老人的新春祝福。通过延伸钱海军参加春晚前后的故事，把人物的先进事迹传播得更加立体生动。

3. 第一时间制作短视频温暖和振奋人心

上春晚前，以外卖小哥的视角切入，展现钱海军牵挂新业态劳动者的感人事迹。在北京时，拍摄钱海军与结对孤寡老人视频连线拜年，并通过新媒体平台表达对祖国和国家电网公司的祝福。春晚直播当晚，第一时间录制钱海军亮相春晚相关片段，并结合钱海军日常服务镜头，连夜制作短视频进行广泛传播。春晚回来后，拍摄采访钱海军讲述春晚的感受，跟拍其看望结对老人。"钱海军亮相春晚"短视频获得微信视频号首页推广，一小时点击量超1万，引发广泛热议。

四、传播效果

1. 权威主流媒体报道，形成良好舆论氛围

公司职工钱海军观看党的二十大开幕会直播及学习感悟被央视《焦点访谈》栏目、新华社、国家电网公司网站要闻、国家电网微信公众号、国家电网报、国家电网微博、浙电e家、省公司网站要闻等系统内外媒体进行了报道，形成了良好的舆论氛围。

2. 立体开展国际传播，生动展现电力形象

钱海军的感人故事，在欧洲、新加坡、印度尼西亚等地区和国家的欧洲时报、《时代财智》杂志、光华日报、安塔拉国家通讯社等主流媒体亮相，向世界展现了中国一线电力工人可信、可爱、可敬的良好形象，为进一步讲好中国故事、传播好中国声音，提升中华文化的世界影响力，发出了国家电网声音。

五、可推广的经验

1. 争取权威主流媒体关注，开展矩阵立体传播

国网宁波供电公司组建工作专班，制定专项宣传方案，按照"内外贯通、由外转内"宣传思路，在外部宣传上，围绕目标媒体，紧扣全国人大代表钱海军履职尽

职、参会建言等工作，提前专题策划、积极沟通联络，按照"一媒一策"进行具体策划和实施，获得了主流媒体平台广泛报道；在内部宣传上，以公司媒体平台为底座，借力省公司及英大传媒，在国家电网公司网站要闻、国家电网微信号等内宣头部媒体展示。

2. 拓展渠道争取流量，引发网络正能量传播

事前主动沟通，在人民日报官方微博、新媒体视界、客户端、微信视频号全媒体发布的重点策划两会特别版MV《是你》中，促成钱海军入选，成为十余位各行各业具代表性、有影响力的代表委员之一成功出镜"破圈"；策划"两会行李箱"，抓住两会开幕和3月5日学雷锋纪念日特殊时间节点，在浙江官方视频号《美丽浙江》发布"点灯雷锋为何带着这本书上两会"，新时代"雷锋"和全国人大代表的双重身份引发好评如潮。

3. 做好全过程记录，提供高质量素材

国网宁波供电公司组织省市新闻媒体采访钱海军履职尽责工作，并组织专人记录钱海军进社区、进企业等察民情听民意的影像、文字等资料。组织开展钱海军赴京前记者见面会，为主题宣传出谋划策。

专家点评 典型人物叠加典型事件，命题作文也能出彩

一、既体现了人物背后丰富的时代内涵，又不脱离人物现实中的身份定位

"'时代楷模'钱海军登上央视春晚"不仅仅是一个镜头画面，而是围绕"上春晚"事件前前后后展开的一系列宣传。从钱海军同志接到中共中央宣传部邀请开始，到春晚结束后钱海军同志下飞机第一时间看望结对老人结束，此间均为此事件的宣传周期。在这段时间中，只有尽可能地贴近典型人物，多侧面、全方位挖掘宣传素材，并在众多的素材中寻找那些既能体现人物背后丰富的时代内涵，又不脱离人物现实中的身份定位的宣传点，选择那些凸显人物个性、体现人情味、能够深化报道主题的细节，才能让"钱海军登上央视春晚"的事件报道更具吸引力、影响力。

在此事件的报道过程中，为了挖掘到一手的宣传点和画面，在得知钱海军同志受邀上春晚后，国网宁波供电公司就安排宣传联络员时刻关注关键事件，后又跟随钱海军同志赴京，期间挖掘了"钱海军赴京前履行承诺，与外卖小哥一起包饺子""钱海军从浙江宁波启程去往北京""与结对老人视频连线拜年""春晚前向祖国和国家电网公司送祝福""春晚现场向全国人民拜年主画面""下飞机赶去看望结对老人"等事件与画面，并均在第一时间发出相关稿件。这些真实生动的一手画面与细节，让钱海军"以点滴之力汇聚耀眼的能量，用爱点亮千户万灯"的形象"立"了起来。同时，这些"小事"又映照着时代精神，从宣传稿件中，我们可以直观感受到钱海军同志对待事业热情似火、对待名利淡泊如水，始终践行"人民电业为人民"的初心和使命，甘于奉献、照亮他人的精神品质。在春晚拜年的"命题事件"下，起到了公司正面宣传凝聚人心、弘扬主旋律、传播国网正能量的作用。

二、勤思勤问勤做，提前策划充分准备

在"'时代楷模'钱海军登上央视春晚"系列宣传中，国网宁波供电公司提前制定了专项宣传方案。事前主动沟通，在人民日报官方微博、新媒体视界、客户端、微信视频号全媒体发布的重点策划两会特别版MV《是你》中。在接到邀约后，国网宁波供电公司主动向省委宣传部、省公司沟通报道重点和策划宣传方向，提前组织基础材料与相关稿件，并以宁波市委宣传部、省公司宣传部的高站位、高视角、高要求全面策划，拔高策划思路，争取最大合力。

同时，围绕这一事件，国网宁波供电公司的宣传人员也主动沟通央视春晚工作组，及时掌握和整体把握了春晚直播拜年环节前后的衔接形式、画面展示露出、解说词的形式和方向，并积极向春晚节目组争取有利于镜头展现的现场座位，确保春晚主画面积极有效地露出。

在全面掌握央视春晚拜年环节的播发计划的同时，及时沟通钱海军同志18—22日的日程安排与相关事项，从人物本身的议程与事件出发，充分策划相关内容，确保"中心事件"充分准备、默契配合，确保"延展事件"立体生动、真实可感。

最终，在多方沟通、充分准备下，"时代楷模"钱海军在春晚舞台上向全国人民展示了国家电网人的形象，形成了强大的正面舆论，切实起到了弘扬主旋律、传

播正能量的传播效果。

三、内外媒体联合发声，形成矩阵式立体传播

典型人物报道是传播正能量的有效载体，但极容易形成单一落点和单一形态。此次"'时代楷模'钱海军登上央视春晚"系列宣传中，国网宁波供电公司在多个传播平台上开展了多个落点、多种形态的报道。

一是对内部资源进行深度融合，整合公司系统内融媒体中心的采编力量，打通大小屏，实现宣传一体化。前方宣传联络员采制的图文、音视频资料第一时间进入融媒体平台，国家电网、国网宁波供电公司、电网头条、浙电e家、国家电网报等系统官方媒体分别采用图文、短视频、通稿等多种传播形式实现全媒体推送。如春晚直播当晚，前方宣传联络员第一时间录制钱海军亮相春晚相关片段，后方融媒体中心立马结合钱海军日常服务镜头，连夜制作短视频。经过公司系统媒体资源的多方传播，该视频获得微信视频号首页推广，短短一小时内就热度破万。

二是内外媒体深度融合，及时联动中央及市属主流媒体开展联合报道，实现宣传同步化。在钱海军赴京前，国网宁波供电公司就组织开展了记者通气会，一方面请媒体朋友帮忙出谋划策，另一方面事先通气，提前铺设好传播渠道。在此次主题宣传中，浙江日报、宁波晚报、慈溪发布、宁波日报、宁波之声等省市区主流媒体纷纷参与报道，在所属的各渠道进行刊播。同时，国网宁波供电公司还积极向媒体朋友提供文字、视频和图片素材。新华社、人民网、凤凰网、新浪、搜狐、上观、澎湃等数十家媒体均展开报道，以音视频、图文等形式在多媒体平台形成矩阵立体传播，最终取得了良好的传播效果。

国网宁波供电公司

光伏村产业发展案例获联合国殊荣

▶▶ **案例分析** ｜ 沐"光"前行　织就美丽乡村共富画

一、入选理由

2022 年 11 月 11 日，在全球减贫研讨会上，由隶属国务院扶贫办的中国国际扶贫中心、国际农业发展基金、联合国粮食及农业组织等单位主办的第三届"全球减贫案例征集活动"获奖案例名单公布，国网宁波供电公司主导编写的《"寓建光伏"助脱贫，绿色能源促发展——浙江省宁波市海曙区龙观乡光伏村产业发展案例》成功入选最佳案例。该案例被收录到南南合作减贫知识分享网站——中外减贫案例库及在线分享平台。

二、基本情况

国网宁波供电公司积极引导合作共建，联合龙观乡政府打造屋顶分布式光伏全覆盖的李岙光伏村，并通过模式创新和技术创新，将光伏村模式拓展至大路村、雪岙村、龙谷村，四个光伏村年发电量达 288 万千瓦时，各村集体经济增收总计超 200 万元。龙观乡光伏村示范项目，探索出可复制、可推广的新农村、新能源、新产业相融共生的零碳乡村发展模式。国网宁波供电公司上下联动，主动策划相关主题传播，从国际传播、行业媒体、地方媒体、系统内媒体等四个维度，将供电公司助力美丽乡村建设的成果向全世界展示，为全世界提供"共富样板"。

三、策划过程

1. 确定目标，全局制定多维传播策略

国网宁波供电公司根据选题，确定从国际传播、行业媒体、地方媒体、系统内媒体四个维度发力，根据不同媒体侧重点，制定符合目标的传播策划和方案。从多个角度出发，传统与新媒体"双管齐下"，选择不同的内容形式，以文字、视频、图片等多种方式，采用消息、通讯等高频次报道，将供电公司助力美丽乡村建设的成果向全世界展示，为全世界提供"共富样板"，彰显大国重器的责任与担当。

2. 准确定位，精心策划主题宣传方案

紧扣"乡村振兴 共同富裕"主题主线抓策划、按照策划抓宣传定位，确定从国际传播、行业媒体、地方媒体、系统内媒体等四个维度发力，传统与新媒体"双管齐下"，确保主题宣传覆盖面广、传播力大、影响力强。内容永远是根本，做好主题传播必须坚持内容为王，以内容优势获得传播优势。将龙观乡光伏村村民获得新年"阳光红包"作为切入点，以村民的视角，呈现绿水青山间的幸福生活，引起读者共鸣。围绕新农村改造、新能源发展、"吃、住、行、乐"电能全覆盖等，展现村民既得到了"绿叶子"，又充实了"钱袋子"，从大视野小切口展现人民群众的获得感、幸福感、安全感。

3. 横纵联动，积极拓宽新闻宣传渠道

确定选题后，组建市－区两级联动的主题宣传工作专班，市公司专业部室负责人挂帅，市公司专职指导，区公司通讯员深入一线实地采访，明确工作任务、细化工作措施、压实责任主体，深挖新闻亮点，强化深度报道。积极拓展媒体"朋友圈"，实现省市区媒体互动，变单打独斗为协同作战，将故事传播得更高更远，做大声势、形成规模，提升主题报道的传播力和影响力，将光伏村的典型经验带向全世界。

四、传播效果

龙观乡光伏村产业发展案例在各大主流媒体广泛传播，刊登于欧洲时报、巴基斯坦国家通讯社官网、新加坡英财网、印尼安塔拉国家通讯社等国际主流媒体，刊登于中国网、浙江日报、人民日报客户端、澎湃新闻、今日头条、网易新闻、浙江新闻客户端、宁波发布、宁波日报、中国电力网、北极星电力网等地方及行业媒体，刊登于国家电网网站要闻、《国家电网报》头版、国家电网公众号及微博、浙电 e 家、电网头条等系统内媒体，实现全媒体传播。

五、可推广的经验

宣传工作是组织思想政治工作的重要组成部分，宣传就是力量，宣传就是品牌，宣传就是形象。做好新闻宣传对增强组织核心竞争力有着至关重要的作用。

一要把握新闻价值。一篇好的新闻报道必须有公众关注度和社会影响力，要时刻关注社会热点、重大事件，龙观乡光伏村向全世界展示了"光伏版"乡村振兴模式，对社会发展具有深远意义。

二要确保新闻报道的可读性。在确保报道准确的前提下，注重新闻的可读性，采用生动的叙述方式，简单的段落、简明扼要的语言，让读者轻松理解内容。该篇报道以光伏村村民获得新年"阳光红包"作为切入点，以村民的视角，呈现绿水青山间的幸福生活，引起读者共鸣。图文并茂的方式增加了吸引力和可读性。

三要注重团队合作。团队成员相互协作、密切配合，充分发挥各自的优势，形

成高效的工作机制。通过组建市－区两级联动的主题宣传工作专班，拓展媒体"朋友圈"，实现省市区媒体互动，提升主题报道的传播力和影响力。

专家点评 **讲好光伏背后的乡村共同富裕故事**

一、紧扣重大主题，注重舆论引导

2021年3月，中共中央、国务院发布的《关于实现巩固拓展脱贫攻坚成果同乡村振兴有效衔接的意见》要求，"到2025年，脱贫攻坚成果巩固拓展，乡村振兴全面推进。"党的二十大报告再次强调："全面建设社会主义现代化国家，最艰巨最繁重的任务仍然在农村。"推进乡村振兴战略落实，需要全面阐释以农业高质高效发展推进农业现代化、以乡村宜居宜业建设为中心推进农村现代化和以农民富裕富足为目标推进农民现代化等中国式现代化的乡村振兴道路。在此背景下，对于"龙观乡光伏村产业发展"的宣传报道不仅要有乡村振兴、共同富裕等宏观政策的体现，还要注重舆论引导。因此，在案例的编写中，除了要保证内容的真实性、客观性、可读性，还要传播正能量，让案例主旨与时代同频共振、与社会发展相吻合。

在"龙观乡光伏村产业发展"案例中，国网宁波供电公司以三层立意，层层递进引导，丰富了乡村振兴的内涵。一是展现光伏融入建筑、光能照进生活的具体场景，村民既得到"绿叶子"，又充实"钱袋子"，"绿色发展"与"物质富裕"相得益彰。二是从村集体投资到供电企业投资的转换，体现出电力对于浙江"千万工程"实施的基础保障作用。从用上电到用好电，再到用绿电、用智电，展现出国网宁波供电公司接续奋斗、久久为功，一路护航宁波乡村精彩蝶变的央企精神。三是龙观村探索出的"光伏版"可推广、可复制的新农村、新能源、新产业相融共生的零碳乡村发展模式，描绘出乡村振兴与绿色电能相交相融、美丽乡村共富共创的美好画卷。由此，整体案例构建起了主流叙述，以主流声音对舆论进行了正向引导。

二、选好突破切口，突出特色亮点

对于重大主题案例的报送，不仅要紧扣宏观政策，更要"有血有肉"，不仅要讲政治性，还要讲真实性、故事性、可读性。要将事件与"人"联结起来，从多维度、多层面让评委和大众了解到龙观村光伏产业发展的全貌。因此，在这一案例的编写中，找准切口尤为重要。针对"龙观乡光伏村产业发展"案例编写，国网宁波供电公司紧扣"乡村振兴 共同富裕"主题主线，找准"零碳"和"经济效益"两大亮点，注重文字体验感，展开案例编写。

龙观乡"光伏版"模式的第一大亮点，便是"零碳"，这是龙观乡牢牢抓住"绿水青山就是金山银山"理念的体现。案例中深入融合了龙观乡村民与光伏"同居生活"的点点滴滴，有人、有事、有现场，让文字可视化，整体案例有场景感、画面感。以"屋顶生金""阳光红包"等文字类比，展现龙观乡"光伏版"模式亮点的同时，也使得案例生动有趣起来。

乡村振兴的落脚点在于经济效益的提升，这也是龙观乡"光伏版"模式的又一大亮点。龙观村在全国首创了"政府协调，人人参与，家家得益"的"光伏版"乡村振兴投资分享模式。通过李岙村党支部书记对每年光伏创收的大致估算、李岙村发展光伏25年经济效益的科学测算，以数据、图表的形式突出数据亮点，直观地展现了光伏产业为李岙村带来的经济效益，精准立体地展现出乡村产业振兴之势。

三、做好议程设置，构建多维传播

面对具有首创性、跨时空性和实践性的龙观乡"光伏版"乡村振兴模式，需全面借助媒体的传播力量，多维度、全方位进行议程设置。国网宁波供电公司从国际传播、行业媒体、地方媒体、系统内媒体等四个维度发力。期间，登上了多个新闻专版头条，如浙江日报《光伏产业带来"阳光红利"》《国网宁波供电公司 打造低碳乡村样板》等、海曙新闻《这里正探寻未来乡村模样》、宁波日报《凭什么三年问鼎"国字号"生态大奖》等；打造了系列主题报道，如人民网报道《宁波海曙：光伏"碳"出共富路》、新华社《乡村供电 光伏清洁能源显身手》、浙江新闻系列追踪报道、中国新闻网、凤凰网、界面新闻、澎湃新闻、网易新闻等相关报道；同时地方政务平台，如海曙发布、宁波发展改革委、宁波住建、宁波科技局、浙江生态环境厅等纷纷报道相关获奖信息；《欧洲时报》德文版、巴基斯坦国家通讯社官网、新加坡英财网等多家国外媒体，也纷纷报道了这个"晒着太阳奔小康"的光伏村。整体形成了中央媒体＋地方媒体、主流媒体＋市场化媒体、新兴媒体＋传统媒体、政务媒体＋系统内媒体、线上＋线下深度融合的传播格局。

在多维议程设置下，国网宁波供电公司将龙观村光伏发展的"正能量"变成"大流量"，提升了龙观村"光伏版"乡村振兴发展模式的舆论传播力、引导力、影响力，站稳了"全国光伏第一村"的首位示范模式。

在国网宁波供电公司的努力下，龙观村"光伏版"乡村振兴的发展模式不断做深、做实、做活，为浙江省建设全国首个共同富裕示范区提供了新思路、新案例、新业态，体现了国家电网立足新时代新征程，勇于创新、砥砺奋进，围绕中心、服务大局的央企担当。

国网温州供电公司

优秀故事《95598 公里》全媒体网络传播

▶▶ **案例分析** 给客服热线插上创意的翅膀

一、入选理由

国网温州供电公司党委在国网浙江省电力有限公司党委的领导下，深入贯彻习近平总书记关于国有企业改革发展和党的建设的重要论述，贯彻落实党中央、国务院决策部署，坚定不移做强做优做大国有企业，加快打造世界一流企业，充分发挥国有经济主导作用和战略支撑作用，推进思想政治工作与企业文化建设有机统一，构建体现国企先进精神的价值体系，汇聚起推动国资央企改革发展和党的建设的强大正能量。

2022 年，由国网浙江省电力有限公司选送的国网乐清市供电公司图文作品《95598 公里》获第五届中央企业优秀故事一等奖，并且由此改编的舞台剧《95598》作为国家电网有限公司唯一代表在发布活动进行现场展演。彰显了国家电网有限公司作为责任央企"大国重器"和"顶梁柱"作用，奋力争当能源清洁低碳转型的推动者、先行者、引领者，切实承担起"为美好生活充电、为美丽中国赋能"的历史使命。

二、基本情况

9 月 8 日，由国务院国资委宣传局、人民网联合主办的"砥砺辉煌十年 强国复兴有我"第五届中央企业优秀故事发布活动在北京举办。活动现场发布了本届获奖作品、优秀组织单位名单，中央企业优秀故事展演活动主题曲《强国有我铸辉煌》。国家电网、国家能源集团、中国建筑、中国铁建、保利集团等企业选送的《95598》《温暖这个寒冬》《传承的力量》《点燃星火的三封信》等 10 个获奖作品

进行了现场展演。这些故事，展现了党的十八大以来中央企业扎实履行政治责任、经济责任、社会责任，在服务保障国计民生、促进经济社会发展等方面作出的突出贡献、取得的辉煌成就。

国家电网有限公司共有 12 件参选作品获奖，其中一等奖 2 个、二等奖 4 个、三等奖 4 个、优秀奖 2 个。获奖的 12 件作品生动讲述了公司积极践行"确保电力供应、保障能源安全、促进绿色转型"根本责任实践的"国网"故事，充分展现了公司在服务国家战略、助力经济社会高质量发展等方面作出的贡献。其中一等奖作品《95598 公里》作为国家电网有限公司唯一的作品代表在现场展演。

第五届中央企业优秀故事创作展示活动共收到各中央企业推荐报送的图文及视频作品 3200 余件。经有关专家初评、复评，最终评选出一等奖 30 件，二等奖 50 件，三等奖 90 件，优秀奖 140 件，优秀组织单位 10 个。

图文作品《95598 公里》采用拟人化的修辞手法，通过一辆电力抢修车的第一视角，激扬"实干担当、敢为天下先"的温电精神，自述在波澜壮阔的历史画卷中慢慢成长、成熟的"人生"历程。从仲夏夜高温抢修的历练到"利奇马"超强台风来袭时的缺席；从抗击新型冠状病毒的勇猛到无惧台风来的泰然自若；从深夜"零点检修"时的默默坚守再到烈日下"带电作业"的灵魂炙烤。生动、形象地展示了新时代国家电网公司践行"人民电业为人民"的企业宗旨，在保供电、惠民生、促发展上做的点点滴滴，让人民群众不仅"用上电"还要"用好电"。国家电网人正在用一个个温暖人心的故事续写"为美好生活充电、为美丽中国赋能"。

三、策划过程

国网温州供电公司围绕"六稳"工作要求，迎难而上、奋力拼搏，为国民经济稳增长提供有力支撑。推进社会责任融入公司战略发展，探索社会责任从业务领域融合、企业文化融合、员工岗位融合等方面融入公司运营管理的有效途径，实现增量价值创造的高度输出，赢得社会各界对公司的利益认同、情感认同及价值认同，打造央企责任形象新记忆。

1. 汇聚集体智慧，打造精品故事

4 月，第五届中央企业优秀故事创作展示活动启动。国网乐清市供电公司成立

创作团队，把最近几年企业经历大事一一列出来，从中寻找创作的突破口。一场头脑风暴过后，创作团队决定用拟人化的修辞手法，以电力抢修车为第一视角，以图文并茂的方式讲述供电人的故事。他们将国家电网 24 小时供电服务热线 95598，作为作品的主角——电力抢修车行驶的里程数。每一段里程，电力抢修车都会讲述不一样的故事，而且每一个故事里都有不同的人和风景。按照这个思路，他们从堆积如山的各类企业宣传素材中去寻找写作题材，这些题材要能代表国家电网品牌形象、彰显电力人特有的风采。

2. 突破专业壁垒，续写舞台精彩

8 月中旬，国网乐清市供电公司收到参加颁奖现场展演的通知，距离演出只有短短半个月时间。时间紧、任务重，而且从电力员工到舞台演出跨界压力大。无论是编导组成员还是演员，在极其有限的时间策划、采访、讨论、排练，作品经精雕细琢、细细打磨，逐渐成形，凝聚了团队所有人的心血。最终，舞台剧《95598》还是通过电力抢修车（小黄车）的第一视角，首先从还原电力员工抗击台风保供电、新冠疫情防控阻击战、支援西藏那曲电网建设等一个个鲜活的、激动人心的故事开篇，再回归到日常的电网建设、故障抢修和优质服务等一线故事，借以阐述小黄车里程数不断累积的过程——不在惊心动魄，而在平凡坚守，来表明一个个守护万家灯火的一线电力员工在平凡的岗位上创造出不平凡的业绩。

四、传播效果

9 月 8 日 15 点，国务院国资委宣传局、人民网联合主办的"砥砺辉煌十年 强国复兴有我"第五届中央企业优秀故事发布活动在北京举行，中央宣传部、中央网信办、中央文明办、全国总工会、中国文联等单位有关部门，国资委宣传局、人民网负责通知，中央企业代表、有关媒体代表参加活动。人民网、国资小新对活动进行全程直播，舞台呈现效果精彩、展演故事生动感人。国家电网公司系统广大员工同步在线收看，众多观众和网友对国家电网公司的展演作品《95598》给予高度评价。

活动结束后，《人民日报》《中国青年报》、人民网、《人民日报》客户端对第五届中央企业优秀故事发布活动进行报道，文中着重提及"国家电网选送的

《95598》等 10 个获奖作品进行现场展演"。创作纪实通讯稿《〈95598 公里〉：一辆电力抢修车的自述》在《国家电网报》刊发，再次引发广大干部职工的关注和热议。

五、可推广的经验

1. 选取视角

关于艺术写作的"有我之境"和"无我之境"，一代国学大师王国维在《人间词话》中曾有一段经典的精辟论述："有我之境，以我观物，故物皆著我之色彩。无我之境，以物观物，故不知何者为我，何者为物。"简单来说，"有我之境"，有着浓烈的主观色彩，多以第一人称视角去表达；"无我之境"，主要运用第三方视角进行客观观察，再现经典场景，没有强烈的主观色彩。

征文《95598 公里》的创作正是跳出了以电网人讲电网故事的固有模式，采用了第三方视角——以一辆电力抢修车的口吻，运用拟人化手法，讲述了抢修车"眼中"的电网人日常。视角独特，不落窠臼，通篇全都是站在"车"的角度去观察和"截取"电网人的工作场景片段，以近乎"白描"的写作手法，用最简练的笔墨，不加烘托，陈述基本事实和所见所闻。更多的画面联想和情感传递，则留给读者细细品味和慢慢解读。

2. 素材提炼

对于这辆被创作团队选中的主角——电力抢修车来说，"95598 公里"这个特殊的数字中所蕴含的是它的行驶里程数，每一段里程都有不一样的故事，每一个故事里都有独一无二的人和风景，把这些人和风景挖掘出来，记录成文字，也就相当于完成了"它"的创作使命。如何从堆积如山的电网各类宣传素材中，找到最能代表国家电网品牌形象、彰显电力人特质的写作题材，做到去粗取精、消化吸收、为我所用，成为创作团队的一大考验。

经过广泛讨论、头脑风暴和层层筛选，秉承着兼顾时效性和价值性的原则，创作团队最终选择了最近五年内，发生在温州电力的一些比较有代表意义的事件在文中展现。文中生动地展现了大战大考面前，电力人舍小家为大家的奉献意识以及来之能战、战之必胜的电网铁军作风，彰显了"大国重器"顶梁柱作用和央企履责担当。比如新中国成立以来登陆浙江的第三强台风"利奇马"、近 14 年来首个正面登陆温州的台风"黑格比"以及新型冠状病毒感染肆虐期间，电力人冲在前、干在前，抢时间、保电网、护民生。这些珍贵且真实的"奋战"素材，为创作团队提供了鲜活的"第一手"资料，也成为创作内容的"首选片段"。

3. 写作手法

同时，创作团队也注意到，电网人数量庞大、专业繁多，有许多扎根在基层一线的电力人，并没有在一线冲锋陷阵的机会，他们默默地坚守自己的平凡岗位，有的选择在深夜抢修、只为守护居民清凉，有的在烈日下汗流浃背、只为"能带不停"。这些平凡日常的场景，同样也是值得创作团队用笔墨去记录和呈现的。于是，在选材上，也选取了"仲夏夜的守护""烈日下的炙烤"这两个片段，让读者真切地体会到，原来在我们不曾注意的角落，也有电网人的一路陪伴和安心守护。

这样"平战结合"的题材在创作团队的妙笔组合之下，勾勒出了一幅生动的电力群像图，描画出了电网人鲜明生动、立体多元的形象。正所谓文似看山不喜平。有了好的视角、好的素材，怎样让文章看起来有起伏、有波澜，能够吸引读者和评委专家继续读下去，创作团队也没少花"巧"心思。

同样是写抗击台风，创作团队先后选用了三场不同时间段的素材，但是侧重点却有所不同。在写抗击台风"利奇马"时，小标题"关键时刻 我缺席了"设置了一个悬念：什么情况下，电力工程车会缺席抢修现场呢？随后揭开悬念——风雨太大造成全镇被淹，"我趴窝了"，从侧面也反映出这场台风威力之大、电网受损度之严重，继而突出在抗台过程中"我"和电力人"老搭档"整整 70 个小时的失联这一情节，进一步映衬出电力人不畏艰险、敢打硬仗的高贵品格。

而在抗击台风"黑格比"的素材呈现过程中，创作团队重在列举一些数据，用数据来说明抢修时间的大幅度提升；在迎战台风"烟花"期间，则突出一些新技术的运用和"不怕台风的电网"建设进展。这样前后对比、有所呼应的情节设置，构成了文章的抑扬顿挫的节奏，抢修车拟人化的表达和互动，也增添了文章的趣味性和可读性。

4. 舞台经验

国网乐清市供电公司迅速召集原作品创作团队，寻找各条战线的文艺骨干组成舞台剧创作团队。15 位优秀青年干部发挥主观能动性和创造性，通过"采访劳动模范、援藏干部、一线员工，整理素材、创作剧本、模拟排练，完善提高"五步法，队员们利用业余时间甚至是晚上、双休日来加班创作、排练，出色地完成了排演任务，取得了良好的学习宣传效果。在舞台剧《95598》打造过程中，这些跨界参与的青年，用奋斗精神把"不可能"变成了"可能"。

在创作团队火力全开之下，舞台剧《95598》剧本在一次次讨论和排练中精雕细琢，逐渐打磨成型。舞台剧首先从还原电力员工奋战在东南沿海抗击台风抢险第一线、新型冠状病毒感染防控阻击战第一线、支援西藏那曲电网建设第一线等一个个鲜活的、激动人心的真实故事开篇，里程数也在几百、几千公里中不断积累；然而里程数几万、几万公里的积累则是在经年累月的电网建设、故障抢修和优质服务等一个个平凡日子中慢慢增长。通过突出这辆电力抢修车里程数的积累过程——不在惊心动魄，而在平凡坚守，来表明一个个守护万家灯火的电力员工是如何在平凡岗位上创造出不平凡的业绩。

荣誉和成绩属于全体电力人，一代代电力人的前赴后继的无悔付出，成就了国家电网独一无二的品牌形象。文章和舞台剧都有结尾，但国家电网人的故事仍在继续。正如结尾所说，"95598"这个数字是一个新的起点，在"为美好生活充电、为美丽中国赋能"的路上，还有更多的故事正在续写，更多的美丽风景等待我们去发现……

专家点评 当 95598 客服热线遇上抢修小黄车

一、扎根一线，看见点滴中的创作价值

《95598 公里》采用拟人化的修辞手法，通过一辆电力抢修车的第一视角，自述在波澜壮阔的历史画卷中慢慢成长、成熟的"车生"历程。从仲夏夜高温抢修的历练到"利奇马"超强台风来袭时的缺席；从抗击病毒的勇猛到无惧台风来的泰然自若；从深夜"零点检修"时的默默坚守再到烈日下"带电作业"的灵魂炙烤……将日常抢修过程中不可或缺，却又经常被忽视的"抢修车"作为故事主人公，以第

三人称视角进行客观观察，再现经典场景。同时，通篇用一辆电力抢修车的口吻，讲述了抢修车"眼中"的电网人日常，以拟人化的写作手法，增加了作品的趣味性、可读性。

从电力一线的点滴工作中寻找素材的灵感，兼顾素材的时效性和价值。国网温州供电公司的创作团队选择了最近五年内发生的具有代表性的事件。比如，台风"利奇马""黑格比"来袭，供电员工冲在前保供电的事迹；在迎峰度夏期间，供电员工在深夜抢修线路、在烈日下开展带电作业，为的是给客户送去清凉的故事等。

同时，国网温州供电公司的创作团队将国家电网 24 小时供电服务热线 95598 设定为抢修车行驶的里程数。95598 与国家电网具有天然的联结性，每一段里程，电力抢修车都会讲述不一样的故事，代表了一线电网人的不一样的日常工作，每一个故事里都有不同的人和风景。

俯下身、沉下心，察实情、说实话、动真情，努力推出有思想、有温度、有品质的作品。这些平凡日常的工作场景，最能代表国家电网品牌形象、彰显电力人特质，最能打动人心、引起共鸣，同样值得创作团队用笔墨去记录和呈现。

二、从宣传思维到故事思维

一个好的企业品牌故事，可以引发情感共鸣、提升沟通效率，增强受众对于电力建设企业的品牌认同感。大量的叙事理论和故事管理学派的研究成果都表明：叙事是塑造企业品牌的有效手段。因此，如何才能讲好"电力日常故事"？有了好的视角、好的素材，怎样让作品看起来有起伏、有波澜并吸引读者？国网温州供电公司巧用了"平战结合"的创作手法，让故事有波澜、有起伏，让读者有兴趣、有感知。

《95598 公里》中，既有抗击台风"利奇马""黑格比"的跌宕起伏，也有抗击新型冠状病毒感染、支援西藏那曲电网建设的动人篇章，更有"仲夏夜的守护""烈日下的炙烤"的陪伴和安心守护。这些故事包含真实、承诺、共识和情感四要素，为国家电网的品牌创造了积极的主题、恰当的题材、合适的角色、突出的情节，生动形象地展示了新时代国家电网公司践行"人民电业为人民"的企业宗旨，在保供电、惠民生、促发展上所做的点点滴滴，让人民群众不仅"用上电"还

要"用好电"。

三、从"经济硬实力"到"文化软实力"

经济硬实力是电力企业崛起的物质基础，文化软实力是电力企业可持续发展的精神基因。作为"国之大者"的代表，国家电网建设文化软实力应当立足于中国式现代化这个当代中国的最伟大实践。新时代新征程，将国家电网的企业文化内涵，融入中国式现代化的伟大实践之中。《95598公里》的创作团队选取了发生在温州电力的一些比较有代表意义的事件，生动地展现了大战大考面前，电力人舍小家为大家的奉献意识以及来之能战、战之必胜的电网铁军作风，彰显了"大国重器"顶梁柱作用和央企的履责担当。

《95598公里》舞台剧则还原了供电员工抗击台风保供电、抗击新型冠状病毒感染、支援西藏那曲电网建设等动人的故事。随着电力抢修车里程数不断增加，电网建设、电力抢修和优质服务等方面的一个个鲜活的、暖心的、激动人心的电力故事也随之展开。故事中激扬着"实干担当、敢为天下先"的温电精神，体现了电力人冲在前、干在前，抢时间、保电网、护民生的精神力量。每一个朴实又感人的片段，每一段美好又奋进的故事……点点星火，汇聚成炬。正是这些被记录的正能量，讲述了最真实的国网故事，汇聚成国网强大的文化软实力，为续写"为美好生活充电、为美丽中国赋能"的国网故事激发更多向上向善正能量，为全面建设社会主义现代化国家、全面推进中华民族伟大复兴凝聚起强大的精神力量。

国网温州供电公司

电力"空中飞人"高空作业走红网络

▶▶ **案例分析** | 电力员工高空作业的破圈传播

一、入选理由

泰顺以山水为骨,有"九山半水半分田"之称。受地理交通等影响,泰顺天然具备了康养宜居的环境,积淀了丰富的自然资源和深厚的人文特色,但也曾一度制约当地的经济发展。

乡村振兴,电力先行。然而特殊的地理条件为山区电网建设带来一定难度,2023年5月23日,一段国网泰顺县供电公司电力工人高空作业的视频爆火。视频中作业人员背靠白云,在细长的钢芯铝绞线上作业,行动自如,画面十分震撼,视频在当地媒体上引发了网友热议。也因这一小段视频,让当地百姓和各地网友看见了国家电网公司作为电力"先行官",履行央企责任,促进乡村共同富裕的担当。

二、基本情况

5月23日,在泰顺县,一段电力工人在高空作业的视频走红朋友圈,国网温州供电公司第一时间察觉该话题可能引发流量传播,立即指导国网泰顺供电公司将视频素材发送给有关媒体记者,全力统筹资源、协同运作,积极发挥矩阵传播作用,最终实现了传播效果最大化,使得视频在网络广泛传播,引发网友热议和共情。

5月24日,该视频在温州发布、温度新闻、潮新闻等媒体平台全面传播,并迅速破圈。人民日报、新华日报、国资小新、青年报、美丽浙江、中国蓝新闻等国内超88家千百万级粉丝媒体参与话题,抖音、视频号等各类自媒体也加入转发。其中,由人民日报官方微博发起的"电力工人高空作业画面太震撼"话题,更是

在短短两天时间，总阅读次数超 1038 万，2158 名网友参与讨论，话题热度持续暴涨。

三、策划过程

近两年，国网泰顺县供电公司针对泰顺县政府提出的"创新走好具有山区特色的高质量发展共同富裕之路"积极做贡献。国网泰顺县供电公司抓紧"空中飞人"热点事件，做好总体策划方案和每个重要节点的内外宣传，实现全媒体传播扩大影响力，让网友深刻感知电网建设和发展的不易。

1. 贴近生活抓"亮点"

贴近百姓生活，树立"一个好典型""一个好故事"胜过千言万语的精品意识。特别是在推动和实施主题传播遇到困难之时，始终保持强烈的新闻敏感性和不舍不弃的专业精神。同时，紧抓该重大项目新闻价值，充分挖掘项目意义及创新亮点，布局施工中每一个重要节点，以全局策划和阶段策划相结合的方式，反复修改策划方案和内外宣传通稿。媒体融合，统筹传统媒体和新媒体应用，实施一媒一策、一媒一稿，打破平台边界，分层分类主动对接全媒体，为后续精准传播打下坚实基础。

2. 充分发挥联动沟通宣传能力

内部联动紧密，省公司宣传部统筹指挥，协调资源，把控大局；在"空中飞人"热点事件出现后，能够上下联动发力，及时和省公司联动，进一步跟进线索，找准新闻传播点，引入高端媒体力量进行主题传播，充分发挥了公司系统传播矩阵作用，创造了最大化的传播效果。外部沟通迅速，与多个重要自媒体紧密对接，扩大宣传范围。同时，公司系统与地方媒体保持通畅的新闻信息沟通渠道，也是第一时间打开全面传播的重要前提。

3. 叠加"自媒体""官方媒体"

国网泰顺供电公司借助官方微信公众号和地方各类媒体平台全面传播，迅速形成舆论热点焦点。主流权威媒体在新媒体平台跟进发起热点话题，进一步提升传播影响力，并迅速登上微博热搜。电网企业履行央企社会责任和员工精神风貌得到了良好展示，有效提升了品牌知名度和美誉度。

4. 巩固成果，凝成传播记忆正能量

"空中飞人"热点事件后期，联合其他供电公司将日常工作中电力工人高空作业的画面剪辑成短视频，留住电力"空中飞人"的"震撼"与"感动"，做好巩固宣传，让互联网记忆得以延续。

四、传播效果

1. 质量高，时效强

通过在中央媒体、行业媒体、公司媒体、地方媒体的立体报道和全媒传播，累计在人民日报、国资小新、新华网、人民网、中国电力报等中央级、行业级、省级、地市级媒体共刊发稿件百余篇，形成传播"爆款"。

2. 入人心，价值高

"空中飞人"热点事件爆发后，不少网友参与话题讨论，看到了乡村快速发展，充分体现了县域经济，正在发"力"，提高了百姓对国家电网的认可。

3. 范围广，触及深

"空中飞人"传播不仅在官方媒体，同样受到了各类自媒体平台的广泛传播，形成"爆款"后，受众范围触及了各个阶层，微博网友评论"你们汗流浃背的样子，正是我们最尊重的模样！"

五、可推广的经验

1. 全过程策划，高潮迭起

成立专项宣传团队，做好全过程的传播策划，以小见大，透出新闻事件的本质，让主题传播效果不断裂变，实现宣传效果的最大化和最优化。

2. 全方位联动，深挖价值

联合其他供电公司将类似新闻事件进行提炼结合形成"乡村振兴 电力先行"的大主题，进一步延展主题传播的维度和广度。坚持内外协同，将经过权威媒体精

加工、深加工的传播内容往往会产生连锁反应，实现爆款效应，最后要反向推送到公司官方微信公众号、网站、宣传栏，面向公司员工开展融媒体宣传，扩大公司内外宣传影响力。

3. 全媒体融合，多元传播

在传播实施过程中，与中能传媒、省公司专家宣传团队积极联动，并积极主动与中央媒体、省地媒体和行业媒体沟通联络，拓宽宣传渠道，通过"报、刊、网、端、微、屏"多种载体、多个平台共同发声，扩大地域、人群、内容覆盖面，实现"多维采编、立体报道、集群宣传、融媒传播"的效应。

专家点评　在"专精深"与"短平快"交汇中讲好故事

一、创新表达，让"硬新闻"软着陆

乡村振兴，电力先行。作为党和人民信赖依靠的"大国重器"，电网企业承担着重要的政治责任、经济责任和社会责任，有必要提升宣传工作的传播力、影响力，把工作向社会表达清楚、向公众解释清楚。

时值国网温州供电公司500千伏宁金宁华线配合泰苍高速迁改项目施工，泰顺特殊的地理条件为山区电网建设带来了不小的难度。这本是十分具有宣传价值的新闻素材，但电力施工因其专业化和技术化要求，对相关术语和技术运用的表述要求极高，在传统的"官宣"语境下，属于行业"硬新闻"。公众往往对此"一扫而过"，难以深入关注进而产生体验感。

国网温州供电公司此次独辟蹊径，相关报道《致敬500千伏高压线上的"空中舞者"》通过实拍视频这一最常见、最直接的表达方式，打破了"官宣"的表达桎梏。将"供电公司员工在500千伏宁金宁华线配合泰苍高速迁改项目现场高空作业"的画面在观众眼前铺展开来，真实还原现场情况，触发观众的高峰体验。在此热点基础上，后续通过倍速、拉近放大、配音等剪辑方式，使得直拍视频同时具有了新闻和影视属性。

《致敬500千伏高压线上的"空中舞者"》整篇报道以网友的直拍视频为基础，

通过剪辑形成主体内容，配以相关文字解说，这一表达方式和传播形式同"官宣"有很大不同。较之于传统的"官宣"表达，国网温州供电公司此次"高空飞人"的切入视角更为接地气，通篇内容也更为突出外部网友视角，将电力行业的"硬新闻"生活化、媒介化，"软着陆"中强化了受众意识。正因如此，报道一经发出便成为"全民爆款"，形成了全网点赞、网友热评的传播效果。

二、信息沟通效率高，视觉吸引力强

信息沟通效率是影响短视频新闻传播的核心因素之一。短视频新闻通常需要立足短、平、快，在较短的时间内提供更多有价值或者能够吸引观众的信息。《致敬 500 千伏高压线上的"空中舞者"》将视频时长控制在 20 秒以内，去掉无效内容，只展现"空中飞人"背靠白云，在细长的钢芯铝绞线上进行作业的震撼画面。同时，该视频牢牢把握了"黄金三秒钟"的原则，把最具冲击力、吸引力的镜头放在视频开头，设置悬念，一开始就吸引了观众的注意力。而后不断拉近镜头细化画面，把握观众的关注点，以文字解说事件，增强了视频内容的互动性和利他性，吸引观众持续观看。

将镜头对准生产一线，记录供电服务、电力抢修、突发事件应急等各类场景时，宣传工作者不妨借此跳出主流宣传的叙事思维，在信息沟通上更加注重从个体的角度切入，将具有强烈的感染力、能够触发用户的高峰体验的画面前置。改变官方的说话方式，进行换位思考，将宣传视角聚焦到大众的关切点和情感共鸣点，助推电网正能量传播。

三、充分联动各级资源，实现传播效果最大化

在网友拍摄的"空中飞人"视频出现后，国网温州供电公司及时联动上下级单位，与泰顺供电公司、国网浙江省电力有限公司积极沟通，进一步跟进线索，找准新闻传播点。借助省公司的媒体平台与资源，引入人民日报、新华日报、国资小新、青年报、美丽浙江、中国蓝新闻等主流媒体进行主题传播，弘扬电网正能量。

同时，国网温州供电公司积极联络各类地方自媒体平台，在微信视频号、抖音等平台进行亲民化传播，以碎片化、生活化、可视化的传播方式，迅速形成舆论热

点。最终在自媒体与官方媒体的宣传叠加下，实现了最大化的传播效果。

在"专精深的技术呈现"与"短平快的表现形式"的交汇中讲好故事，意味着要赋予短视频更高的价值浓度和价值载量，变"单向输出"为"双向奔赴"。为此，电网企业要鼓励原创，立足电网企业特色，将作品情怀与"人民电业为人民"的宗旨相结合，深化与网友的价值沟通和情感交流，聚焦群众关心关切的问题，增强说服力、亲和力、感染力，多视角、多屏幕、多渠道讲好电网正能量故事。

国网嘉兴供电公司

《我和我的村庄》向世界展示国网形象

▶▶ **案例分析**　文化与品牌奇妙联结，国际舞台强势出圈

一、入选理由

2023 年 8 月 11 日，国网嘉兴供电公司创作的《我和我的村庄》在英国电影节 Odyssey 2023 "可持续企业文化"影片竞赛中获得最佳企业可持续发展影片奖，全球中资及华资企业共 5 家获此奖项。此次在国际上获奖，更是打开了微电影国际比赛的大门。

微电影《我和我的村庄》包括了几大元素。"共同富裕"是与每个人息息相关的战略政策，"乡村振兴"是近年来农村发展建设的重头戏，是推动共同富裕的必经之路，"传统文化建设"也是当下热门话题。微电影《我和我的村庄》"质量够硬"，将几大元素生动融合。从地区赛到全国赛，再到国际电影节，通过微电影这一媒介，国家电网的品牌形象在国内外都达成了良好的传播效果。

二、基本情况

微电影《我和我的村庄》讲述的是浙江省嘉兴市海宁市一个普通小村庄——长啸村，从"养猪村"到全国文明村和浙江首批"零碳乡村""未来乡村"的美丽蜕变。随着既要金山银山又要绿水青山理念的深入，长啸村原本的养猪产业逐渐被淘汰。村庄的发展也陷入低谷，怎么办？

在国家电网的协助下，勤劳智慧村民们在生猪养殖场上建起了全国第一个"农光互补"大棚，棚顶装光伏，棚里种蘑菇，村民们的日子很快有了起色。但一场百年难遇的台风，为生产用电带来了新的问题。最终在国网嘉兴海宁市供电公司员工小宋一行的帮助下解决了问题。

该作品用千年皮影的形式，讲述了新时代下农民们如何开拓创新，以变革和发展不断逐梦前行，实现共同富裕。同时，影片还展现了供电公司借助光伏、储能等新能源技术，为长啸村提供了"农业＋光伏互补"这一发展新思路，利用新能源绿色电，让农业生产的电气化程度提高，进一步降低碳排放，改善传统农业粗放式发展为长啸村带来的环境压力。这一事迹也是近年来国家电网助推乡村振兴和共同富裕，助力能源结构绿色转型的缩影。

三、策划过程

微电影《我和我的村庄》从策划到获奖，前后跨度达两年时间。当前微电影的形式较新颖，不少创作团队纷纷瞄准"故事＋文化"的结合。钱江潮、皮革、桑蚕、经编，这些都是具有特色的本地文化符号，创作团队迅速达成一致，采用皮影戏这一元素。在故事选择上，嘉兴海宁长啸村建起了全国首个"农光互补"大棚，这是国家电网公司乡村电气化改造的样本，也是浙江省首批"零碳村"，是一个非常适合讲故事的地方。

但剧本创作很艰难。"种咖啡豆其实挺离谱的。""这样改的话老朱女儿的人物意义就没了。"脚本集中修改的过程中，大家的讨论非常激烈，剧本创作进度缓缓推进中，此时距离原定交片时间只有一个半月。不仅要讲故事，还要讲的合理，还要能够拍摄出来。通过精练的镜头语言给观众展现想表达的故事，这对创作团队来说是不小的考验。同时，不少故事情节在实际落地拍摄上也有困难。长啸村电气化改造、以前脏乱差的环境、"农光互补"大棚的建设情况等场景，在现有条件下，几乎无法复原。此时的皮影戏发挥了自身优势，它本身就是"戏"，经过创作团队的讨论，决定将一些无法还原的场景采用皮影的形式表现，还增加了皮影戏在微电影中的比例，让皮影戏这条线索更加清晰。

作为一部小投资小制作的微电影，拍摄过程中创作团队只能尽可能节省开支。除了几位主要演员，台词少的角色、群演、道具都由创作团队自己出力，甚至是群演家中正在放暑假的小朋友都叫上了。一场雨戏结束，消防车喷水模拟下雨，即使撑着雨伞，所有群演也都衣服湿透；蘑菇棚抢修的戏本就设定在雨夜，只能等夜色昏暗了再开拍，一拍就是几小时；夜晚的蘑菇棚里还在熏着药水，呛人的味道强制中断拍摄，演员和群演时不时就得到棚子外透透气……拍摄结束到制作，又是一次新的磨合，剧本创作与实际拍摄总会有些出入，在一遍遍重复修改的煎熬中，这部微电影最终成型。

微电影摄制全部完成后，创作团队开始考虑如何形成良好的传播效果。除了地区赛与全国赛，是时候让作品"走出国门看一看"了。恰巧，今年 Odyssey 电影节首次开启可持续企业文化影片奖，是聚焦中国企业、注重可持续商业、关注企业文化的国际电影奖项。于是，创作团队抱着试一试的心态将微电影《我和我的村庄》送去参赛。

经历了一系列繁琐的报名、素材上传、邮件确认等事项和漫长的等待后，微电影《我和我的村庄》迎来了决赛入选和答辩通知。评委来自各个国家的各个行业，因此在答辩过程中，创作团队用了很多比喻来呈现微电影背后所承载的意义和企业文化。比如在提到新能源装机容量时，非相关领域的评委可能都对数字没有什么概念，于是创作团队用了"这些新能源的发电可以让 1300 多万辆特斯拉 Model Y 充满电"这么一个类比，赢得了在场评委的一致认同与肯定。

四、传播效果

除了英国电影节 Odyssey 2023 最佳企业可持续发展影片奖外，微电影《我和我的村庄》还获得第十届全国品牌故事大赛一等奖、第十届全国品牌故事大赛（宁波赛区）一等奖，在"国家电网"的脸书（Facebook）、推特（Twitter）、Instagram、微信公众号、视频号、官方网站，"浙电 e 家"微信公众号、视频号进行展播，总阅读转发量超 10 万 +。

五、可推广的经验

1. 表达接地气，拉近与受众的距离

传统主流媒体以提供新闻事实为主，多为官方的、陈述式的、宣传式的语态，传播内容不能直击人心，难以引发共鸣，有时甚至会拉大媒体与公众之间的距离。而短视频、微电影等传播体裁的叙事主体则具有人格化的特征，常以第一视角呈现

事件、观点及场景，叙述话语接地气，与受众间的互动交流感强。在《我和我的村庄》中，以皮影戏导入，以主人公朱建国的第一视角和口吻将故事娓娓道来，在讲故事的同时，将受众代入事件起伏与时间线中，给国内外观众以亲切感和沉浸式体验感。

2. 深度挖掘影像力量

《我和我的村庄》采用了极具电影质感的拍摄技法，深挖影像的力量，打造出独特的表达风格。不仅注重内容的传达，同时注重视听语言的叙事功能，形成符合现代大众审美的视觉影像风格。《我和我的村庄》巧妙运用了皮影戏的表现手法来展现"农光互补"大棚、百年一遇的台风等场景，既体现了真实感，又具有影像创新，让人眼前一亮。该影片的叙述节奏张弛有度，画面兼具写实与写意双重性，故事、人物与宏大的全景画面、长镜头等完美融合，把"乡村的故事"和"电网的故事"讲进了观众心里。再加上对当地民间艺术的运用和皮影画面的适当穿插，使得《我和我的村庄》既呈现出生动有趣的表现形式，又成为符合国际大众审美的精美考究的艺术作品。

3. 紧扣时代主题，向国际展示品牌形象

在"双碳""乡村振兴"的背景下，国网嘉兴供电公司努力推动，借助光伏储能等新能源模式为长啸村提供了"农光互补"这一发展新思路。利用新能源绿色电，提高农业生产的电气化程度并降低了碳排放，改善了传统农业粗放式发展带来的环境压力，这也是近年来国家电网公司积极响应国家号召，助推乡村振兴和共同富裕、助力能源结构绿色转型的一个缩影。《我和我的村庄》以此为影片创作原型，紧扣时代命题，观照现实。以共同富裕、绿色发展等无国界议题贯穿影片内容，以变革和发展作为影片核心主旨，让即使看不懂中文的人也能看得懂故事、读得懂主题，展现出国家电网的品牌精神与时代担当，扎实有效地推广了国家电网的品牌形象。

专家点评　**小故事折射大主题，小制作亦有高质量**

国家电网每年都会有一批质量较高的品牌故事微电影、短视频、演讲等形式的

作品诞生，开展品牌故事宣传。《我的我的村庄》作为一部小投资小制作的微电影，取得了不错的传播效果，主要亮点体现在以下几点。

一、切入点小，小村庄小人物讲述"乡村振兴"的大发展

《我和我的村庄》以个人记忆作为内容切入口，将记忆选择的落点放至"村庄的变化"和"我的致富路"这两个具体要素上，微观实现电力助力乡村振兴和个人发展轨迹的记忆互动，叙事模式摆脱传统的宏大预设和演绎情节。

在主题设定上，《我和我的村庄》选取了个人记忆中有关"乡村产业"的片段展开，包括但不限于光伏零碳、小镇创业、农业技术革新、环境治理、共同富裕等热门话题并串起一系列剧情。小缩影，大主题，以长啸村从臭名远扬的"养猪村"发展为全国闻名的"零碳村"的美丽蝶变，来展现国家电网助推"乡村振兴""共同富裕"的央企责任与担当。

在故事编排上，《我和我的村庄》将镜头对准至生猪养殖户"老朱"身上，从老朱个人曲折的致富经历中找寻乡村产业零碳变革的踪迹，以"小视角"讲述"大变化"。中间穿插回乡创业的女青年"小苏"因生态环境的变化和"零碳村"的建设而走出客流困境的故事线。整体而言，《我和我的村庄》将"零碳村"的发展故事和村民个人创业故事内嵌至微电影的场景中，多元微观场面拼接起国家电网助力乡村振兴的宏观图景。

二、利用镜头语言充分调动情感共振

在人人都能拥有麦克风的时代，情感信息的传播比一般的事实传播更能抓人眼球、深入人心。《我和我的村庄》片中的图像符号主要包括海宁皮影、生猪养殖、农作物、自然景色、人文建筑和生活场景这四种。同时影片选取了极具代表性、能够充分调动情感共鸣的元素，如以皮影这一独具嘉兴地域特色的国家级非遗文化为关键情节的叙事载体；以极具粗放养殖业代表性的长啸村为背景；以生猪养殖改革这一标志性事件为切入点；以台风这一熟悉的气象灾害作为转折点；同时以各类具有时代特色的声音元素协助画面叙事补充信息、渲染情感。

《我的村庄和我》在影片叙事中，选取了易引起大众集体记忆的各类符号，在

大众和影片间构建联想性，相对于单纯镜头或直白或弯弯绕绕的叙事，更有代入感，更好看。

三、积极探索国际传播的影像表达

《我和我的村庄》立足中国富美乡村，以皮影这一嘉兴当地的国家级非遗文化为载体，以浙江一普通村庄长啸村为背景，以"光"（光伏）为引，以"电"为线，讲述了在国家电网的促动下，村庄由脏乱差的"养猪村"发展为全国闻名的"零碳村"的美丽蝶变。情节，用接地气的话和观众形成共鸣，让即使看不懂中文的人也大致能看得懂故事；文化，用古老的皮影技艺串联起故事的关键发展，越是民族的越容易被世界接受。

从影片立意的角度上，虽然微电影《我和我的村庄》在拍摄手法和剧情讲述上，并非一部十分完美的片子，但它背后承载的意义巨大。从乡村振兴到绿色发展，从共同富裕到能源低碳转型，这些话题都属于"人类命运共同体"的范畴，属于国际高度关注、无国界且理解互通的议题。影片通过一个村庄的蝶变映射出这些议题的中国实践，并从中展现出国家电网多年来为此所做的努力。这一立意不刻意、不说教，让国际观众也能不带任何偏见地去理解、去接受、去体会。

国网嘉兴供电公司
全媒体高频度展示科技自强新作为

▶▶ **案例分析** | 大小屏多渠道传播绿色发展新形象

一、入选理由

2022 年世界互联网大会·乌镇峰会于 11 月初在乌镇举办，同时举办"互联网之光"博览会、工业互联网论坛（浙江分论坛）、"直通乌镇"全球互联网大赛等活动。同期，国家电网有限公司参展"互联网之光"博览会，浙江乌镇能源互联网主题馆作为国家电网"馆外馆"接受社会公众参观。国网桐乡市供电公司结合助力共同富裕和"双碳"目标实现、浙江数字化牵引新型电力系统建设等主题，借助 2022 年世界互联网大会乌镇峰会的窗口，电力主题再次形成覆盖大屏幕与小屏幕、传统媒体与新媒体的现象级传播事件，引发社会高度关注和热烈反响。国家电网推动核心技术创新和国网浙江电力推进数字化牵引新型电力系统建设获得了各方高度关注和普遍认同。

二、基本情况

2022 年是国家电网有限公司连续第 4 年参展世界互联网大会"互联网之光"博览会，通过视频动画、互动体验等形式展示国家电网有限公司 17 项数字新技术成果及应用案例。

此次世界互联网大会乌镇峰会主题为"共建网络世界 共创数字未来——携手构建网络空间命运共同体"。国网桐乡市供电公司将大会主题、媒体关注与国家电网行动有机结合，超前策划传播主题，主动对接媒体资源，全线拓展内容分发渠道。依托"互联网之光"博览会国家电网展台，以"国家电网核心技术自主创新、人工智能巡检新技术应用"两大展项为核心引爆点，充分激发展台引流效果，获得

主流媒体高度关注。

大会期间，国家电网电力保障工作和展览展示工作相关内容在省级及以上媒体报道 65 条，其中央视、新华社等中央媒体报道 18 条（含央视新闻联播 2 条，央视焦点访谈 1 条，央视直播和新华社直播各 1 条。）形成覆盖大屏幕与小屏幕、传统媒体与新媒体的现象级传播事件，引发社会高度关注和热烈反响。国家电网推动核心技术创新和国网浙江电力推进数字化牵引新型电力系统建设获得了各方高度关注和普遍认同。

三、策划过程

1. 共同富裕和双碳背景下数字化牵引新型电力系统建设

2022 年以来，国网桐乡供电公司加快推进数字化牵引新型电力系统建设实践，从主网到配网的承载、互动、自愈、效能水平不断提升，乌镇智慧配网小镇建设有力推进，以输电铁塔视觉电子围栏、数字孪生配电房、量子加密智能开关、数字化牵引智慧台区等为核心的数字化电网，以各型巡检操作机器人、无人机阵列、AR 数字安全帽等为核心的数字化设备，5G 毫米波雷达区域防控、5G+ 北斗应用、零信任网络安全防控机制等为核心的信息通信新技术，以光伏伴侣、智能插座、路灯充电桩等为核心的创新应用，以能源大数据中心、碳效码、共同富裕电力指数、有电么全景智慧用电服务平台、光伏运维 e 助手等为核心的数字产品，以光储充一体化农创园、全省首个印染行业差异化温控余热回收、乌镇数智化全能型供电所等为核心的数字建设应用场景，成为国网桐乡供电公司推进数字化牵引新型电力系统建设的一个缩影，同时以国家电网公司优秀共产党员服务队、浙江省青年文明号、国家电网浙江电力（桐乡乌镇）红船青年突击队、劳模工作室等为核心的党团先锋集体将在又一年乌镇峰会保电工作中有力展现浙电铁军风采。

宣传内容：策划《数看浙江 | 在乌镇 见未来》文稿，通过互联网小镇数字经济产业、数字电网建设、数字治理体系等场景的文字观察，结合智慧电力助力共同富裕、"双碳"目标等社会民生主题，展现数字化牵引新型电力系统建设在桐乡乌镇的落地实践，输出数字赋能下的乌镇智慧电网小镇闪亮名片。策划《"电"与"数字"的美妙组合》短视频，用简笔画的形式，绘制数字电力的应用场景，描述"这

个组合能带来什么"，如能带来更便捷的出行、更低碳的生产等，最终将多个场景进行集合形成带给人们"更美好的生活"新图景。策划《智慧电力服务为数字化农业发展注入新动力》新闻视频及文稿，以供电为数字化农业育苗工厂开展碳效分析，应用自主开发的三维设计助手开展光伏、储能系统设计，构建区域基于光储设备的电循环系统，推动育苗工厂打造"负碳农厂"。

宣传时间：大会前、大会中。

目标媒体：人民日报、新华社、浙江日报等。

2. "互联网之光"博览会及电力科技新成果

本届"互联网之光"博览会期间，国网桐乡市供电公司将代表国家电网参展，集中展示碳效码、共同富裕电力指数、智能操作机器人、AR 数字头盔、5G+ 量子开关、5G+ 北斗应用等电力领先科技成果。

宣传内容：策划《遇见·预见》短视频，讲述一位宋韵女子走到现代，将"互联网之光"博览会误当作庙会，进入后看到各种琳琅满目科技感十足的展位展项，从而发生的有趣故事。参与央视等重要媒体现场直播，积极对接央视、新华社等媒体，在博览会期间引导至国家电网展位及周边电力场景，争取展位、展项和电力相关工作在央视探馆大型直播中展出。策划《国家电网智能操作机器人（以实际核心展项为准）引发关注》新闻视频，以展位上的机器人等展项为切口，进行媒体宣传。

宣传时间：大会中。

目标媒体：央视、新华社、人民日报、浙江卫视等。

3. 电力助力共同富裕和双碳目标实现

今年是浙江高质量发展建设共同富裕示范区的一周年，这一年，国网桐乡供电公司服务共同富裕和"双碳"目标实现相关创新举措遍地开花，共同富裕场景在桐乡乡村随处可见，为进一步加快推进共同富裕示范区建设提供了好案例好样板。

宣传内容：策划《小数蛙旅行记 2——桐乡乡村"数"你最棒》短视频，以小数蛙的视角，从乌镇的乡村出发，看遍桐乡各代表性乡村，展示桐乡建设过程中，电力数字化赋予乡村更均衡的用电、更绿色的生态、更美好的生活等新变化。策划《数字牵引智慧台区》新闻视频，展现乌镇陈庄村北埭台区 IR46 智能表等新设备

改造和技术更新，实现户内单路负荷特性分析、表后故障主动感知上报、拓扑自动识别等功能，为乡村发展提供更智慧可靠的电力保障。

宣传时间：大会前。

目标媒体：新华社等。

4. 智慧电力助力社会数字治理

数字浙江建设以来，社会治理数字化一直备受关注。2022 年，国网桐乡供电公司建设路灯充电桩，在康居苑小区实现 32 基全覆盖，成为电力助力数字治理的一个典型案例，下阶段，桐乡供电还将以康居苑小区为样板，深化推广路灯充电桩。桐乡供电在自主研发的"有电么"全景智慧平台上接入桐乡全域水闸站、红绿灯、通信基站供电数据，实现社会民生保障设施供电情况供电员工、相关用户双向可查，故障停电实时提醒、抢修路线自动规划等。

宣传内容：策划《路灯兼做充电桩 数字治理出新招》文稿和新闻视频，讲述国网桐乡供电公司主动参与社会数字治理，通过建设路灯充电桩，满足老旧小区居民绿色出行需要等工作。

宣传时间：大会前、大会中。

目标媒体：新华社、人民日报等。

5. 重要活动电力保障

借助各级媒体开展大会前综合保障准备工作集中报道的机会，争取国网桐乡供电公司数字孪生配电房列入媒体采访路线，展示数字孪生、环境感知、图像识别和 AI 分析等技术在配电站房中的应用，以及倒闸操作巡检机器人或地面巡检机器人、AR 数字头盔、无人机机巢车、带电作业机器人绝缘斗臂车等电力新技术新装备。

宣传内容：争取参与宣传部组织的媒体采风报道活动，集中在数字孪生配电房展示电力科技应用。策划《世界互联网大会数字保电进行时》新闻视频，展示数字配电房、各类机器人等新技术新设备新应用参与大会保障工作。策划《家门口的世界盛会》文稿，以国家电网优秀共产党员服务队集体的视角，讲述 9 年来在家门口参与世界互联网大会保电工作的行动与感悟，展现以乌镇供电所红船党员服务队为代表的党员先锋力量。

宣传时间：大会前、大会中。

目标媒体：央视、新华社、人民日报、浙江日报等。

四、传播效果

乌镇峰会期间，国家电网电力保障工作和展览展示工作相关内容在各级媒体发出报道 64 条，其中央视、新华社等中央媒体报道 20 条。

1. 央视新闻联播两度关注公司工作

2022 年 11 月 9 日，央视新闻 联播播出《2022 年世界互联网大会乌镇峰会今天开幕》，关注国家电网展台"推动核心技术自主创新"展项，近景聚焦详细展示"国家电网注重数字技术自主创新，实现国网芯、电力北斗、低频输电、特高压等技术创新"内容；11 月 11 日，央视新闻联播播出《新思想引领新征程 | 迈向网络强国 中国网信事业逐梦新征程》，关注电力行业水下电缆巡检作业中的新技术新应用，通过 10 秒的长画面展示国网桐乡市供电公司工作人员操控水下巡检机器人开展水下作业的过程。

2. 权威主流媒体持续跟进系列报道

央视焦点访谈通过 5 组画面详细展示国家电网展台全景、国家电网注重数字技术自主创新实现国网芯和电力北斗等技术创新、国家电网应用水下电缆巡检机器人、国家电网基于可信隐私计算的竞价交易平台、"网上国网"技术框架等内容，画面综合时长近 20 秒。央视直播、新华社直播、央广网直播先后采访国家电网展台，国网桐乡市供电公司工作人员在直播中详细介绍了国家电网展台展示的 17 项科技新应用，现场演示了水下电缆巡检机器人、AR 数字安全帽等科技应用，直播总时长 21 分钟。央视 12 档新闻、新华社、光明日报等媒体持续关注国家电网数字技术自主创新，央视正点财经、新闻 30 分、东方时空、朝闻天下等新闻栏目先后聚焦公司新技术新应用。新华社通稿《"互联网之光"博览会开启"乌镇时间"》阅读量达 156.6 万。

3. 浙江宣传、本地大 V 传播国家电网形象

2022 年 11 月 11 日，浙江宣传微信公众号刊发《乌镇入风口》，报道国网浙江电力运用数字技术，通过全国首个全感知配电房、数字孪生虚拟配电房、自主

巡检操作机器人等为大会和乌镇生产生活擎灯护航。浙江广电名嘴大V发布抖音，关注数字孪生配电房、带电作业机器人、巡检无人机机巢等电力科技应用，评论区网友反馈正向。

2022年世界互联网大会乌镇峰会国家电网重要新闻报道清单

序号	日期	媒体	标题
1	11月9日	央视新闻联播	2022年世界互联网大会乌镇峰会今天开幕
2	11月11日	央视新闻联播	新思想引领新征程|迈向网络强国 中国网信事业逐梦新征程
3	11月11日	央视焦点访谈	共建网络世界 共创数字未来
4	11月9日	央视直播	直播|世界互联网大会乌镇峰会来啦 感受千年古镇的"智慧范儿"
5	11月9日	央视新闻30分	2022年世界互联网大会乌镇峰会今天开幕
6	11月8日	央视晚间新闻	【共建网络世界 共创数字未来】2022世界互联网大会乌镇峰会明日开幕
7	11月10日	央视正点财经	聚焦世界互联网大会 浙江桐乡：智能巡检 速度快 精度高
8	11月10日	央视正点财经	聚焦世界互联网大会 浙江桐乡：智能巡检为电力行业提供精准服务
9	11月8日	央视新闻客户端	2022年"互联网之光"博览会开幕 线上线下展示前沿新科技
10	11月9日	央视东方时空	2022年世界互联网大会乌镇峰会今天开幕
11	11月11日	央视朝闻天下	迈向网络强国，中国网信事业逐梦新征程
12	11月11日	央视新闻直播间	2022年世界互联网大会乌镇峰会闭幕
13	11月9日	央视新闻直播间	2022年世界互联网大会乌镇峰会今天开幕
14	11月11日	央视朝闻天下	2022年世界互联网大会乌镇峰会闭幕
15	11月10日	央视午夜新闻	2022年世界互联网大会乌镇峰会开幕
16	11月7日	央视17套	浙江桐乡：杭白菊丰收 特色产业促发展
17	11月8日	新华社	2022年世界互联网大会|探访"互联网之光"博览会
18	11月9日	新华社	"互联网之光"博览会开启"乌镇时间"

续表

序号	日期	媒体	标题
19	11月3日	新华网	探访乌镇数字孪生配电房：科技赋能点亮"智慧之光"
20	11月9日	央视频	【聚焦2022年世界互联网大会乌镇峰会】浙江桐乡：智能巡检员 数字孪生配电房提供精准服务
21	11月10日	央广网	直播：360度看乌镇·2022世界互联网大会怎么逛，央广网带你一镜到底
22	11月8日	央视影音客户端	走进"互联网之光"能源大脑探访全国首个全感知智能配电房
23	11月9日	央视影音客户端	乌镇"蝶舞"：挥动数字的翅膀
24	11月12日	央视浙江总站	观察点日记｜乌镇峰会助力打造数字桐乡
25	11月8日	光明日报	乌镇"蝶舞"：挥动数字的翅膀
26	11月9日	光明日报	在这里，智慧生活触手可及——二〇二二年世界互联网大会"互联网之光"博览会体验
27	11月9日	光明日报客户端	在这里遇见未来生活！2022年世界互联网大会"互联网之光"博览会开幕
28	11月5日	人民网	走进2022世界互联网大会 数字孪生配电房点亮"乌镇时间"
29	11月3日	中新社	探访乌镇数字孪生配电房：科技赋能点亮"智慧之光"
30	11月9日	光明网抖音号	2022年世界互联网大会乌镇峰会"互联网之光"博览会
31	11月8日	光明网抖音号	首次亮相"互联网之光"博览会的水下巡检机器人申请出战
32	11月3日	中国新闻网	探访乌镇数字孪生配电房：科技赋能点亮"智慧之光"
33	11月11日	浙江宣传	乌镇入风口
34	11月8日	浙江日报头版	乌镇：我们准备好了
35	11月8日	浙江卫视	2022年世界互联网大会乌镇峰会将于明天开幕
36	11月8日	北京电视台微博	2022年世界互联网大会｜探访"互联网之光"博览会

续表

序号	日期	媒体	标题
37	11月7日	浙江在线公众号	如何实现一对"孪生兄弟"的"心电感应"？乌镇告诉你答案
38	10月31日	杭州日报	世界互联网大会配电房为何没人值班？这群机器电工告诉你
39	10月31日	浙江之声	世界互联网大会乌镇峰会配电房居然有个"孪生兄弟"！
40	10月31日	浙广早新闻	世界互联网大会的配电房为何没人值班？这群"机器电工"告诉你答案
41	11月7日	浙江在线	走进"互联网之光"能源大脑 探访全国首个全感知智能配电房
42	11月3日	杭州日报	数字孪生配电房为世界互联网大会保驾护航
43	11月9日	天目新闻	小跳蛙旅行记｜为美丽乡村赋能，为美好生活充电
44	11月9日	天目新闻	数字化赋能电力，为世界互联网大会保驾护航
45	10月16日	嘉兴电视台	说说我们的新时代②：数字赋能，让城市"健康"又"智慧"
46	11月4日	中国蓝新闻	喜迎乌镇峰会｜智慧感、科技感拉满，它们保驾护航乌镇峰会
47	11月4日	嘉兴电视台	喜迎乌镇峰会｜智慧感、科技感拉满，它们保驾护航乌镇峰会
48	11月9日	嘉兴日报	加"数"前进，"电"亮未来
49	11月3日	桐乡发布	重磅！桐乡发布12项科技保电最新成果！
50	11月3日	浙电 e 家	小跳蛙峰会旅行记
51	11月10日	浙电 e 家	遇见·预见
52	11月11日	浙电 e 家	这些装备在互联网大会上硬核"出圈"
53	11月9日	浙电视频号 e 家	风从乌镇来
54	11月11日	浙电视频号 e 家	数字化赋能电力 为世界互联网大会保驾护航
55	11月8日	电网头条 B 站号	风从乌镇来
56	11月9日	电网头条	新华社直播采访互联网大会国家电网展台
57	11月8日	国家电网快手号	风从乌镇来

续表

序号	日期	媒体	标题
58	11 月 11 日	国家电网抖音号	数字化赋能电力 为世界互联网大会保驾护航
59	11 月 8 日	国家电网抖音号	风从乌镇来
60	11 月 10 日	国家电网快手号	国网风采 数字化赋能电力 为世界互联网大会保驾护航
61	11 月 10 日	国家电网 b 站号	国网风采 数字化赋能电力 为世界互联网大会保驾护航
62	11 月 11 日	电网头条	30 秒速看乌镇峰会国网展区
63	11 月 12 日	国家电网报	公司参展 2022 年世界互联网大会乌镇峰会

五、可推广的经验

1. 主动对接，精准策划，有力彰显国网创新形象

提前对接媒体，了解央视选题计划，主动报送公司主题传播内容和素材，并面向央视新闻采编需求针对性调整展台优先展示项目，推动公司相关工作内容成功两度登上新闻联播，重点关注国家电网展台"推动核心技术自主创新"展项，近景聚焦详细展示"国家电网注重数字技术自主创新，实现国网芯、电力北斗、低频输电、特高压等技术创新"等内容。

2. 策划场景，设计镜头，有效提升媒体采用时效

在乌镇峰会召开前，提前策划国家电网数字技术创新应用 10 个工作实景和精品内容画面，吸引媒体关注，缩短公司策划主题与媒体新闻采编之间的距离。11 月 11 日，央视焦点访谈播出《共建网络世界 共创数字未来》，5 组画面详细展示国家电网展台全景、国家电网注重数字技术自主创新实现国网芯和电力北斗等技术创新、国家电网应用水下电缆巡检机器人、国家电网基于可信隐私计算的竞价交易平台、"网上国网"技术框架等内容，画面综合时长近 20 秒。

3. 抓牢互动，注重体验，吸引媒体直播持续关注

紧紧抓牢具有较强互动体验性的展项，以此为吸引媒体关注电力工作的入口。

11月8日，新华社刊发视频报道《2022年世界互联网大会 | 探访"互联网之光"博览会》，新华社记者直播采访国家电网展台，国网桐乡市供电公司工作人员在直播中详细介绍了国家电网展台展示的17项科技新应用，现场演示了水下电缆巡检机器人、AR数字安全帽等科技应用，直播时长达11分钟。11月9日，央视直播《直播 | 世界互联网大会乌镇峰会来啦 感受千年古镇的"智慧范儿"》，来到国家电网展台直播采访，展示展台上的科技新应用，直播时长3分30秒。

4. 内外结合、积极借力，极大丰富主题宣传切口

策划乌镇峰会科技保电、数字电力助力"双碳"、数字技术助力社会治理、数字电力助力共同富裕等主题，并借力地方宣传部以及公司自有媒体联络网，建立乌镇峰会新闻宣传联络群，简化媒体对于电力新闻线索的获取方式。

专家点评 亮点成效密集传播，数智电网有力彰显

一、传播内容上，以"乌镇之约"全方位辐射智慧电网

2022年世界互联网大会乌镇峰会的大会主题为"共建网络世界，共创数字未来——携手构建网络空间命运共同体"。这也是国家电网有限公司连续第4年参展世界互联网大会"互联网之光"博览会。此次参展，主要通过视频动画、互动体验等形式展示国家电网17项数字新技术成果及应用案例。

国网桐乡市供电公司积极借助世界互联网大会乌镇峰会这一契机，紧密结合峰会"高科技、数字化"的主题特点，确定宣传主方向，即国家电网的"数智化"亮点。在此基础上，根据宣传排期，结合全乌镇电力场景，先后策划出了"共同富裕和双碳背景下数字化牵引新型电力系统建设""'互联网之光'博览会及电力科技新成果""电力助力共同富裕和双碳目标实现""智慧电力助力社会数字治理""重要活动电力保障"等五个宣传主题，每个主题下衍生出一系列新闻产品，充分展现了互联网窗口下，电力在数字浙江和数字桐乡建设中的积极作为。

宣传方向引导五大主题，五大主题丰富新闻产品。在此基础上，国网桐乡市供电公司结合大乌镇、全峰会的电力场景，丰富宣传切口与形式，满足了不同主题不

同内容不同媒体的传播需要。如推出《"电"与"数字"的美妙组合》短视频，用简笔画的形式，绘制数字电力的应用场景，最终将多个场景进行集合形成带给人们"更美好的生活"新图景。如提供《数看浙江丨在乌镇 见未来》文稿，通过互联网小镇数字经济产业、数字电网建设、数字治理体系等场景的文字观察，结合智慧电力助力共同富裕、"双碳"目标等社会民生主题，展现数字化牵引新型电力系统建设在桐乡乌镇的落地实践，输出数字赋能下的乌镇智慧电网小镇闪亮名片。再如在"互联网之光"博览会上，以"国家电网核心技术自主创新、人工智能巡检新技术应用"两大展项为核心引爆点，充分激发展台引流效果，获得主流媒体高度关注等。在全场景的内容结合下，充分以世界互联网大会乌镇峰会为平台，搭建起了全方位展示国家电网数智化品牌形象的世界窗口。

二、传播渠道上，以"主流媒体"激起电网全网影响力

在2022年世界互联网大会乌镇峰会新闻宣传工作期间，国网桐乡市供电公司全程主动对接中央、行业、网络、地方等媒体，全线拓展媒体分发渠道，以主流媒体为发力点，形成覆盖大屏幕与小屏幕、传统媒体与新媒体的传播事件，引发社会高度关注和热烈反响。央视新闻联播两次关注、焦点访谈重点聚焦，新华社直播刷屏网络，微电影短视频火爆微信朋友圈，中央媒体刊发报道30篇，全网刊发报道230余篇，阅读量突破4300万人次，传播效果显著，充分彰显了国家电网"为美好生活充电 为美丽中国赋能"的品牌形象。

在TV端，对接央视新闻联播、焦点访谈，近景聚焦国家电网服务国家战略需求、注重科技自主创新，实现电力北斗、低频输电、特高压、国网芯等技术突破。对接央视东方时空、朝闻天下、新闻直播间、新闻30分、晚间新闻、经济信息联播、正点财经等重点栏目组，滚动报道公司可信计算竞价交易平台、"网上国网"技术应用、无人机三维成像、电力水下电缆巡检机器人等数字技术创新实践。实现了央视重点栏目全覆盖报道。

在通讯端，对接光明日报，刊发通讯文章《乌镇"蝶舞"：挥动数字的翅膀》、特写《在这里，智慧生活触手可及——2022年世界互联网大会"互联网之光"博览会体验》。对接新华网、人民网、央视频、中新社、光明网、人民政协网、中国

青年网等主流媒体资源，刊发《探访乌镇数字孪生配电房：科技赋能点亮"智慧之光"》《观察点日记｜乌镇峰会助力打造数字桐乡》《首次亮相"互联网之光"博览会的水下巡检机器人申请出战》《如何实现一对"孪生兄弟"的"心电感应"？乌镇告诉你答案》等文章。实现了主流媒体全景式聚焦。

在直播端，对接新华社并联合百度、凤凰、北京电视台等全国30家平台，推出大型融媒直播《探访"互联网之光"博览会》。对接央视新闻客户端推出直播《直播｜世界互联网大会乌镇峰会来啦 感受千年古镇的"智慧范儿"》，对接央广网视频直播栏目《360度看乌镇 2022年世界互联网大会怎么逛，央广网带你一镜到底》，带入国家电网展台的高科技元素。整体直播端对接平台超15家，总时长超110分钟，全网直播浏览量达1170万人次，实现了网络视频直播全民聚焦。

在短视频端，制作了多部融媒体作品，如《风从乌镇来》、系列微电影《北宋天禧年少女的乌镇奇幻夜之旅》《遇见·预见》等，在哔哩哔哩、抖音、快手和国家电网全媒体平台投放，一经推出就收获朋友圈刷屏，实现年轻受众群体广覆盖。

在线下渠道，依托"互联网之光"博览会国家电网展台，以"国家电网核心技术自主创新、人工智能巡检新技术应用"两大展项为核心引爆点，充分激发展台引流效果，三天时间参观人数超6800人次，到访媒体超60家，为央企展馆流量之冠，实现线上线下传播渠道联通双发力。

三、策划执行上，充分前置，有备而来

在2022年世界互联网大会乌镇峰会新闻宣传工作期间，国网桐乡市供电公司将内容与素材充分前置，有效缩短了公司策划主题与媒体新闻采编之间的时间距离，一批批新闻产品有节奏有排布有爆点地进行发布，使得宣传排期内整体的传播效果达到最佳。

在乌镇峰会召开前，国网桐乡市供电公司已然根据峰会热点、亮点，提前策划了一批形式丰富、内容扎实的新闻内容与素材。比如提前准备好国家电网公司数字技术创新应用10个工作实景和精品内容画面，一方面吸引媒体关注，另一方面主动提前对接媒体，了解央视选题计划，主动报送公司主题传播内容和素材，并面向央视新闻采编需求针对性调整展台优先展示项目，缩短公司策划主题与媒体新闻采

编之间的距离，推动公司相关工作内容成功两度登上新闻联播。

在乌镇峰会召开时，国网桐乡市供电公司在进行宣发时，也在积极借力地方宣传部门以及公司自有媒体联络网，建立乌镇峰会新闻宣传联络群，将排期内的内容和素材及时给到群内的媒体朋友，并积极对接选送，简化了媒体对于电力新闻线索的获取方式，进一步丰富宣传切口，满足不同媒体不同主题新闻采编需要，最终取得"亮点成效密集传播"的宣传效果。

国网湖州供电公司

坚持系统观念，创新特高压建设运维宣传

▶▶ **案例分析**　融合创新　唱响"清洁能源大动脉"护航协奏曲

一、入选理由

党的二十大报告指出"必须坚持系统观念。"国网湖州供电公司以系统论为逻辑遵循，用普遍联系的、全面系统的观点研判新闻事件的重要性，以发展变化的眼光把握事物发展规律，把"一行一域"的突破创新融入国内、国际发展大局，找准新闻宣传的切入点和着力点。

善战者，求之于势。国网湖州供电公司顺应媒体融合趋势，践行移动传播先行、多媒体各展所长的理念，深化一体化全媒体调度机制，按照"宜报则报、宜网则网、宜微则微、宜云则云"的原则组织宣传报道，实施"一次采集、多元生成、差异表达、多平台发布"的全媒体传播，将各种资源素材吃干榨尽，促进主题宣传走深走实、入脑入心。

二、基本情况

党的二十大就深入推进能源革命、确保能源安全、推进碳达峰碳中和、规划建设新型能源体系、科技自立自强、积极参与应对气候变化全球治理等作出安排部署，提出了新的明确要求。

特高压是"国之重器"，特高压输电技术的成熟，将西南大江大河之上的清洁水电，千里送往浙江，在支持浙江电力保供的同时，加快了浙江能源清洁化进程。湖州管辖的特高压及跨区电网线路占全省总规模的40.05%，特高压湖州廊道额定输送容量相当于上海用电负荷的90%，成为国家西电东送、皖电东送等能源大动脉的重要区段。

国网湖州供电公司立足自身资源禀赋，牢牢把握"特高压湖州廊道"地域特色，紧密结合白浙±800千伏特高压工程过境湖州的契机，坚持多方联动、融合创新，高质量开展"清洁能源输送大动脉建设运维"主题宣传，全媒体传播电网企业贯彻落实能源安全新战略，持续增强能源供应保障能力的火热实践，彰显中国端牢能源饭碗的底气和实力。

三、策划过程

1. 一体策划，协同联动

深入实施"专业＋宣传"协同机制，实行业务推进与新闻宣传同布置同落实，提升宣传工作前瞻性。充分发挥省市县三级联动优势，组建柔性工作团队，深入挖掘清洁能源输送大动脉建设运维过程中的宣传亮点，结合特高压工程启动、贯通通电、直升机检修等关键节点，在事件本身和读者兴趣之间锁定传播锚点。加强和新华社、央视、中电传媒等权威媒体对接，一媒一策，剖析媒体特性和受众画像，准确把握传播的重点和方向，提升策划精准性，切实增强宣传报道的传播力、影响力。

2. 把握时度，引燃爆点

建立在前期策划基础上，我们锚定特高压、直升机这两大关键词，结合专业工作推进时间表，针对性实施"造势、绽放、巩固"传播战术，将高频传播和持续传播相结合，形成前呼后应、整体发力的主题宣传阵势。在白浙特高压动工、贯通、验收、通电以及特高压密集通道直升机带电作业前夕，我们联合中能传媒、央视频、新华云、新浪微博等开展预热报道，为后续的"引爆"宣传造势。作业成功实施后，我们第一时间在全媒体刊发高频次报道，打造中央主流媒体领衔、省地主流媒体跟进、大流量新媒体覆盖的传播格局。在迎峰度冬期间和次年春检时，我们持续跟进报道湖州集中开展特高压直升机带电作业和国内首次直升机辅助特高压电力线路更换绝缘子作业在湖州开展，再次掀起特高压安全运维宣传新高潮。

3. 立体传播，多维出彩

我们充分运用新技术、新手段、新方式，强化大小屏联动、多要素融合、全渠道分发，确保主题宣传多维出彩、多屏出圈，让正能量澎湃大流量。充分发挥传统媒体和新媒体比较优势，宜文则文、宜画则画，实现各有侧重、相互配合、互为补充，多种媒体联合发力，形成内容聚合效应。在锚定高端传统媒体平台的同时，我们利用新媒体跨时空、大容量、强交互等特性，通过专题片、短视频、图文等多种形式立体化、全方位呈现近年来湖州在特高压智能运维方面的标志性成果，并邀请专家现场直播，深度解读特高压在能源安全中的作用和电网智能巡检的典型实践，在快速传播过程中保持"信息的厚度"。此外，还联合地方镇（街道）、村委等开展科普宣传，制作宣传画册、宣传视频、科普知识等多种形式的宣传材料，通过组织开放日、科普讲座、互动体验等方式进行多种渠道传播，消除特高压沿线群众对特高压工程误解，提升认识和理解。

四、传播效果

国网湖州供电公司着眼"能源安全"大局，找准"特高压建设运维"这一切入点，因势而谋、顺势而为，探索主流媒体、网络媒体、自媒体交互联动模式，讲好电网企业"护航清洁能源安全输送"的故事，影响范围广、持续时间长、正面效果显著。在央视、新华社、科技日报、中国电力报、浙江日报等中央、省市及行业主流媒体刊发重点报道 59 篇，形成了聚焦性的报道态势。

1. 提高了公众认知度

特高压工程建设和运维对解决四川地区近、远期水电送出受阻问题，满足华东地区电力需求及经济发展需要具有重要意义。通过系列主题宣传措施，实现了央视新闻联播、央视中国新闻、新华社专题及其官方系列视频号、经济日报、中国日报、学习强国、国资小新等中央头部媒体以及浙江卫视新闻联播、浙江日报、浙江之声新闻联播、中国电力报、国家电网报、中能传媒等省市、行业主流媒体的集中报道，成功打造千万量级传播事件，最大限度地让公众能够充分了解特高压工程建设的目的和意义，提高公众的认知度和理解度，为特高压建设运维创造了良好的舆论环境。

2. 增强了社会认同感

白浙特高压工程（德清段）全长约 42 千米，建设塔基 91 基，塔基总数超浙江段 1/3，途经 8 个乡镇（街道）、23 个行政村，需跨越莫干山旅游景区、杭宁高速、杭州第二绕城高速、京杭大运河、东苕溪等重要区域和多个水产养殖、房屋密集区，穿越路径地形复杂，建设难度为浙江段之最。通过多维度、多渠道宣传特高压建设的优势和效益，增强了社会各界对于特高压建设的认同感和支持度，充分保障了白浙特高压工程（德清段）的顺利施工，全省率先取得建设规划许可，提前 3 个月完成白浙特高压工程（德清段）全线贯通，在最大程度保护德清山水田园景观的基础上，确保了白鹤滩清洁水电以"最快速度、最小影响"入浙，促进了特高压工程的落地实施，提高了特高压工程建设的效率。

3. 提高了项目知名度

特高压输电技术是我国自主研发、世界领先的原创技术，牢牢占领了当今世界输电技术领域的制高点。以特高压为骨干的国家电网是世界上输电能力最强、新能源并网规模最大、安全运行记录最长的特大型电网。目前，国家电网已累计建成 33 项特高压工程，形成了"西电东送、北电南供"的大动脉、大电网格局，实现了全国范围内能源资源的优化配置，在保证电力供应、保障能源安全、推进能源转型等方面发挥了重要作用。开展"清洁能源输送大动脉建设运维"主题宣传，进一步加深了公众对于特高压工程的记忆，提高特高压工程的知名度和影响力，提升了国家电网品牌形象。

4. 助力了"一带一路"建设

基础设施建设是"一带一路"建设的前提，只有疏通经络、畅通血脉，"一带一路"才能活起来、动起来，电力互联互通是重要一环。中国特高压技术具有大容量、低损耗、环保性高等特点，居全球领先地位。加快建设以特高压电网为骨干网架、以输送清洁能源为主导的全球能源互联网对于"一带一路"建设，推动能源生产和消费革命，保障国家能源安全，具有重大战略意义和现实意义。国网湖州供电公司大力开展国际传播，通过新华社以全英文直播态形式在 YouTube、Facebook、Twitter 等国际主流平台进行 17 分钟全过程报道，向世界展示我国特高压建设和运维最新技术和最高水平，助力了"一带一路"建设。

五、可推广的经验

1. 创新宣传形式

采用视频、图片、微信推文等多种宣传形式，对特高压建设和运维过程进行多维度、多渠道传播展示，在微信公众号、视频号等社交媒体和中央权威新闻媒体、地方媒体以及新媒体网络平台等加强信息曝光，让"清洁能源输送大动脉建设运维"主题宣传更接地气，易于理解。

2. 突出主题和特色

突出特高压工程建设高效、环保和先进等优势和特点，着重强调特高压工程建设和运维工作对促进我国能源发展和消费转型、保障浙江经济发展能源可靠供给和助力我国实现"双碳"目标的重要意义进行深度解读，吸引更多关注和支持。

3. 加强宣传互动性

在微博开启话题，采用问答、讨论、互动等方式，让公众更加深入地了解特高压建设和运维的相关知识和问题，同时也可以提高公众的参与感和归属感。

4. 突出经济效益

在开展主题宣传过程中，着重强调白浙特高压工程建设对于我国能源经济和区域发展的重要意义，突出白浙特高压工程建设带来的经济效益、环境效益和社会效益，吸引更多的关注和支持。

5. 加强就地宣传引导

针对不同社会群体，线下开展不同形式的宣传教育，针对特高压沿线的公众开展科普宣传、针对专业人员组织技术交流，全方位提高公众对于特高压工程建设和运维的认知度和理解度。

专家点评 电力工程"大事件"传播

一、"专业＋宣传"协同推进

习近平总书记在中共十八届三中全会第一次全体会议上的讲话中就曾提出，要树立大宣传的工作理念，动员各条战线各个部门一起来做，把宣传思想工作同各个领域的行政管理、行业管理、社会管理更加紧密地结合起来。新闻宣传作为一种生产力，必须要动员各个部门紧密协作，要实现在新闻宣传上出效益，各部门、各单位的中心工作须与宣传工作紧密配合，紧扣宣传时、度、效。

在此次"国家电网实施全国首次特高压密集通道直升机带电作业"相关宣传中，国网湖州供电公司将技术人员和宣传人员组成柔性工作团队，深化实施"专业＋宣传"的大宣传协同工作办法。结合特高压工程启动、贯通通电、直升机检修等技术要点，提前策划、挖掘直升机带电作业中可能出现的宣传亮点，在事件本身和读者兴趣之间找准传播锚点。在直升机正式带电作业前，通过柔性工作团队的讨论和预采，基本明确了报道形式与报道框架，确定了拍摄点位和主体内容结构，为高效开展现场直播、素材采集，保障报道时效等方面打下了坚实基础。

二、突出主题主线，汇聚奋进力量

2022 年 2 月，中央企业宣传思想工作会议提出，做好中央企业宣传思想工作，要深入学习领会习近平总书记关于宣传思想工作的重要论述精神，准确把握新形势新任务新要求，突出"两个确立"，高举思想旗帜；突出主题主线，汇聚奋进力量；突出责任落实，夯实安全基础。因此，国有企业、中央企业须在宣传工作中贯彻主题主线，突出责任落实，将中心工作与宣传工作有效地紧密结合起来，做到事事有宣传、事事要宣传，切实承担起国企、央企的重要责任和必要担当。

湖州特高压密集通道作为西电东送、三峡电力外送及皖电东送的主要走廊，是我国清洁能源的重要输送"大动脉"，纵横交错的电网勾勒出能量流动的脉络，为经济社会发展增添了绿色动能。此次国网湖州供电公司联合国网通航公司在湖州开展的特高压密集通道直升机带电作业，属全国首次。作业中运用到的诸多工法实现了我国特高压运维技术的新突破，廊道的高效运维为"西电东送"国家战略提供了强有力的保障。科技进步一小步，效能提高一大步。湖州特高压密集通道作为西电东送、三峡电力外送及皖电东送的主要走廊，在此进行技术创新的主题报道，恰是国网湖州供电公司在宣传工作中贯彻主题主线，突出责任落实，将中心工作与宣传工作有效地紧密结合的体现。

立足于新时代新征程公司肩负的使命任务，国家电网持续优化电网发展布局，完善特高压和各级电网网架，发挥电网枢纽平台作用，全力以赴保障电力可靠供应，积极推动能源清洁低碳转型。此次国网湖州供电公司主导的特高压密集通道直升机带电作业，正是国家电网在电力保障第一线、能源转型主战场、科技创新最前沿，始终瞄准关键技术聚力攻坚的代表性事件。有力彰显了国家电网为构建新型电力系统、推动能源绿色发展贡献智慧和力量，以实际行动赋能中国式现代化的新时代电力精神和电网铁军精神。

三、宣传报道全程跟进，权威媒体重点宣发

宣传有节奏，媒体有把握。在特高压密集通道直升机带电作业前夕，国网湖州供电公司就联合中能传媒、央视频、新华云、新浪微博开展了预热报道。作业成功实施后，第一时间在全媒体刊发高频次报道，当天央视《新闻联播》播出《我国特高压密集通道首次实现直升机带电作业》。

在报道形式上，国网湖州供电公司以图片、视频为主，对直升机作业现场构建起了立体化的视听空间。在主流媒体新闻报道跟进的同时，根据不同受众群体的触媒特点，采用多维的传播方式丰富报道场景、更新报道形式，打造"报、网、端、微、视、屏"六位一体的传播矩阵，不仅增强了受众对该事件的沉浸式体验感，还实现了专业领域信息的直观呈现。

在中央主流媒体领衔、省地主流媒体跟进、大流量新媒体覆盖的传播格局下，国网湖州供电公司通过"全国首次特高压密集通道直升机带电作业"的事件宣传，成功展现出助力能源转型、绿色发展，加快构建新型电力系统，保障清洁能源大动脉安全运行的"国网方案"，进一步将科技创新的国家队、产业发展的领头羊、维护安全的压舱石的国网形象具象化、情景化。

国网湖州供电公司
推动乡村电气化示范县建设

▶▶ **案例分析**　**"绿色共富"助力乡村振兴**

一、入选理由

国网湖州供电公司深化"专业＋宣传 合力上头条"活动，将新闻宣传和业务工作深度融合，打造了一支"专精尖"的新闻宣传队伍，大力开展绿色共富主题宣传工作，履行社会责任，增强利益相关方合同，进一步将安吉共富经验传到各地，提供强有力的舆论支撑。

二、案例概况

国网公司认真贯彻落实党的二十大精神，深入实施农村电网巩固提升工程，推进城乡电力服务均等化，推动构建农村新能源体系，助力乡村振兴和农业农村现代化。

国网湖州供电公司认真落实国家电网公司、省公司服务乡村振兴战略的总体要求，围绕浙江省建设共同富裕示范区、湖州市委市政府"奋力建设绿色低碳共富社会主义现代化新湖州"奋斗目标，紧紧把握安吉入选"浙江省建设共同富裕现代化基本单元领域"试点名单这一契机，充分发挥安吉作为全国新时代乡村电气化示范县的特色优势，以"绿色、低碳、共富"为出发点，全力打造"绿色共富"乡村电气化示范县，在加速城乡融合、守护绿水青山、深化数字化改革等方面发挥电力先行官的作用，为服务乡村振兴战略和建设绿色低碳共富社会主义现代化而不懈奋斗。

三、策划思路

为优化"绿色共富"乡村电气化示范县宣传成果，国网湖州供电公司以公司融媒体分中心为机构核心，完善"专业＋宣传"新闻宣传联动机制，强化宣传部门与专业部门沟通协作，强化年度重点主题策划的计划性、科学性和执行力度，强化全媒体传播体系建设和手段创新，进一步整合全媒体资源为绿色共富宣传造势。面向社会层面，国网湖州供电公司持续发挥社会责任示范担当，深化行业媒体与社会媒体之间联动，深化传统媒体与新媒体均衡配合，深化社会利益相关方联建与合作，进一步提升公司宣传的传播力、引导力、影响力、公信力。

1. 放大示范效应，立体开展主题宣传

以安吉县打造全国首个"绿色共富"乡村电气化示范县为契机，国网湖州供电公司从"绿色用能低碳发展、共同富裕均衡服务、数智创新振兴乡村、协同联动展现担当、绿电赋能'零碳乡村'"五方面积极开展绿色共富主题宣传，在各大媒体平台刊发系列重点报道，为"绿色共富"乡村电气化示范县建设提供舆论支持。一是开展绿色用能低碳发展主题宣传。围绕绿色用能低碳发展示范样板，推动电源侧、消费侧清洁能源发展，深化"供电＋能效服务"，推动全县新能源汽车下乡，促进全县企业注塑机技能改造，倡导绿色低碳生活理念。如推动全县企业乡村屋顶光伏发展、渔光互补项目、电动公交车全县覆盖、推广竹林碳汇、白鹤滩—浙江 ±800 千伏特高压直流输电工程输送清洁电、企业"碳效码"应用等。二是开展共同富裕均衡服务主题宣传。以实现城乡电网供电量"同质"、服务"同时"为目标，提升县域获得电力水平，提高"不停电"配电网互联互供能力，推动网推动源网荷储充友好互动乡村电网智能化发展，进一步推进城乡均衡发展，贯通乡村服务末端最后一公里。如建设全省首个未来乡村绿电服务中心、构建三级供电服务网络、深化阳光业扩服务体系、不停电作业升级。三是开展数智创新振兴乡村主题宣传。宣传电网数智化牵引创新手段，紧抓数字机遇为转型"聚势"，搭建数字化服务平台，实现供电服务线上线下融合，推动传统业务与新兴业务相互融合，推进乡村产业关键领域多场景应用。如建设数字化供电所、开启变电站"人巡＋机巡"新模式、打造"碳魔方"能源管控平台、数字孪生、助力 5G 养鱼产业发展、数智

助力乡村产业升级等。四是开展协同联动展现担当主题宣传。增强政企合作，深化5G 通信、电力物联网等新技术的典型应用，发挥"一片叶子富了多方百姓"示范作用，共同探索电力共富发展路径，强化村网共建，以央企社会责任担当树立新时代乡村电气化示范点建设标杆，持续提升人民群众获得感和满意度。如促成市政公用服务联合报装机制、产业链预警平台预警机制建设、绿色共富示范带建设、"余热回收""产业链预警""智慧台区"等能效管理运用、政企联动联合执法等。五是开展绿电赋能"零碳乡村"主题宣传。聚焦绿色低碳发展，以绿电供应助力零碳乡村能源板块推进，依托绿色电力交易机制，实现余村全域绿电供应，成为全省首个完成绿色电力全覆盖的乡村。如完成余村首次绿电绿证交易、协助余村利用公共建筑平型屋顶做好薄膜太阳能发电系统规划、建成安吉首个"村村通"示范点、打造零碳图书馆余村印象等。

2. 融媒体 + 业务，创新宣传品牌价值

在专业重要项目实施前，都会出具项目策划书，对项目实施进行顶层设计。湖州公司融媒体宣传团队参照这一模式，将"绿色共富"乡村电气化示范县建设主题宣传当成一个项目来推进实施，在推出项目策划书的同时，与专业部门共同研究，同步撰写"绿色共富"乡村电气化示范县建设主题宣传策划案，并纳入年度新闻宣传主题。围绕主题宣传，宣传团队实时跟进"绿色共富"建设工作，出一个亮点宣传一个，由点及面，进行各层次、多角度适合各类型媒体平台特点的进行全景式报道，取得良好传播效果。

四、多媒体协同联动，形成报道合力

为扩大报道影响力，加强报道效果，宣传团队积极利用多媒体矩阵力量，形成报道合力。邀请中能传媒集团实地走访安吉，报道"绿色共富"乡村电气化示范县建设成果，在央视频、中国电力报、电网头条等发布系列稿件，其中《电能涌动 演绎"点绿成金"》在浙电 e 家公众号发布，阅读量 10 万 +，引发社会利益相关方高度关注，进一步彰显电力企业在共同富裕新征程中的责任担当。让"宣传报道"向"宣传引导"转变，推动新闻传播工程向高度、深度、广度发展。

五、传播效果

此次传播策划从二十大以来，由宣传专业联合公司内部运检、营销等多个专业共同探讨，结合公司年度工作和重点项目，分阶段、分主题、分媒体渠道，提前筹备宣传方案，准备充足。经阶段性策划，湖州公司建设"绿色共富"乡村电气化示范县主题宣传系列稿件在央视、人民日报、新华社等中央权威媒体发稿34篇，其他社会主流媒体发稿71篇；在行业媒体发稿31篇，其中，中国电力报头版头条报道《支撑共富的底气从哪里来？》《烟火中藏诗意》，亮报专版《建设绿色电网服务美好生活》，国家电网报头版《守护绿水青山赋能低碳发展》《"我们用的每一度电都是绿色电"》，中能传媒电网视角报道《一片叶子富了一方百姓》系列报道取得较好传播效果。短视频《春茶生产背后的"电力密码"》获2022年中国能源传媒"能源奥斯卡"二等奖，引发社会高度关注，进一步促进公司该绿色共富工作落地，不断提高在行业、社会内的知名度和美誉度。

六、可推广的经验

1. 重点策划打造精品宣传效果，营造立体化新闻氛围

为最大程度突出此次宣传效果，国网湖州供电公司从"绿色用能低碳发展、共同富裕均衡服务、数智创新振兴乡村、协同联动展现担当"四方面撰写系列通稿，采取多种形式、多类载体、多个渠道相结合的方式，打通媒体渠道，在社会面宣传上，联合省市媒体，在人民日报客户端、新华社客户端、浙江日报等多个媒体平台进行刊发，通过中国电力报、国家电网报和电网头条等进行全方位报道，传统媒体和新媒体"双管齐下"。在建设白鹤滩—浙江±800千伏特高压直流输电工程、建设全省首个未来乡村绿电服务中心、"绿色共富"乡村电气化示范县建设新闻通气会等重大阶段性新闻节点上，充分展示特色亮点，打造精品图文、视频稿件，同步在多个平台上营造系列新闻氛围，立体呈现国网湖州供电公司在服务"绿色共富"乡村电气化示范县建设中的思路、举措、亮点和成效，唱响公司服务乡村振兴、助推绿色共富的精彩声音。

2. 强化"宣传 + 专业"协同,持续升级内外部影响力

以融媒体分中心为机构核心,完善"宣传 + 专业"新闻宣传联动机制,强化年度重点主题策划的计划性、科学性和执行力度,强化全媒体传播体系建设和手段创新,强化专业协同、政企合作、联建协作,从注重新闻宣传内部开展,转变为多方媒体平台、利益相关方合作共进,引导内外部利益相关方积极参与,带动公司整体宣传力度、方式的持续升级,使国网湖州供电公司在"绿色共富"主题宣传工作更加深入,宣传作用日益突出,扩大公司社会责任影响力,塑造责任央企典范形象,更直观地展现了国家电网品牌形象。

3. 打造品牌总结亮点,形成可复制的经验成果

经过"绿色共富"乡村电气化示范县宣传策划实践,锻造一支在文字采编、影像制作、新媒体策划多维度优秀的融媒体传播队伍,积极发挥引导作用,加强与各级政府、新闻媒体、社会公众的沟通联系,始终保持奋进者姿态、激发创造性张力。在打造国网湖州供电公司宣传品牌的同时,及时总结建设"绿色共富"乡村电气化示范县主题宣传的成功经验和创新做法,加强成果复制和宣传推广。

专家点评 紧跟项目做宣传,紧扣议题做引导

一、紧扣"绿色共富",讲好电力"双碳"故事

党的二十大报告指出,"尊重自然、顺应自然、保护自然,是全面建设社会主义现代化国家的内在要求""必须牢固树立和践行绿水青山就是金山银山的理念""协同推进降碳、减污、扩绿、增长"。

现阶段,"双碳"在大多数受众心中仍是一个较为陌生的概念。在大多数人的传统观念中,"双碳"的责任主体是企业,与自身的利益在短期内联系不大,缺乏实用性的需要。同时该议题本身缺乏趣味性、轻松性与情感性,这些因素使得"双碳"相关议题在传播时容易悬浮。大多数受众对于"绿色共富"的认识并不充分,无法意识到自身与议题间的紧密联系,所以"双碳"对于大多数普通受众来说并无满足需求的作用,议题也会遭遇受众的选择性漠视。

讲好故事是传播这类重大议题的关键一招。习近平总书记指出，"新闻舆论工作者要增强政治家办报意识，在围绕中心、服务大局中找准坐标定位，牢记社会责任，不断解决好'为了谁、依靠谁、我是谁'这个根本问题"，"要转作风改文风，俯下身、沉下心，察实情、说实话、动真情，努力推出有思想、有温度、有品质的作品"。因此，讲好"双碳"故事，"讲何物""如何讲"是其中的关键。

"讲何物"是议题内容的直观展现，找准切入点才能让受众可观可感。国网湖州供电公司深入贯彻乡村振兴战略的总体要求，围绕浙江省建设共同富裕示范区的奋斗目标，结合自身在乡村电气化、零碳乡村等方面的实践经验与成功案例，以"绿色共富"为切入点，将双碳与乡村振兴深度融合，讲述了村民们利用绿色能源的致富路，让大众感受到与议题的贴近性，使得议题可知、可感。

"如何讲"是此类专业性较强议题的关注重点。"绿色共富"所涉领域广泛，包括众多专业名词。议题呈现要力争将专业术语加以转化，并注重叙事方式，用生动多样的方式进行输出。在此议题宣传下，国网湖州供电公司通过真正深耕基层，增加鲜活的案例故事，采访村民、企业、游客、民宿老板等相关人物，增加报道的人情味与生动性，丰富"绿色共富"报道的情感，让受众更直观地认识到国网湖州电力在推进电力高质量发展，赋能绿色低碳共富建设上的责任担当。

二、强化议题设置，做好"正能量"引导

守正、求真、创新是党的新闻舆论工作基本原则。新闻舆论一直处于宣传思想意识形态的最前沿。做好正能量引导工作，关系道路和方向，关系人心和士气，关系中心和大局，这既是宣传思想工作的重中之重，又是意识形态工作的难中之难。

国网湖州供电公司着力以"绿色低碳共富"为战略抓手，发展高质量、高技术、高效益的先进生产力，将电能与乡村振兴深度融合，持续聚力推进"绿色低碳共富"乡村电气化示范县建设，打造了绿色用能低碳发展、共同富裕均衡服务、新时代乡村数字电网三个示范样板，源源不断地把绿色能源转化为地方发展优势。通过电力助力绿色发展、推动绿色生产，构建起了农业生产、生活方式等多维度立体低碳体系……这些"绿色共富"中的正能量，值得挖掘、乐于弘扬，却也需要加以

引导。

一方面，国网湖州供电公司以项目的方式推进议题，将"绿色共富"乡村电气化示范县建设主题宣传当成一个项目来推进实施，推出项目策划书，并与专业部门共同研究、撰写"绿色共富"乡村电气化示范县建设主题宣传策划案，确定"绿色用能低碳发展、共同富裕均衡服务、数智创新振兴乡村、协同联动展现担当"四个主题，并纳入年度新闻宣传主题，做好议题上的规划与设置。

另一方面，国网湖州供电公司高站位引导正能量。围绕主题宣传，宣传团队实时跟进"绿色共富"工作亮点，出一个亮点宣传一个，打造出了"绿色共富"的宣传矩阵。同时以中央媒体的高站位、高视角、高标准、高要求提前谋划、提早介入，认真总结"绿色共富"中的国网创造、国网经验、国网模式，形成了大量资料详尽、观点鲜明、内容翔实的报道选题和众多一手宣传素材，积极向中央主要新闻媒体精准供稿、整合推送。

定位主流，引领导向。在国网湖州供电公司的引导下，媒体向公众展示了国家电网"率先探路共同富裕，稳定可靠的'电力基本盘'形象"。推进新型电力系统建设，提升电网弹性，国网湖州电力奋力书写着为乡村振兴赋能的绿色答卷，让电力成为湖州在好风景里布局新经济的不竭动能。

国网绍兴供电公司
三大举措做好"枫桥经验、电力实践"全媒体传播

> **▶▶ 案例分析　多维发力　持续擦亮"枫桥经验、电力实践"金名片**

一、入选理由

酒香也怕巷子深。为进一步深化弘扬"枫桥经验"蕴含的精神内涵，国网诸暨市供电公司立足关键节点，充分把握"枫桥经验"发源地优势，倾听"媒体乡贤"意见建议，早策划、快反应、广联动，通过宣传前端介入、用好领导批示、加强媒体联动三大举措，聚焦"枫桥经验、电力实践"持续积累突破动能、抬升宣传势能，实现系统全媒体传播，获系统内外广泛好评。

二、基本情况

2023年是毛泽东批示学习推广"枫桥经验"60周年，也是习近平总书记指示创新发展"枫桥经验"20周年。党的二十大提出，要坚持和发展新时代"枫桥经验"，完善社会矛盾纠纷多元预防调处化解综合机制，努力将矛盾化解在基层。诸暨是"枫桥经验"发源地，诸暨市近年来一直坚持发展新时代"枫桥经验"，探索依靠和发动群众，提升社会治理水平的新经验、新做法，要求电力等公共服务企业发挥自身优势，协助政府解决行业内的矛盾纠纷，参与共建共治共享的社会治理格局建设，提升基层社会治理水平。作为服务诸暨经济社会发展的国网诸暨市供电公司，持续深化"枫桥经验、电力实践"，全面推广以"三维五步法"为核心的"枫桥式"思想政治工作，并在全市39个供电所推行"枫桥式"供电所，探索"枫桥经验＋电力业务"模式，实施矛盾化解的"电娘舅"、企业增值的"电管家"、居民连心的"电保姆"、专业服务的"电参谋"、安全防护的"电卫士"五大行动，提升了服务质效。

三、策划过程

1. 宣传前端介入积累突破动能

年初成立宣传工作专班，结合特色活动筹办、专题资料汇编等任务，联动各部门制定专项宣传方案，明确职责分工，突出宣传对全局工作的前端指导，以宣传工作促进业务工作。2023 年以来，国家电网公司新时代电力"枫桥经验"现场会等活动的成功举办和充分宣传，为工作进一步突破打下坚实基础。

2. 用好领导批示抬升宣传势能

抢抓浙江省省长王浩实地走访、政法委书记王成国现场调研的关键节点，第一时间编写动态报告，及时报送现场实况及对"枫桥经验"电力实践的肯定评价，相关材料获辛保安董事长圈阅批示。国家电网公司全媒体平台以"1+N"方式先后将电力"枫桥经验"和电力老娘舅调解案例向国家电网公司系统传播推广。

3. 加强媒体联动实现多级传播

以"枫桥经验"60 周年为契机，邀请新华社、浙江日报等各级媒体记者实地走访调研"枫桥经验"起源、发展、创新等内容，全面展示"枫桥经验"电力实践的典型经验和创新服务模式。积极对接地方政府宣传部门，充分借力属地媒体在内容生产、传播渠道、技术平台等方面的资源优势，确保第一时间形成省市县各层级、全媒体传播。

四、传播效果

一年来，电力公司践行"枫桥经验"主题系列传播在人民日报、新华社、工人日报、科技日报、人民日报客户端、新华网、央广网、凤凰网等媒体刊发 20 余篇；同时，在国家电网报头版、中国电力报行业媒体刊登，尤其是《"枫桥经验"的电力实践》在电网头条、浙电 e 家等刊登后，获绍兴日报、地方电视台、国家电网公司网站要闻、公众号等平台高频传播，实现省、市、县各层级、系统内外多

媒体全面覆盖。

五、可推广的经验

打造电力"枫桥经验"升级版。进入新时代,"枫桥经验"已成为当代中国基层社会治理的典范。国网诸暨市供电公司以"实干 + 宣传"的模式,从理论高度进一步总结、提升和论证电力践行"枫桥经验"工作,探索以"三维五步法"为核心的"枫桥式"思想政治工作理论体系和实践方法,打造电力"枫桥经验"升级版,更好发挥示范引领作用。

专家点评 **绘袅袅炊烟,细水长流式传播电力实践**

一、群众路线——契合实情的电力实践

2023 年是毛泽东批示学习推广"枫桥经验"60 周年,也是习近平总书记指示创新发展"枫桥经验"20 周年。党的二十大提出,要坚持和发展新时代"枫桥经验"。可以说,"枫桥经验"是 2023 年国网绍兴供电公司的重大宣传命题。

在这个重大政治任务的背景下,诸暨枫桥镇的电力局延续了"枫桥经验"的核心内核,积极"发动和依靠群众",将"人民电业为人民"的电力精神与"矛盾不上交,平安不出事,服务不缺位"的新时代"枫桥经验"有机融合。

从诸暨电力人通过"篮球外交"破冰,以推广"枫桥经验",到树立有威望、讲公道的"老娘舅"化解涉电矛盾,诸暨电力人总结出一套适合熟人社会、人情社会的乡土中国的方法论,并积极运用到群众中去。在制度上,诸暨电力人建构了"掌上矛调""枫桥电娘舅""浙里调"等调解线上平台,将"矛盾化解在基层"。

这些"吵吵嚷嚷"的解决方式独属于中国乡村,成为最适合乡土中国的解决方法,因此对于行业而言,具有极强的推广价值与借鉴意义。由此总结出的《企业"枫桥经验"研究》等理论经验和枫桥式供电所的实践经验,也值得分享给广大电力从业人员。

"人情社会"的特殊性、独特性,也让其本身成为乡土中国电力服务的一道靓

丽的风景线，它的存在具有旺盛的生命力，吸引着普通观众的眼球。

二、人间烟火——温馨隽永的行文风格

相比于绝大部分央企正能量传播内容，《"枫桥经验"的电力实践》一文优美、温馨、隽永，整篇文章弥散着人间烟火气息，让读者的心也跟着文字宁静下来。

首先是标题。从"缘起'篮球外交'破冰"，到"触角 电力老娘舅"，到"样板 从枫桥到枫桥式供电所"，起承转合，颇有些绍兴的江南古典韵味。标题从小事着手，先将休闲放松的篮球，再到人情关系的老娘舅，最后讲到专业领域的供电所，由浅入深，由表及里，层层递进，读起来清晰易懂。

其次是内容。文中用大量笔墨讲述供电所网评员陈仲立通过让妻子每天买菜，让泼辣厉害的老太太同意暂时放下跟堂兄之间的纠葛，将老化的入户线换成新的。非常鸡毛蒜皮的小事，却绘声绘色地描绘了大量细节，作者用细腻的笔触去描绘了陈仲立积极融入百姓，用点滴小事打动百姓，赢取村民用户的信任。这样细节性的描写一方面让供电所所长走进基层、深耕"枫桥经验"的形象更加鲜明、鲜活和立体，另外一方面也给文章增加了可读性。

最后是语言。文章引用电力人员与村民唠家常原话"螺蛳要焯一遍水，煮到螺帽脱落，方便嗦。然后热油下锅，把蒜末、姜末炒香，再大火炒螺蛳，香！"色香味俱全，看得人口水直流。文章中"电力老娘舅"称将千丝万缕的关系网、复杂诉求揉捻成一根主线，在穿针引线中把罅隙缝合，这样富有江南特色的比喻着实生动而亲切。文章最后结尾处"春夏之交的清溪，满目新绿，侧畔的红枫正等待如焰的季节"，既点了"枫桥经验"主旨，又以景写情，展现了对"枫桥经验"的信息，和对未来无限的希望。这些文章，给我们描绘了一个炊烟袅袅其乐融融的乡村里，电力"枫桥经验"实践的最好模样。

三、专业高效——严谨清晰的成果展示

在推广过程中，国网绍兴供电公司同时重视"枫桥经验"成果的宣传。首先是罗列出公司打造的一系列品牌产品，如 2013 年探索建立的"人民满意供电所"，以及"电参谋""电保姆""电管家""电卫士""电工匠"等，展现了"枫桥经验"背

后的国家电网公司品牌价值。

其次是用纯粹理性的数字展现电力"枫桥经验"用户的体验感受。例如"2022年，诸暨供电公司供电可靠率99.9922%"以如此高的百分比精度自豪展示电力"枫桥经验"的优秀成果，以"95598投诉率同比下降80%"这样夸张的变化率展现电力"枫桥经验"给市民生活带来的改善。同时"促成政府投资并全面更换全市40.88万只漏电保护器""累计接入可调节空调负荷5.45万千瓦"等数字也直观展现了"枫桥经验"下的电力企业给政府、企业、市民带来的价值。

最后是展现电力"枫桥经验"来的经验成果。文中简单介绍了《企业"枫桥经验"研究》一书和《枫桥式供电所服务与管理规范》等论文，从理论高度进一步总结、提升和论证电力"枫桥经验"工作，给电力行业以启发与借鉴。

国网绍兴供电公司
"牛背上的电站"点亮牧民的家

▶▶ **案例分析** **"牦牛背上的电站"主题系列宣传**

一、入选理由

在乡村振兴和共同富裕的重要时期，国网绍兴供电公司围绕"牦牛背上的电站"开展主题传播，实施了多渠道、全媒体多元宣传，讲述了国家电网人心怀大爱、奉献高原的情怀。依托媒体平台资源优势，既有高密度的事件性传播，又有高质量的节点性传播，既重视传统媒体，也强化新媒体，形成了新闻传播新合力，吸引了社会广泛关注，激发了"多维采编、立体报道、集群宣传、融媒传播"的轰动效应。下一步，公司将继续加强策划，努力打造更多有温度、接地气的优质作品，助力西藏地区经济社会高质量发展，树立责任央企的良好形象。

二、基本情况

西藏地区游牧民众多，居住分散，架空线形式的传统电网可解决集中住户用电，但对于分散游牧民，传统电网缺乏经济性和技术合理性，也会对生态环境产生不利影响。为寻找一种能够化解传统电网与藏区牧民用电全覆盖之间矛盾的方案，2022 年，国网绍兴供电公司、国网绍兴市上虞区供电公司联合利益相关方，研发可折叠移动式光伏电源来解决牧民用电难题，成为传统电网供电的重要补充。为引起社会公众对西藏地区牧民用电难题的关注，号召更多人参与到"牦牛背上的电站"公益项目，展现国家电网公司作为责任央企在服务西藏地区经济社会高质量发展所做出的努力，结合公益项目实施开展"牦牛背上的电站"宣传策划。

三、策划过程

1. 积极与各级媒体沟通对接

注重品牌价值的提炼，撬动系统内外媒体资源，在新华社、中国电力报、浙江卫视等权威媒体平台刊发相关宣传报道 30 余篇，取得了良好的社会反响。

2. 在微博平台发起热点话题传播

创建"牦牛背上的电站——可持续解决藏区牧民用电难题"热点话题，通过照片、视频、直播的方式在微博发布案例开展前线动态，借助网络大 V 和供电公司官微平台广泛发起社会传播，引爆藏区用电问题和生态环境保护的话题传播，引发社会公众对西藏地区牧民用电和生态环境保护话题的关注。

3. 拍摄《牛背上的电站》公益宣传片和纪录片

以公益宣传片和纪录片的形象，在社会各媒体平台广泛传播，并积极参加各类比赛，扩大案例的社会知晓度。

4. 在腾讯公益上线公益募捐活动

通过在腾讯公益上线"牦牛背上的电站——帮助藏区牧民走出黑暗，照亮家园"公益募捐活动，发动公众关注牧民用电问题并参与捐赠，鼓励社会力量积极参与"牦牛背上的电站"公益项目，扩大项目的社会影响力。

四、传播效果

"牦牛背上的电站"主题系列宣传新闻报道刊发后，获得社会各界的广泛关注，新华社、中国电力报、浙江卫视、人民日报客户端、新华网、浙江新闻客户端等主流媒体首发及转载稿件 30 余篇，阅读量超三百万次。"牦牛背上的电站"公益项目参加 2022 年"向光奖"的角逐，与阿里巴巴、腾讯、小米等大型企业同台竞技，脱颖而出获"2022 向光奖 | 年度商业向善 TOP10"，是国家电网公司系统首家获此奖项的单位，项目被评为国家电网公司优秀社会责任根植项目，并入编中国工业和信息化部 2022 年可持续发展案例集。2023 年，《牛背上的电站》纪录片获中电联电力精神微视频大赛特等奖，以该项目为主要内容的演讲作品《三张证书看

"电等发展"》获 2023 年全国故事大赛天津赛区一等奖。

五、可推广的经验

1. 提前启动策划工作

提前启动该案例的宣传策划，召开市县两级选题策划会，确定宣传工作思路，提前写好新闻通讯稿，确保后期刊发报道的及时性。

2. 分层次、分阶段宣传

项目实施初期，侧重于公司系统内省市县三级网站、浙电 e 家公众号，进行造势预热；项目实施中期，主要针对地市媒体报纸和电视台；项目实施后期，由于积累了充足的素材，更多地瞄准中央媒体，争取在高端媒体刊发报道。

3. 新老媒体融合

传统纸媒与新媒体宣传方式结合，针对不同类型的媒体采取与之相适应的宣传内容。纸媒公信力高、权威性高，对于固定区域的固定人群有传播优势；针对新媒体，转变语言风格，更加生活化和接地气，把专业的知识用通俗易懂的语言呈现出来，使之更加便于传播和理解。

专家点评 **让光明遍布草原的每一个角落**

"牦牛背上的电站"公益项目是一个具有深远影响力和创新性的正能量项目。这个项目不仅解决了藏区牧民的用电问题，改善了他们的生活质量，还通过创新的传播策略，吸引了社会各界的广泛关注和参与，为推动社会的进步和促进社会和谐做出了积极贡献。

一、选题立意上：事件本身迎合主流价值观

"牦牛背上的电站"项目本身符合积极、正面、向上的主流价值观。"牦牛背上的电站"项目解决了藏区牧民用电难的问题。该项目的成功实施得益于创新的思维和科学的设计，可移动光伏电源作为传统电网的重要补充，不仅具有方便、灵活、

可移动等优点，也具有高效、环保、可持续等优势。这种电源不仅可以为牧民提供可靠的电力供应，还可以适应不同环境和需求，方便他们在草原上自由迁移。

"牦牛背上的电站"公益项目通过捐赠可移动光伏电源，为牧民提供了稳定、可靠的电力供应，极大提升了他们的生活品质。这一创新之举不仅让地处偏远地区的牧民享受到现代化的电气生活，还对生态环境产生了积极影响。通过不断优化改进光伏产品，形成长效运维机制，该项目吸引了更多社会力量的参与，拓展了公益捐赠渠道，帮助更多牧民改善用电品质。这一正能量之光全面照亮了乡村振兴和共同富裕的新征程，彰显了主旋律宣传的价值，引发社会公众对西藏地区牧民用电难题的关注，号召更多人参与到"牦牛背上的电站"公益项目，也彰显了国网绍兴供电公司作为央企的责任与担当。

二、传播策划上：高密度的事件性传播和高质量的节点性传播提高知名度

为引起社会公众对西藏地区牧民用电难题的关注，国网绍兴供电公司结合公益项目实施开展"牦牛背上的电站"宣传策划。在传播过程中借助媒体平台资源的优势，实现了高密度的事件性传播和高质量的节点性传播的有机结合。

此次的"牦牛背上的电站"公益项目的传播策划具有以下几个特点：

首先，多元化的传播渠道。 项目团队通过与各级媒体合作、微博平台热点话题传播、公益宣传片和纪录片等多种方式进行传播，实现了对不同受众群体的覆盖。项目团队积极与各级媒体积极沟通对接，在新华社、中国电力报、浙江卫视等权威媒体平台刊发了30余篇相关宣传报道，这些报道不仅提升了项目的知名度，也引发了社会各界对藏区牧民用电问题和生态环境保护的关注。

其次，以受众为中心的传播策略。 项目团队在传播过程中注重受众的需求和兴趣，通过直观、形象的方式展示项目的成果和影响，增强了公众对项目的信任和支持。以受众为中心的传播策略有助于提高公众的参与度和满意度。

再次，社会化媒体的运用。 项目团队善于借助社会化媒体的力量进行传播和推广，通过微博平台发起热点话题传播和社会募捐活动，提高了项目的社会影响力。社会化媒体的运用有助于扩大项目的覆盖面和影响力。

最后是持续的传播活动。 项目团队在项目实施过程中注重分层次、分阶段的宣

传，通过初期提前预热、中期针对地方媒体宣传、后期瞄准中央媒体等高端媒体刊发报道这三个阶段层层递进，不断进行宣传和推广活动，保持公众对项目的关注度和参与度，同时将事件宣传推向高潮。持续的传播活动有助于提高公众的关注度和参与度，增强项目的持续影响力。

三、传播方式上：新老媒体的融合形成新闻的新合力

在当今的宣传领域中，传统纸媒与新媒体的结合已经成为一种趋势。针对不同类型的媒体，需要采取与之相适应的宣传内容，以最大限度地发挥其传播效果。

对于传统媒体而言，公信力和权威性是其主要优势。因此，在针对传统媒体的宣传内容上，要注重专业性和深度，充分展现其高度和深度。而相对于传统媒体，新媒体的传播方式和语言风格则需要更加生活化和接地气。因为在针对新媒体的宣传内容上，需要用通俗易懂的语言来呈现专业的知识，使之更加便于传播和理解。同时，新媒体的传播速度快、受众广泛，因此也需要注重宣传内容的时效性和热点性，以吸引更多的关注和转发。国网绍兴供电公司将传统媒体和新媒体结合，在重视传统媒体的基础上，强化新媒体的运用，形成宣传的合力，运用多元化的传播方式吸引社会的广泛关注，借助传统媒体的影响力进行主题系列宣传新闻报道刊发，并且获得多项奖项，提高了国网绍兴供电公司的知名度以及声誉。同时通过新媒体的传播力度，引爆相关话题传播，引发社会公众的关注。

国网金华供电公司

浙江"千万工程"的深化传播

▶▶ 案例分析　　点亮乡村蝶变"光明路"

一、入选理由

2003年6月5日，浙江全面启动"千村示范、万村整治"工程（简称"千万工程"）。此后20年，"千万工程"造就了万千美丽乡村，造福了万千农民群众，开辟了浙江农村美丽蝶变、奔赴共富的康庄大道。

近年来，金华市磐安县立足"生态富县、生态富民"的发展战略，持续深化"千万工程"，全面推进乡村振兴，在共同富裕的道路上坚定前行，盘活了以乌石村为代表的一大批生态旅游村，催生了163个A级景区村，景区镇（街道）实现100%全覆盖，绘就了一幅"时时有景、处处皆景、全域是景"的现代富春山居图。在磐安县大力发展观光旅游、农家乐产业的过程中，农村电力需求迅速扩大、供电要求日益提升。为有效解决乡村旅游业发展的痛点和难点，国网磐安县供电公司始终坚持以"不断满足人民群众追求美好生活的用电需要"为出发点和落脚点，充分发挥电力行业专业优势，加速建设坚强智能电网，推动地方特色产业发展，接续助力乡村振兴，积极探索新型电力系统助推生态旅游发展新路径。

在此背景下，国网磐安县供电公司以乌石村旅游综合体风光水储充放一体化项目正式启用为契机，持续加大正面宣传力度，讲述乌石村蝶变故事，进一步推广一体化充电站及智慧能源管理系统，将推进新型电力系统山区样板、赋能乡村高质量发展的故事传达得更生动、更鲜活。

二、基本情况

2022年7月8日，乌石村旅游综合体风光水储充放一体化项目（简称乌石充放一体化项目）正式揭牌启用。该项目由国网磐安县供电公司负责建设运营，是金华市首个新型电力系统落地示范场景，集风光水储充放等多种功能于一体，通过融合配电站、光伏站、风电站、水电站、储能站、电动汽车充放电站，实现"多站合一"，着力构建绿色便民服务体系。

1. 解决充电难题　提升游客体验

尖山镇乌石村现有 191 家农家乐、4152 张床位，年接待游客突破 90 万人次。随着农家乐产业快速发展，该村用电负荷屡创新高，此前已多次发生驾驶新能源汽车的游客投诉充电难问题。为有效解决游客充电难题，提高本村及周边村庄的用电安全感，乌石充放一体化项目提上日程。该村项目建有 6 个充电桩、布设 2 个智慧路灯，安装 25 千瓦光伏板和 1 座 5 千瓦风机，配有 1 台 100 千瓦时储能箱，年发电量预计 4 万千瓦时。当乡村配电网由于外部扰动导致非计划性停电时，该项目可在 20 毫秒的时间内由并网转到独立运行模式，迅速恢复周边乡村供电并持续供电 24 小时；在示范项目的作用下，年化户均停电时间由 3.66 小时缩减至 0.83 小时。

2. 加强互联互补　提升社会效益

乌石充放一体化项目所在配电线路接入了 2 座总装机容量为 2000 千瓦的小水电站，每年可为周边景区村庄提供 240 万千瓦时的清洁电能，还可节约标准煤 11.28 吨、减排二氧化碳 28.2 吨。同时，该项目在配网侧创新应用交直流混网技术，将风、光、水、充、储、荷等多种元素进行融合互补运行，实现可再生能源在区域内最大限度的高效利用，保障乡村电力供需平衡。此外，该项目内的光伏发电、风力发电、水力发电、电动汽车充电、储能电池等多种能源通过柔性互联互补运行，快速参与削峰填谷，能实现节能降耗、降本增效，取得一定的经济社会效益。

3. "黑科技"助力　提升运维水平

2022 年 8 月，为进一步解决乌石村等 15 个村及 10 余家企业供电故障维修难问题，国网磐安县供电公司通过运用"电力黑科技"——"配网精确定位系统"，安装"行波型故障预警定位装置"，提升故障查找和隔离速度，预计故障抢修时间可缩减 55% 以上。"行波型故障预警定位装置"是由太阳能电板、电压互感器、

电流互感器组成的一款创新型"电网可穿戴"设备，采用可调卡箍设计，适用于各种线径的导线，直接卡装于配电导线上，具有超强抗电磁干扰性能；"配网精确定位系统"由"行波型故障预警定位装置"、数据中心和配电自动化系统三部分组成，采用分布式行波在线测量技术，通过故障行波经过相邻终端的时间差，准确计算故障位置，实现常见短路故障和高阻性接地故障的精确定位，提高复杂配网线路系统的安全性和可靠性。

4. 打造光明驿站　提升服务质效

2021年12月，国网磐安县供电公司在乌石村打造的"红船·光明驿站"正式启用。驿站启用后辐射周边32个台区、涉及客户18768户，每周定期为周边群众提供"水电气网"业务办理、用电信息咨询、停电信息告知等服务。同时，依托"红船·光明驿站"，国家电网浙江电力（磐安）红船共产党员服务队可定期在乌石村开展电力安全检查，帮助村民更换存在安全隐患的老旧开关和线路等，并对村内的配电室进行检查，及时进行全面消缺整改，切实提高用电可靠性。此外，乌石充放一体化项目也在"红船·光明驿站"周边建有充电桩，方便在充电期间为游客和村民提供故障报修维护等服务。

5. 出台"零碳"方案　助力景区"降碳"

2021年，浙江省发展改革委印发《关于支持磐安县跨越式高质量发展的若干举措》，提出到2025年，磐安县要积极创建"零碳县"，这是全省首次提出建设"零碳县"这一发展目标。随后，国网磐安县供电公司迅速出台《"零碳县"创建行动方案》。近两年，在磐安，"零碳"景区相继落地，新能源发电的全额消纳已实现，一乡一域充电桩全覆盖，金华首座抽水蓄能电站——磐安县抽水蓄能电站项目正式开工建设，项目建成后可提高浙江电网的调峰能力，改善供电质量，保障电网安全、稳定、经济运行，每年还可上缴税收1亿多元。

三、策划过程

近年来，国网磐安县供电公司始终保持高度的政治责任感和使命感，结合乡村振兴、共同富裕等富有"浙江味"的重点工作，挖掘以乌石村为代表的农村蝶变典型案例，积极推动正能量传播水平和质量提升，把握宣传时机，创新传播形式，努力讲好磐安故事、电力故事。

1. 把握宣传时机　找准切入点

2003、2006 年，时任浙江省委书记的习近平同志曾两度调研磐安县尖山镇乌石村，并对该村依托乌石特色环境资源发展"农家乐"旅游业给予肯定，强调要将生态优势转化为经济发展优势。2023 年是"千万工程"实施 20 周年，广大权威媒体对习近平总书记曾调研走访过的村落进行深度回访，将 20 年来浙江农村的发展全貌呈现出来，乌石村作为案例之一，从发挥资源禀赋再到补齐环境短板，其发展脉络可复制、可借鉴、可推广，具有较强的政治意义和典型意义，是正能量传播的优质选题，容易吸引权威媒体的关注。同时，借助通过权威媒体的采访和书写，能够更自然地点出国网磐安县供电公司积极推动农村经济发展的亮点举措，同时传播影响力和有效性也进一步提升。

2. 把握叙述语言　设置好场景

乌石村作为金华市农家乐"第一村"，气候宜人、环境优美、资源丰富，适合采用拍摄形式多方位呈现村落全貌，如通过 20 年前旧照和 20 年后实景的对比，逐步还原乌石村的发展故事，并邀请 20 年来的发展见证者，如村书记张威平、村会计张财瑶等，通过带有乡音的回忆和描述，将公众带入乌石村蝶变的情景中，穿插在镜头中的美景美食也更具有说服力。同时，将产业持续发展与基础设施建设有机结合起来，突出国网磐安县供电公司在其中发挥的实质性作用，如"夜间通电"有效推动了民宿"夜经济"的蓬勃发展，以较为"柔软"的叙事，增强视觉效果，弱化宣传意味，引发观众共鸣，并进一步激发公众点赞和转发的意愿，扩大传播范围，提升传播影响力。

3. 聚焦攻坚克难　亮出真本事

在聚焦乌石村案例进行正能量传播时，国网磐安县供电公司坚持将宣传的主次摆正确，以乡村发展为主线，以"攻坚克难为发展"为落点，精炼亮点举措和工作成效，突出优质项目、细致服务、尖端科技等，尽量摆脱"面面俱到"式宣传，有的放矢地传播重点展现出来。在突出乌石村固有的资源禀赋的同时，通过村干部的讲述，进一步说明发展的痛点，并讲述电力系统如何针对包括用电量激增、运维难度大、夜间不通电等在内的痛点进行逐个击破，突出了问题导向，体现

了迎难而上，最终以具有针对性的破题方案，交出了助推发展的满意答卷，尽量避免讲空话、套话和大话，多讲思路、方法和成效，让正能量传播更接地气、更具普适性。

4. 扩大传播范围 多平台投放

近几年，国网磐安县供电公司充分贯彻落实省、市、县各级公司党委和政府部门正面宣传要求，并在集中传播和渗透传播中选择了后者，结合每一年的宣传节点和重点，将工作举措与成效有节奏地嵌入正面报道中，除乌石村的报道外，国网磐安县供电公司还作为典型案例参与了国网浙江电力的部分报道。同时以主流媒体为依托，综合运用网络媒体、音视频媒体和线下宣传，与磐安融媒体中心积极联动，实现了全媒体多元传播，以不突出自身、多平台投放的策略，进一步扩大了传播范围，增强了从各级媒体到各类受众的多维度触达。

四、传播成效

乌石村的故事已在人民网、新华网、央广网、国际在线、中国新闻网以及浙江日报、浙江在线、潮新闻等中央和省级媒体上进行广泛传播，搜狐、新浪、腾讯等门户网站纷纷转载，大众点评、小红书、微博等社交媒体关于乌石村的评论帖也持续增加，大部分新闻报道均提到了国网磐安县供电公司解决乌石村供电难、充电难等问题的经验做法，并得到了公众较为广泛的正面反馈。此外，国网磐安县供电公司持续加快推动新能源汽车充电桩建设的相关做法相继被央视《新闻联播》《朝闻天下》两档栏目报道，并受到系统内主流媒体——国家电网杂志的关注和肯定，同步对此进行了深入报道。

五、可推广的经验

1. 聚焦工作 拒绝夸大

正能量传播须本着实事求是的原则，以最朴实的表述、最朴素的形式推进，尤其是对工作亮点和成效的描述，过于华丽或夸大容易引起反效果，要结合与工作联系紧密的实际案例，尽量保证自然完整地讲述，案例要具有典型性、普适性，要有正确的价值取向和一定的审美能力，如果案例乏善可陈，工作成效的展示也将大打折扣。

2. 立足地方　突出特色

正能量传播应具备一定的地方特色，尤其是同一系统内的正能量传播易产生交错重叠，传播效果不及预期，可通过与本地风土人情、发展特色结合，进一步突出本单位的亮点工作。尤其是围绕"发展"的传播主题，要进一步解构攻坚破难的思路，提炼更具针对性的举措，既能有效解决个性化问题，又可为共性问题提供参考路径，使正面报道更加言之有物。

3. 主次分明　愿为绿叶

正能量传播的目的并非突出某个单一的部门或机构如何发挥作用，而是更聚焦某个正能量主题，如区域经济发展、公益事业、文化自信等，传播内容要为传播主题服务，始终将主线牢牢把握，不过多、过密地展现个体的努力，而是呈现与主题相关的每个组成部分，如乌石村的发展，既要看到村干部、村民本身的发展意愿和不懈努力，又要看到其他部门的配合，最终形成合力，实现高质量发展。

专家点评　　**正能量澎湃大流量，好声音成为最强音**

一、立意上：站位高，视野广，强化政治担当

正能量传播是国家发展的重要思想。一个健康、积极、向前的社会氛围，对于国家的发展至关重要。正能量传播能够营造良好的社会风气，激发人们的积极性和创造力，推动国家的发展和进步。2021年2月25日，习近平总书记在全国脱贫攻坚总结表彰大会上指出："社会主义核心价值观、中华优秀传统文化是凝聚人心、汇聚民力的强大力量。只要我们坚定道德追求，不断激发全社会向上向善的正能量，就一定能够为中华民族乘风破浪、阔步前行提供不竭的精神力量！"党的十八大以来，以习近平同志为核心的党中央把社会建设和文化建设摆在治国理政的重要位置，在全社会大力弘扬中华优秀传统文化，培育和践行社会主义核心价值观，不断激发向上向善的正能量。

正能量宣传能到多高，能走多远，起决定作用的还是这个宣传主题背后的意义，它处在什么背景下，对于国家大局有何意义。因此，正能量传播的主题宣传和议题设置要以更高站位、更广视野开拓正能量宣传工作崭新局面，围绕正能量传播，借助多种传播平台载体，通过鲜活事例和组合报道深度描绘正能量故事，通过精彩表述讲述现代发展，通过典型报道展现伟大实践，从时代之变、中国之进、人民之呼中提炼主题、萃取题材，牢牢把握宣传主线，用情用力讲好正能量的大故事，全方位展现企业的政治担当和责任意识。

"千万村工程"是国家级的示范工程。国网磐安县供电公司高站位、抓重点，围绕"千万工程"的实践，顺应国家战略发展，始终立足高政治站位，以高度的政治责任感和使命感，以及强大的电力行业的专业优势，紧密围绕乡村振兴和共同富裕等重大战略目标，积极投身于地方经济社会建设和发展。通过不断推广和实践，解决了乡村旅游充电少、充电难的大问题，努力推动磐安县农村地区的可持续发展，照亮乡村蜕变的"璀璨星河"。同时，在正能量传播的新格局下，国网磐安县供电公司深入挖掘以乌石村为代表的农村蝶变典型案例，通过这类具有较强的政治意义和典型意义的正能量传播点的优质议题，吸引权威媒体的关注，从而成功地吸引了更多人的关注和支持。通过这种策略不仅有助于提升公司的品牌形象和社会影响力，也为农村的发展和变化做出了积极的贡献。

二、题材上：接地气，有温度，温润千家万户

让宣传报道更好地"接地气"，是媒体宣传适应新时代发展的需要，是增强新闻传播力、引导力、影响力、公信力的最好方法。唯有"接地气"的新闻，才能用温度和深度展现新闻的价值，历经信息泡沫的冲刷砥砺却依然直抵人心，彰显主流媒体的中流砥柱作用。正能量宣传不仅需要有大格局、高站位，更需要能够紧贴生活、紧贴大众，沾染泥土气息，用情用心用力持续打造有思想、有温度、有品质的宣传报道。

国网磐安县供电公司在正能量传播中，聚焦亮点、突出重点，将传播视角聚焦到具体的工作实践中，注重民生话题议程设置，以乡村发展为主线，把握宣传语言，以小切口映射大主题，让正能量传播更接地气，讲好磐安电力故事。如在宣传

策划中，将磐安县供电公司对于乌石村发展建设的贡献融入每一个"乌石村故事"中，以乌石村发展的见证人的视角为主导，通过他们的回忆和讲述，让观众更加真实感受到乌石村的发展历程，和磐安县供电公司的巨大贡献。同时，也能增强宣传的真实性和可信度。采用这种较为"柔软"的叙事方式，增强视觉效果，弱化宣传意味，引发观众共鸣。

三、传播上：抓时机，控节奏，打好宣传的组合拳

选择恰当的报道"时机"，把握宣传节奏，打好宣传的组合拳。无论是新闻传播还是舆论引导，把握好"时"至关重要。"时"，既可以是时间，也可以是时机。"时间"，主要指的是面对热点舆情应何时抢占"第一落点"；"时机"，主要指如何把握好具有时间性的客观条件和特殊机会。在推出特定的舆论引导时，时机成熟是引导有效的重要前提。此外，在宣传工作中，节奏的把握也同样至关重要，合适的宣传节奏可以让宣传效果更加有效，同时避免宣传过度或不足的问题，先报道什么话题，报道什么内容，以什么名义、什么方式报道，后报道什么话题，报道什么内容，以什么名义、什么方式报道等，都要提前谋划好，做到谋定而后动。

2023年是浙江全面启动"千万工程"以来的第20年，借此机会，国网磐安县供电公司积极贯彻落实省、市、县各级公司党委和政府部门正面宣传的要求，做强做好正面宣传，高质量推动全公司上下正能量宣传建设，抓好此次宣传的有利时机，把握宣传节奏、讲究策略，集中全公司的力量传播正能量故事，弘扬社会主义核心价值观。在具体传播中，为了扩大宣传范围和增强传播的影响力，国网磐安县供电公司有节奏地将工作举措与成效嵌入正面报道中，同时以主流媒体为依托，综合运用网络媒体、音视频媒体和线下宣传等多种渠道，与磐安融媒体中心积极联动，将宣传内容投放在多个平台上，从而进一步扩大了传播范围并增强了各级媒体到各类受众的多维度触达，实现了全媒体多元传播，获得了公众的一致认可和好评。

国网员工"亚运火炬手"传播

▶▶ 案例分析 亚运火炬手：擎着亚运圣火的时刻能记一辈子

一、入选理由

杭州第 19 届亚运会（The 19th Asian Games）又称"2022 年杭州亚运会"，是继 1990 年北京亚运会、2010 年广州亚运会之后，中国第三次举办亚洲最高规格的国际综合性体育赛事。杭州亚运会以"中国新时代·杭州新亚运"为定位、"中国特色、亚洲风采、精彩纷呈"为目标，秉持"绿色、智能、节俭、文明"的办会理念，坚持"杭州为主、全省共享"的办赛原则。

2023 年 9 月 17 日，杭州第 19 届亚运会火炬在金华传递。国网金华供电公司员工代表虞向红（第 9 棒），蒋卫东（第 16 棒），华益军（第 149 棒）担任火炬手，并圆满完成传递任务。

二、基本情况

第 9 棒火炬手虞向红：男，汉族，1970 年 12 月出生，中共党员，国网浙江东阳市供电公司吴宁供电所所长、国家电网浙江电力（东阳吴宁）红船共产党员服务队队长。

第 16 棒火炬手蒋卫东：男，中共党员，高级技师 / 高级工程师，自 1990 年参加工作以来，一直在一线班组从事 110~1000 千伏输电线路运维检修、带电作业、应急抢修等工作。

第 149 棒火炬手华益军：男，1976 年 1 月出生，中共党员，国网金华婺城供电分公司罗店供电所党支部书记。

1. 先进事迹

虞向红：秉持"竭尽所能多做对老百姓有益的事"初心，他二十多年如一日坚守在乡村田间地头，让优质电力成为护航"千万工程"乡村振兴的"桥头堡"。他永葆忠诚担当的军人本色，冲锋在电力保供、急难险重、扶危救困第一线，成为党联系群众的一道连心桥。他始终坚守为民初心，发起成立向红社会工作服务中心，组织启动"幸福蜗居"低保残疾人居住环境改善项目，足迹遍布浙江、四川、甘肃三省，帮助 221 户困难残疾家庭实现"安居梦"，累计开展服务 2 万余次，被老百姓称赞为"最全能的退伍爱心电工"。

蒋卫东：攀登世界最高电力铁塔开展带电作业，夺得全国电力行业职业技能竞赛个人第一。担任蒋卫东劳模创新工作室领衔人，积极开展带电作业相关课题的攻关研究，完成国家电网公司 500 千伏输电线路带电作业视频课件 40 多项，成为国家电网网络大学的通用教材；累计取得国家发明专利 30 余项，实用新型专利 100 余项。多次被公司选拔参与技能竞赛，曾获得浙江省电力公司检修技能竞赛个人第一，华东电网 500 千伏带电作业技能竞赛个人第一，国网公司 500 千伏带电作业技能竞赛个人第二，第八届全国电力行业职业技能竞赛个人第一。被聘为国家电网有限公司输电运检专业高级兼职培训师及国网浙江省电力有限公司兼职内训师，用心授技艺，培养出高级技师 3 人，技师 8 人，带电作业资格取证人员数百人，实现了技艺的薪火传承。

华益军：作为国网金华供电公司应急救援基干队原队长，华益军多次带领队员不辱使命圆满完成宁波、舟山等电网应急增援任务。在此次亚运保电工作中，他同时担任浙师大场馆亚运保电临时党支部书记及亚运保电特种红船共产党员服务队队长。他带头积极参与党员责任区建设，组织亚运保电特种红船共产党员服务队员开展"风貌提升 电靓亚运""主备同字'循迹溯源'"等保电竞赛活动，完成场馆侧500 余处插座、灯头等末端负荷排查等攻坚任务。他组建亚运保电红色联盟，先后与金华移动网络部党总支、消防救援大队党支部等党组织开展联建活动，从信息安全、消防安全等入手全面增强保电同向合力。

2. 所获荣誉

虞向红：荣获全国岗位学雷锋标兵、全国五一劳动奖章、中国好人、浙江省道德模范、浙江省模范退役军人等荣誉 20 余项，4 次受到浙江省委书记接见。

蒋卫东：获得过全国五一劳动奖章、全国技术能手、国网工匠、浙江省首席技师等荣誉称号。

华益军：荣获国网公司劳动模范、金华市道德模范、金华市劳动模范、金华好人等荣誉称号。

三、策划过程

国网金华供电公司积极紧扣社会热点，深入挖掘并讲好三位火炬手的故事，使系列宣传兼具政治高度、行业特色、地域风格和时代气息。

1. 紧扣社会热点，讲好火炬手的故事

杭州亚运会是举国关注的体育盛会，是中国第三次举办亚洲最高规格的国际综合性体育赛事。火炬传递是亚运会前最重要的一项活动，而火炬手则是火炬传递中最重要的主体，备受瞩目。每一个火炬手都是一面旗帜、一个标杆。

虞向红、蒋卫东、华益军是国家电网公司的基层党员和一线员工，国网金华供电公司在宣传活动中突出了他们作为火炬手的精神风貌和作为电力人的爱岗敬业、无私奉献的精神。在新闻稿件中，以通讯稿的形式，结合他们的工作与亚运相关的切合点，通过文字 + 视频 + 照片的形式展示他们对成为亚运火炬手的自豪和感悟。

这种形象反复呈现在报道和音视频作品当中，既表现出了亚运火炬手的精神风貌，也非常直观地向外界呈现了一批生动、鲜活的电网人形象。

2. 挖掘多种形式，展示火炬手的形象

国网金华供电公司通过文字描述、图片展示和视频演绎等多种形式让三位火炬手的形象变得鲜活，精神更加闪亮。

在文字描述方面，通过通俗易懂、朴实无华的文字来生动描写三位火炬手的个人形象及成为火炬手的感悟。在《我的亚运故事｜他们说：擎着亚运圣火的时刻能记一辈子》稿件中，通过引用他们作为火炬手的感悟来强调他们作为电力员工的职责，体现出亚运精神和火炬接力的荣光。

在图片展示方面，通过火炬传递现场的照片及日常工作照，来刻画三位火炬手的精神风貌及爱岗敬业的形象。所有稿件的配图都是展示三位火炬手积极向上的精

神风貌。在火炬传递时的开心激动，工作时的沉稳敬业，适当的反差让他们的形象更加生动。

在视频演绎方面，通过火炬手与现场观众的互动及日常工作的展现，来展示三位火炬手激动的心情和积极向上的态度。国网金华供电公司融媒体中心重点针对虞向红身上的公益属性，联合属地公司宣传人员将虞向红即将担任火炬手的消息及时告知"幸福蜗居""幸福轮友"等公益受助对象，争取利益相关方形成联动参与宣传的态势，组织策划了近 20 名脊髓损伤病友前往金华火炬传递现场为虞向红加油助力，策划拍摄短视频作品《"虞"你共襄盛举》在浙电 e 家微信视频号发布后收获了众多网友的点击阅读。在该视频中，从轮友的视角去拍摄和讲述他们与虞向红共同前往金华完成亚运火炬接力这项光荣的任务。从火炬接力现场轮友激动的神情和语言以及后续虞向红与他们共同击掌的动作中，体现出亚运精神和火炬接力的荣光，"虞"你同在、"虞"你共享的核心理念。

通过多种形式的呈现让公众对三位火炬手的形象印象深刻，也让他们的精神对身边的人产生影响，营造一种崇尚模范、学习先进的浓厚氛围。

3. 立足企业宣传阵地，讲好国家电网的故事

先进人物、典型人物是企业树立品牌形象、扩大品牌影响力的重要抓手，同时也是国资央企思想政治领域的重要工作内容。成功的典型人物选树要形成声势浩大的影响力、引导力，背后离不开各级党组织的深切关怀和企业宣传系统的积极推动。国网金华供电公司相关部门长期致力于模范人物的培育、挖掘和新闻宣传策划等系列工作，并成功打造出了三位火炬手的成功案例。

在培育挖掘层面，三位火炬手的出现有其偶然性，而三位火炬手的成长也有其必然性。公司积极整合了企业、政府资源，合理规划、协同培育。在样板宣传层面，国网金华供电公司对三位火炬手的形象塑造和传播特别注意了传统宣传方式与现代宣传方式的结合，综合运用各种手段，打造全方位、多层次、持续性的形象宣传。宣传风格更具多样性，宣传时间更具持续性。宣传工作一旦"出圈"成为新闻媒体报道的热点、网友热议的话题，就会产生巨大的社会影响力和工作推动力。归根结底，宣传工作是要为企业的生产和发展服务，国网金华供电公司将宣传工作和企业的生产经营紧密结合，相辅相成地开展工作，进一步讲好了国家电网的故事，

营造了更好的企业内部氛围，提升了国有企业的外部形象。

4. 依托主流媒体，讲好全媒体时代的故事

国网金华供电公司在打造三位火炬手人物形象的过程中，以主流媒体为依托，综合运用网络媒体、音视频媒体和线下宣传，实现了全媒体多元传播。在多方报送与推动下，三位火炬手的火炬传递场景先后登上央视《新闻联播》《晚间新闻》《新闻直播间》《中国新闻》《体育新闻》等系列栏目，以及美丽浙江视频号等多家主流媒体。

与此同时，国网金华供电公司依托公司融媒体（分）中心等平台，针对当前信息传播领域变化和技术特征，充分利用全媒体时代的各种媒介技术，打造线上线下多种丰富多彩的传播内容。如在抖音、快手短视频平台、新浪微博发布短视频等。

四、传播成效

国网金华供电公司在宣传活动中全面塑造了三位火炬手的形象，他们杰出的人格魅力、高尚的党员精神、真挚的为民情怀、过硬的专业素质不仅赢得了国网企业内部的广泛认可，也获得了金华市、浙江省社会各界的积极评价。

1. 企业内部传播成效

国网金华供电公司深度挖掘三位火炬手的先进事迹，积极推动评优树先，并开展了多种宣传策划和传播推动。国网金华供电公司还组织创作了多个宣传视频在企业公众号发布，如《我是亚运火炬手》《杭州亚运会火炬手虞向红》《杭州亚运会火炬手蒋卫东》《杭州亚运会火炬手华益军》《"虞"你共襄盛举》等。三位火炬手的事迹正在激励、鼓舞着万千公司员工。

2. 社会面传播成效

央视《新闻联播》《晚间新闻》《新闻直播间》《中国新闻》《体育新闻》等系列栏目，美丽浙江视频号等主流媒体高频聚焦国家电网员工参与亚运火炬接力，充分展示了公司助力亚运所做出的贡献和努力。

在国网金华供电公司的推动下，有关三位火炬手的报道和栏目也陆续登上了全国多家主流媒体。央视《新闻联播》刊播《杭州第 19 届亚运会火炬今天在金华传

递》出现公司员工虞向红传递火炬的画面，央视《体育新闻》刊播对公司员工虞向红的采访，央视《晚间新闻》《新闻直播间》《中国新闻》刊发《杭州第 19 届亚运会火炬今天在金华传递》，国家电网报刊发《传递"薪火"播撒光明》，央视频刊发《杭州亚运会火炬传递金华站火炬手谈感受》，虞向红传递火炬的照片在新华网、人民网、搜狐网、荆楚网、东南网、广西新闻网、金台资讯刊发；美丽浙江、JHTV百姓零距离微信视频号，金华发布微信公众号刊发火炬传递情况；走读浙中公众号刊发《今天，他们是亚运火炬手！170 秒看 170 棒》。这些有关三位火炬手的新闻报道或栏目在整个社会都引发了积极反响。

五、可推广的经验

国网金华供电公司在塑造三位火炬手人物形象和传播正能量的过程中，积累了许多有益的经验值得推广，主要包括以下四个方面。

1. 把握时代脉搏

国网金华供电公司在对三位火炬手人物形象的塑造和相关事迹的宣传中，始终注重把握时代脉搏，重视正能量和主流价值观的传播。把体育精神、火炬精神与电力精神融会贯通，展示电网人艰苦奋斗、坚强不息、积极向上的形象。国网金华供电公司通过对三位火炬手人物形象的塑造和传播，让电网人的形象更加深入人心。

2. 讲好人物故事

国网金华供电公司打造三位火炬手经典正能量传播案例的关键在于讲好一系列生动、感人、深刻的故事。在宣传过程中，国网金华供电公司并没有使用生硬的宣传套话，而是用生动的语言描述人物真实事迹，用图文并茂的文案与视频展现一个个感人的瞬间，运用主流媒体的传统平台与新媒体平台进行立体传播，并坚持在数年中持续塑造形象、不断提升宣传力度。一系列的举措让宣传产生了极好的社会影响，打动了企业内外的社会公众。这种成功的经验不仅为国家电网公司，也为国资央企和我国政府部门的新闻宣传工作提供了很多有益的经验启示。

3. 聚焦人物属性

国网金华供电公司融媒体中心提前挖掘主要典型人物虞向红参与亚运保供电方

面的新闻素材，在宣传过程中凸显一名扎根电力一线踏实肯干朴素的电力人物形象。以虞向红担任火炬手作为宣传契机，将国网金华供电公司保电队伍人员为保障亚运赛事可靠供电默默坚守岗位，主动放弃节假日休息，履职尽责的故事融入本次宣传，让人民群众对电力保供工作有了更深入的了解，进一步争取大众认同感。

4. 抓住民众关切热点

为了获得官方媒体的青睐，国网金华供电公司融媒体中心提前研究以火炬传递为主题的主流媒体宣传方式并结合虞向红的人物"符号"进行宣传策划，对接官方媒体抢占宣传先机，提前与央视驻当地媒体进行了沟通汇报并顺利得到央视记者采访虞向红机会，因此，在本次央视等高端媒体上得以亮相发声。采访视频播出后引发网友转发评赞，电视端与新媒体端融媒体产品联动传播的"融媒体效应"，帮助视频实现 100W+ 点击量，传播成效显著。

专家点评 **聚焦平凡小人物，彰显时代正能量**

着眼当下，时代呼唤正能量，社会需要正能量，民众盼望正能量。习近平总书记高度重视网络内容建设，指出，正能量是总要求，管得住是硬道理，用得好是真本事。

一、小切口大连接，由共情到共鸣

近年来，随着媒体融合的深入发展，主流媒体在舆论引导上发生了显著的变化。为了提高传播力、引导力、影响力、公信力，各大主流媒体纷纷加入融合赛道，通过创新实践和各具特色的发展路径来打造优质内容。特别是进入社交媒体时代后，主流媒体开始将关注的焦点转向凡人善举等"小而美"的选题，通过讲述普通人身上的真善美来传递正能量。这些选题中的故事比起那些高大全的英雄人物更接地气，更具真实感和亲近性，能够让人们感受到人性的光辉和生命的力量，从而更容易引起人们的共鸣和关注。

伟大出自平凡，平凡造就伟大。国网金华供电公司利用这次亚运会传递圣火的机会，凸显了以三位火炬手为代表的国家电网基层党员和一线员工的卓越精神风貌和作为电力人的爱岗敬业、无私奉献的精神。国网金华供电公司借助此次亚运会火炬手的宣传契机，结合日常工作和亚运相关活动的切合点，通过多种形式的宣传策划和多个平台的传播，将国网金华供电公司保电队伍人员为保障亚运赛事可靠供电默默坚守岗位、尽职尽责的故事融入宣传中，通过这些平凡而普通的"小人物"身上展现出真善美和正能量，彰显了他们背后超越日常的"精神面貌"：杰出的个人魅力、高尚的党员精神、真挚的为民情怀以及过硬的专业素质等。透过"小切口"的事实叙述建构观点、传递情绪，传播正能量，彰显出国网金华供电公司的社会责任和担当。

二、紧扣社会热点，紧抓公众眼球

宣传主题和重心紧扣社会热点话题和重大主题，更有利于抓人眼球，博得公众关注。在新媒体时代，许多热门话题、热点事件、大型体育赛事等往往自带流量，能够快速成为全民热议的焦点。因此正能量传播也要学会"蹭热点"，借助社会热门话题、热点事件等设置议题，通过借势营销的新媒体传播方式，让正能量传播更加深入人心。

国网金华公司结合三位火炬手的事迹和形象，将他们与亚运会等热点话题、重大主题联系起来，通过故事叙述和情感传递，让公众更加关注和了解电网人的工作和生活，以及电网人员在亚运保供电中的辛勤付出。同时，也借助新媒体平台，如微博、微信等，通过短视频、图片、文章等多种形式，进行多角度、全方位的宣传，让正能量传播更加广泛和深入，不仅提高公众对电网行业的关注度和认同感。

三、注重日常策划，才能在关键时刻"出圈"

伟大时代呼唤伟大精神，崇高事业需要榜样引领。精心选树"时代楷模"、道德模范等先进典型，持续发掘一批过得硬、立得住、叫得响的先进典型，有利于传播正能量，推动好声音成为强声音。而这些典型人物的塑造离不开日常的策划，离不开组织内部积极推动和引导。好的策划会收到意想不到的效果，往往会比事件本身更吸引人，更能给人留下深刻的印象，起到引导社会风尚的良好效果，因此对于塑造典型人物应该如何报道，报道什么都要进行具体策划。

　　国网金华供电公司融媒体中心充分挖掘作为亚运火炬手虞向红的公益属性，并且组织策划了"近20名脊髓损伤伤友前往金华火炬传递现场为虞向红加油助力"的活动，大大增加了活动热度，同时通过与相关利益方形成联动，结合虞向红的人物"符号"进行宣传策划，进一步扩大了传播效果，也为提升公司的社会形象和公益形象做出了积极贡献。

国网衢州供电公司

"攻坚克难"网络传播案例

▶▶ **案例分析** "碳账户 + 绿能 + 能效"助力"低碳 + 增收"

一、入选理由

"双碳"目标下，能源是主场战，电力是主力军，供电企业要责无旁贷做好"双碳"战略落地的先行官。我国传统能源行业正在向数字化、智慧化谋求转型发展，但能源消费侧降碳治理体系仍然存在诸多不足和短板。为此，国网衢州供电公司聚焦绿色能源转型，加强政府、能源企业、用能企业、社会各界等利益相关方沟通与合作，充分挖掘数据赋能效用，打造基于"能效碳码"+ 碳账户、用能预算化平台、"绿能 + 能效"智慧能效服务平台等数字化产品为基础的能效品牌，进行广泛有效的网络正能量传播。

二、基本情况

"双碳"目标下，能源是主战场，电力是主力军，供电企业要责无旁贷做好"双碳"战略落地的先行官。在节能降碳调研中我们发现，能源消费侧降碳治理体系仍然存在诸多不足和短板。

1. 从政府治理端来看，宏观布局较强但微观落地较弱

衢州市作为钢铁、水泥、造纸、化工等高能耗、高排放产业聚集地，能耗及碳排管控任务十分艰巨，而传统的能耗双控存在执行难度较大、管控效果不佳、舆情风险较高等问题，其根本原因在于源网荷储售、冷热电水气、植被固碳以及新能源发电和交易等数据分散在政府、企业、供能单位、居民等多方主体，但各主体间存在数据孤岛；区域、单位获取碳排数据困难，时效性差，这严重影响各类主体碳减排策略的拟定和实施成效；政府治理端管控措施还不够精准、分类还不够到位；管

理碎片化程度较高、信息化概念较多但专业化工具较少；在激励各类主体进行碳减排还存在支撑性不足的问题，一刀切、扩大化、管理时效滞后等问题尚未得到有效解决。

2. 从企业消费端来看，经营生产较强但能源管理较弱

过去，大部分企业坚持效益至上，极少将碳排放量作为生产产品硬性指标，对节能减排缺乏长远目光，社会责任主体缺失。现在，在"双碳"目标的推动下，一些企业愿意承担社会责任，但尚未形成多方主体共享共赢的商业模式，缺乏对各类主体参与碳减排的激励。且企业消费端对自身用能数量、已用能、能耗双控怎么做、对企业有什么影响以及从哪里可以买到能等信息的知悉度不够，治理与消费两端信息不对称。当前，我国传统能源行业正在向数字化、智慧化谋求转型发展，如何突破上述痛点、堵点？如何利用大数据、可视化、互联网以及先进的数字化技术实时有效的掌控高能耗重点企业的碳足迹？如何倒逼企业调整工艺和能源结构、进行碳减排，构建价值应用体系，并有针对性地提出减排措施和建议？问题的解决需要加强政府、能源企业、用能企业、社会各界等利益相关方沟通与合作。

3. 企业联合政府开展能耗双控品牌宣传

在这一背景下，国网衢州供电公司积极打造"碳账户 + 绿能 + 能效"数字化品牌，借助数字化手段，建立全方位、自上而下的碳排放采集、统计核算、应用场景等体系，创新"绿能码"（后更名：能效碳码）+ 碳账户、用能预算化平台智慧"绿能 + 能效"服务平台等数字化产品，利用大数据、云计算、互联网及先进的数字化技术实时有效的追"碳"、核"碳"、减"碳"，推动传统简单、粗放的能耗双控向精细化、柔性化、市场化、数字化的碳排双控转变，让碳排放数据的"颗粒"越来越细。公司联合政府全面加强"碳账户 + 绿能 + 能效"全方位、立体式品牌宣传，通过向上沟通汇报、对外会议推介和深度报道，营造复制推广的良好舆论氛围，为全省、全国推广用能预算管理工作提供"衢州路径""衢州经验"，积极展示公司负责任的品牌形象。

三、策划过程

1. 全程介入、业务融合早策划

从 2021 年开始，国网衢州供电公司与衢州市发展改革委、生态环境局、衢州市大数据中心、用能企业、金融单位联合，按照国家"双碳"工作总体规划部署，坚持"先立后破"，增强系统观念，以数字化改革为牵引，以低碳化转型为目标，梳理出 8 大核心需求。同步跟进重大项目，会同专业部室制定各节点传播方案、计划，责任到人，实现全程介入和可控。

2. 信息呈报、社会融合深运作

不断放大传播格局，向各级政府部门呈送信息专报，争取外部关注，采用多元立体、时势融合广传播形式，不断吸取外部媒体的创新思维和独特视角，多载体实现立体式、全方位的传播态势。

四、传播成效

1. 媒体报道

中国环境报、人民日报、新华社、浙江日报等多家主流媒体深度聚焦报道 20 余篇次，向上呈报清样、专报等 3 次。以项目负责人为原型拍摄制作了"用能预算 e 本账"诞生故事，创意宣传介绍片在多个平台进行展播，获得好评。新华社《动态清样》刊发"碳账户 + 绿能 + 能效"改革经验，先后得到生态环境部、中国人民银行、中国城市科学研究会、全国政协经济委、浙江省委常委、国家电网公司等单位领导专家的批示肯定。

2. 荣获奖项

项目荣获"浙江省改革突破提名奖"，入选浙江省数字化改革第二批"最佳应用"等荣誉，并作为浙江省第一批数字政府系统"一地创新、全省共享"应用项目，在省内全面铺开。

该项目还在 2022 年"金钥匙·国家电网主题赛"中夺得金奖，在第五届浙江省青工创新创效大赛、衢州市数据挖掘大赛等多项比赛中获得金银奖。该项目会

同东北电力大学共同研究制定的碳排数据连续监测法获得 10 项新型实用型专利授权，牵头编制的碳排放核算评价地方标准已正式发布。

五、可推广的经验

1. 全过程策划，高潮迭起

成立专项宣传团队，做好全过程的传播策划，从绿能码开始，到碳账户，到用能预算化，推动多级多次传播，全面展现国网衢州供电公司在助力双碳落地的实践成效和特色做法，让主题传播效果不断裂变，实现宣传效果的最大化和最优化。

2. 全方位联动，深挖价值

联合地方政府部门，邀请各大主流媒体深挖项目特色亮点和典型案例，进一步延展主题传播的维度和广度。邀请行业专家深入解读分析项目的举措和意义，不断深化主题宣传的立意与深度。

3. 全媒体融合，多元传播

在传播实施过程中，拓宽宣传渠道，通过"报、刊、网、端、微、屏"多种载体、多个平台共同发声，扩大地域、人群、内容覆盖面，实现"多维采编、立体报道、集群宣传、融媒传播"的效应。同时不断放大传播格局，向各级政府部门呈送信息专报，争取外部关注。

专家点评 策划促进正能量传播由"流量"向"留量"转变

一、选题高大上，传播才能响透远

"双碳"目标是中国政府提出的重大战略决策，旨在推动能源转型和低碳发展，是中国迈向高质量发展的必由之路，战略意义非凡。而供电企业作为能源领域的重要力量，更要积极响应"双碳"目标，发挥电力在能源转型中的主力军作用，推动能源行业的数字化、智慧化转型，提高能源利用效率，降低碳排放，为中国的可持续发展做出贡献。

在此背景下，国网衢州供电公司积极响应国家"双碳"目标的号召，通过打造数字化产品为基础的能效品牌，更好地为社会各界服务，提高能源利用效率，推动绿色低碳发展，在此基础上，国网衢州供电公司围绕电网企业服务党和国家工作大局，紧密跟踪电能替代、脱贫攻坚等重点工作进行宣传策划，充分彰显电网企业敢于担当的精神内核。如此次宣传中，紧密贴合"绿电"的战略部署，从大处着眼，从小处着手，积极承担社会责任，响应国家号召，跟踪国家电网公司能耗双控品牌的重大项目节点，广泛传播公司"'绿电'促'绿产'"的工作举措，让相关主题事件传播得更响亮、更透彻、更深远，彰显电力企业在节能减碳方面的突出贡献。

二、聚焦媒体融合，创新落地载体

构建全媒体传播体系，理念创新是重中之重。传播力是主流媒体内容生产力实现有效转化的能力，是实现正向引导、增强社会影响、获取公众信任的基础和依托。传播覆盖面是决定传播力强弱的重要因素，建设广泛、多样、畅通的传播渠道是拓宽传播覆盖面的必要手段。运用新理念、新技术、新方法，搭建"集成开放"的传播渠道或可成为主流媒体创新传播手段的新尝试。

国网衢州电力公司结合宣传部的媒体属性、特点和定位，紧扣媒体格局和舆论生态的新变化，顺应媒体融合发展趋势，聚合内外传播平台和采编资源，探索建立全媒体传播矩阵。在传播实施过程中，采用多元立体、时势融合广传播形式，不断学习外部媒体的创新思维和独特视角，多载体实现立体式、全方位的传播态势。同时不断扩宽宣传渠道，通过"报、刊、网、端、微、屏"多种载体、多个平台共同发声，扩大地域、人群、内容覆盖面，实现"多维采编、立体报道、集群宣传、融媒传播"的效应。同时不断放大传播格局，向各级政府部门呈送信息专报，争取外部关注。

三、深入多方联动，加强合作交流

企业在宣传策划中，联合多方进行策划具有非常重要的意义。通过联合地方政府部门、主流媒体和行业专家等力量形成合力，共同推动正能量的传播，增强宣传的效果和影响力。首先，联合多方进行策划可以增加公众对宣传的信任和支持。当多个权威方共同参与宣传时，公众会感到宣传是客观、公正、可信的。这种信任感能够提高宣传的效果，使更多的人愿意接受并传播正能量。其次，联合多方进行策划可以拓展宣传的传播渠道。通过与地方政府部门、主流媒体和行业专家等合作，将宣传内容传递给更广泛的人群。这些合作伙伴拥有各自的资源和平台，能够将宣传内容覆盖到不同领域和群体，从而扩大宣传的覆盖面和影响力。此外，联合多方进行策划还可以增强社会影响力。正能量宣传传递积极向上的价值观和社会正能量，能够凝聚社会力量，增强社会的向心力和稳定性。国网衢州电力公司聚焦绿色能源转型的相关话题，通过联合地方政府部门和邀请主流媒体和行业专家等力量，共同挖掘项目的特色亮点和典型案例，进一步拓展和深化主题传播的广度和深度，增强宣传效果、提高公众对项目的了解和认可，增强传播的影响力和知名度。

国网衢州供电公司
好人好事传播

▶▶ **案例分析** "爱心妈妈"十年坚守 为"星星的孩子"点亮心灯

一、入选理由

弘扬扶残助弱是我们中华文化中的传统美德，对残障儿童以及其家庭的公益帮扶，关系着残疾儿童切身利益和健康成长，关系着千家万户安居乐业和美满幸福，关系着社会稳定和文明进步，也关系着健康中国建设和全面建成小康社会大局。国网江山市供电公司依托"爱心妈妈"志愿服务团队，坚持16年致力于残障儿童帮扶的志愿服务项目，高质量开展公益志愿服务相关主题传播。通过微博、微信公众号、视频号、网站、电视新闻等多种载体、多个平台共同发声，融出新闻传播新合力，吸引了社会各界对残障儿童这一特殊群体的广泛关注。

二、基本情况

"爱心妈妈"成立于2007年。在了解到传统的针灸按摩方法可以有效促进低年龄段特殊儿童的体智康复后，"爱心妈妈"志愿服务团队随即组织团队成员以及志愿者学习相关推拿手法，定期为智力障碍儿童推拿按摩，志愿活动带动累计153个家庭，1029名社会志愿者共同学习特殊儿童复健按摩方法。截至2024年"爱心妈妈"已经陪伴这群"星星的孩子"走过15个春夏秋冬，陪孩子参加了学校内96次亲子趣味运动会、集体"生日趴"等活动，开展用电安全、文明美德教育38次；在培智学校外，带着孩子们参加创卫、创文活动31次，随校车护送3915人次安全回家。2022年5月13日，在第32个全国助残日到来之际，国网江山市供电公司走进江山市培智学校，举行江电"爱心妈妈"培智基金成立仪式，用爱点亮智障儿童的希望。2023年6月1日，"爱心妈妈"志愿服务团队邀请江山市妇联、残联、慈善总工会以及天际互感器股份有限公司的代表在江山市培智学校开展"六一"特殊活动，为孩子们带去社会各界的关爱和温暖。

通过新华网、人民网、学习强国等权威中央媒体呈现国网江山市供电公司爱心志愿服务的总体开展情况，提升影响力；通过浙江卫视、浙江日报、浙江在线、无线衢州等省级和地方主流媒体，以及网、省公司网站等内部媒体，从各层面展现国网江山市供电公司"爱心妈妈"团队的服务面貌与志愿精神，扩大宣传面，吸引更多社会各界爱心人士加入志愿服务队伍，给特殊儿童送去更多的关心与关爱。

三、策划过程

1. 多形式传播扩大覆盖面

"爱心妈妈"团队初期志愿活动主要通过国家电网公司内网和行业媒体小范围宣传。随着志愿服务深入开展、参加志愿服务大赛获得成绩，崭露头角，吸引省、市级媒体进一步对"爱心妈妈"团队事迹进行宣传报道。积极对接上级媒体，通过新闻视频、微信推送、新闻稿件等多种传媒形式，大范围宣传，扩大传播范围，随后持续开展志愿活动，做好属地媒体宣传，吸引本地更多爱心人士的关注。

2. 新闻采访提升深度

在 2021 年 4 月 2 日世界自闭症日这一特殊的日子，邀请媒体跟随"爱心妈妈"团队走进培智学校，陪伴"星星的孩子"共度温暖的一天，通过新闻采访的方式展现"爱心妈妈"内心深处的柔软，体现家长对"爱心妈妈"的肯定。2022 年 5 月 13 日，在第 32 个全国助残日再次策划活动，见证江电"爱心妈妈"培智基金成立仪式，相关新闻稿件在《衢州晚报》《浙江工人日报》刊登。

3. 联动传播扩大效应

4 月 2 日当天，央视《新闻直播间》刊播"世界自闭症日，爱心妈妈用爱温暖'星星的孩子'"，人民网、人民日报客户端、新华社、央视新闻客户端以及电网头条等媒体同步刊发稿件。4 月 11 日，浙江卫视《浙江新闻联播》刊播"《爱心浙江》爱心故事——江山'爱心妈妈'十年星星点灯"，共同报道爱心妈妈团队用细心爱心真心陪伴孩子们快乐成长的动人故事，达到较为突出的传播效果，实现了全媒体参与大范围关注的传播力度。

四、传播效果

通过在中央媒体、行业媒体、公司媒体、地方媒体的立体报道和全媒传播，全面联动，扩大效应，增强传播力度与广度。"爱心妈妈"团队为主的志愿服务项目"同在一片蓝天下"获得第四届中国青年志愿服务项目大赛银奖，团队在 2021 年被选入"最美浙江人·浙江好人榜"，所打造的残障儿童帮扶志愿服务项目也被评为 2022 年度江山市"最佳志愿服务项目"，同时"爱心妈妈"团队负责人被评为 2023 年第二季衢州市"有礼之星"。

五、可推广的经验

1. 立足公益，抓住重点

国网江山市供电公司从女职委的一次志愿服务中发掘志愿服务的意义，数十年如一日的坚持以及需要被社会关注的特殊群体是宣传重点，宣传团队把握好重点，做好日常志愿活动的传播，针对大型活动和特殊节日进行全面的宣传策划，实现预期的大范围、大力度的宣传效果。

2. 多方联动，挖掘价值

联合相关单位和地方专业媒体，深挖国网江山市供电公司"爱心妈妈"志愿服务的意义，进一步延展主题传播的维度和广度。邀请行业专家进行科学化、专业化、系统化的康复培训，邀请各界媒体一同参与，多方位宣传，加深社会对残障儿童的了解以及与预防残障的意识，不断深化主题宣传的立意与深度。

专家点评　"引爆"新闻大流量　"点燃"传播正能量

一、用心陪伴用爱浇灌，扎根公益显温度

在大众传播中最能打动人的，一定是能让人用心感受，产生共鸣、共情甚至产生代入感的故事，而公益事业涉及社会福利、环境保护、教育、医疗等领域，与每个人的生活息息相关，加上本身旨在为弱势群体提供帮助，这种关爱和帮助很容易引发人们的共鸣和认同，因此，人们对于公益话题的关注度非常高，一旦出现公益事件，很容易引起广泛关注和讨论。此外，由于媒体报道公益事件可以引起公众的关注和讨论，进而提高媒体的知名度和影响力。媒体也倾向于将公益事业作为传播的重点，与公益事业相关的话题往往能成为社会公众和媒体关注的重点。

为了弘扬社会正能量，传递凡人善举的温暖，践行"小而伟大"的理念，国网江山市供电公司通过"爱心妈妈"志愿服务队，已经坚持开展16年对于残障儿童帮扶的志愿者服务项目，并且借助这个公益项目高质量开展相关主题宣传活动，传递了爱心和正能量，获得了主流媒体的关注和报道，不仅让更多的人关注残障儿童的生活和成长，推动更多人了解关爱"星星的孩子"，还体现出公司的社会责任和担当，进一步提升员工的社会责任感和公益意识，增强企业的社会形象和品牌价值。

二、用心体会用爱感受，宣传策划有能量

随着科技的飞速发展，公众对于舆论和信息的参与和获取意识日益强烈，这也给媒体的宣传提出了更高要求。新闻宣传策划是媒体的重要职责，需要新闻工作者仔细思考报道的主题、内容、形式、表达方式，以及如何让受众获得更加丰富、更具感染力的新闻资讯。因此新闻工作者要善于从全局上把握报道选题，从整体上把握报道的时度效，从内涵上深挖思想价值；要始终坚持以人民为中心，不断增强"四力"，找准受众的关注点、共鸣点、兴趣点，通过创作新闻作品与人民群众实现共情、产生共鸣、发生共振；同时在传播策划中选择合适的宣传时机，灵活巧用宣

传策略，让正能量的声音直抵公众心灵，抢占舆论制高点。

国网江山市供电公司依托"爱心妈妈"志愿服务团队坚持 16 年致力于残障儿童帮扶的志愿服务，并针对"爱心妈妈"团队事迹进行新闻宣传策划，媒体宣传团队围绕宣传重点，通过精心设计的报道主题、制作方式和传播方式，使新闻报道更具深度和广度，吸引更多的关注。首先开展主题深度报道。国网江山市供电公司邀请媒体跟随"爱心妈妈"团队走进培智学校校园，陪伴"星星的孩子"共度温暖的一天，利用这种宣传策划可以让公众更加真实、深入地了解自闭症儿童和"爱心妈妈"团队的情况，增强社会对自闭症的认知和理解，同时也可以塑造"爱心妈妈"团队的良好形象，促进社会对自闭症的关注和参与。其次选择合适宣传时机。国网江山市供电公司针对大型活动和特殊节日对"爱心妈妈"团队进行全面的宣传策划，实现预期的大范围、大力度的宣传效果，如在 2021 年 4 月 2 日世界自闭症日以及在 2022 年 5 月 13 日第 32 个全国助残日，展开主题新闻宣传策划，并通过多种形式的传播和策划，扩大了覆盖面，提升了深度，并最终取得了良好的社会效应，有利于提升企业形象，帮助企业塑造良好的企业形象。

三、用好用活全媒体，融合传播拓宽度

好的新闻宣传作品需要好的传播载体和宣传渠道。运用好全媒体矩阵，推行融合传播，可以更好地拓展新闻传播的广度和宽度。企业在宣传中要利用好媒体融合，运用不同媒介形式的融通整合，使得传播效果最大化。

国网江山市供电公司对于此次"爱心妈妈"团队的宣传在扩大覆盖面、提升深度和扩大效应方面都做得非常成功，对"爱心妈妈"团队的形象塑造和信息传播起到了积极的推动作用。首先，国网江山市供电公司采用了多种传播载体和平台，如微博、微信公众号、视频号、网站、电视新闻等，通过新闻视频、微信推送、新闻稿件等多种传媒形式，将残障儿童这一特殊群体的故事传播出去，融出新闻传播新合力。这种多渠道、多形式的传播方式不仅拓展了传播的广度，也吸引了社会各界对残障儿童的广泛关注。其次，国网江山市供电公司还与人民网、人民日报客户端、新华社、央视新闻客户端以及电网头条等主流媒体合作，全面联动，扩大效应，增强传播力度与广度。这些主流媒体具有较高的权威性和公信力，它们的报道

和宣传内容往往被公众所信任，因此与它们合作可以增加宣传活动的可信度和权威性，使得宣传内容更容易被受众接受和认可。总之，国网江山市供电公司的此次宣传活动采用了多种策略和方法，通过多种传播载体和平台以及与主流媒体的合作，成功地扩大了覆盖面、提升了深度并扩大了效应。这种成功的宣传策划为"爱心妈妈"团队的形象塑造和信息传播起到了积极的推动作用。

国网舟山供电公司

大国重器发布会的重磅传播

▶▶ **案例分析**　全国首个海洋输电技术品牌"国蛟一号"发布

一、入选理由

国网舟山供电公司以"国蛟一号"发布会召开为切入点，结合品牌战略专家、媒体专家、行业专家等多方代表的专访和点评，深入浅出地介绍"国蛟一号"的品牌背景、深刻内涵、亮点工作、未来愿景等方面内容，突出展示"国蛟一号"作为国家电网公司技术品牌的价值和成效，把"国蛟一号"品牌全面展示推介给大众。此次宣传在业内引起了强烈反响，获得了全媒体高度关注，成功在业界打响品牌知名度和影响力。

二、基本情况

2023 年 8 月 8 日，全国首个海洋输电技术品牌——"国蛟一号"国家海洋输电技术品牌在舟山成功发布，汇聚政府、企业、行业、媒体、高校等 400 余位代表汇聚于此，见证中国海洋输电核心智慧和系统解决方案正式面世，共谋海洋输电技术品牌助力国家海洋强国战略。

三、策划过程

1. 挖潜资源禀赋，精心培育品牌

依托国网舟山供电公司 40 余年来在海洋输电工程设计、施工、试验、运维领域的科研能力和技术水平，开展海洋输电技术品牌培育工作，经过多轮调研访谈、讨论交流和研究论证，形成《国家海洋输电技术品牌建设项目研究报告》，完

成"国蛟一号"品牌理念体系建设，具体包括品牌定位"中国海洋输电核心智慧和系统解决方案"、品牌使命"赋能具有中国特色国际领先的能源互联，引领全球海洋输电的前进方向"、品牌愿景"为全球提供安全稳定、绿色环保、高效持续的世界一流海洋输电，建设更加美好的未来"、品牌精神"自主创新、追求卓越"、品牌个性"稳健、智慧、绿色、创新"。同步开展品牌视觉识别体系建设，设计品牌LOGO和品牌宣传册、品牌VI手册，并开展品牌商标注册。

2. 赋能文化内涵，精彩打响品牌

召开"国蛟一号"国家海洋输电品牌发布会，邀请政府领导、高校专家、媒体记者以及产业链上下游企业等各界代表，共谋海洋输电品牌助力国家海洋强国战略。自"国蛟一号"品牌发布会筹备以来，国网舟山供电公司提前制定宣传方案，持续与省公司和各级主流媒体保持常态化沟通，及时对接联络专家采访。邀请人民日报、央视、新华社、中新社、中国能源报、中国电力报、英大传媒、浙江日报、浙江卫视等中央、省级、行业和地市等18家各级主流媒体到场，在网易、浙江日报客户端、舟山传媒客户端、浙电e家进行直播，观看人数超85万人次，"全国首个海洋输电技术品牌'国蛟一号'在舟山发布"相关报道在新华社、人民日报客户端、央视客户端、中新社、学习强国、浙江日报、浙江卫视等中央和省地权威媒体、行业主流媒体密集"刷屏"。同时国际传播形势喜人，获得美联社、法新社、日本共同社、安莎社、日本朝日新闻、华尔街日报网、美国时代周刊网、英国卫报

新闻网等知名国外媒体关注报道，截至目前共计发稿 300 余篇，受众达 670 余万人，形成高质量高频次的全媒体传播。

3. 盘活媒体资源，精准传播品牌

5 月 10 日，"国蛟一号"曾以沙盘展示形式在中国品牌博览会国家电网展厅亮相，获央视新闻联播、中国日报等中央媒体关注报道。国务院国资委分管品牌建设工作的领导在现场调研过程中对"国蛟一号"品牌给予高度评价。同月，"国蛟一号"斩获 2023 能源产业"绿能星"特等奖，并获中国企业品牌创新成果一等奖。8 月 25 日，聚焦"国蛟一号"国家海洋输电技术填补行业空白亮点，国网舟山供电公司开展全国首条 525 千伏直流海缆通过预鉴定试验主题传播，相关报道在新华社、学习强国、工人日报客户端、美国时代周刊英文网、英国卫报新闻英文网、潮新闻、国网浙江电力网站要闻等媒体平台刊发。此次传播极大增强了"国蛟一号"在高压直流电缆试验领域的国际影响力，对我国大规模开发海洋能源掀起推波助澜影响，为加快实现碳达峰碳中和目标具有重要意义。今年 10 月，"国蛟一号"国家海洋输电技术品牌还将参展 2023 亚太电协大会，进一步扩大品牌知名度和影响力。

四、传播效果

"国蛟一号"国家海洋输电技术品牌发布会邀请人民日报、央视、新华社、中新社、中国能源报、中国电力报、浙江日报、浙江卫视等中央、省级、行业和地市等 18 家各级主流媒体到场，在网易、浙江日报客户端、舟山传媒客户端、浙电 e 家进行直播，观看人数超 85 万人次。国际传播形势喜人，获得美联社、法新社、日本共同社、安莎社、日本朝日新闻、华尔街日报网、美国时代周刊网、英国卫报新闻网等知名国外媒体关注报道，获得较好的品牌宣传和市场推广成效。

五、可推广的经验

"国蛟一号"秉持着"赋能具有中国特色国际领先的能源互联，引领全球海洋输电的前进方向"的品牌使命；怀揣着"为全球提供安全稳定、绿色环保、高效

持续的世界一流海洋输电，建设更加美好的未来"的品牌愿景；自主创新、追求卓越，不断突破复杂海洋环境下电力传输"卡脖子"问题。作为"中国海洋输电核心智慧和系统解决方案"，"国蛟一号"用自主研发的智慧和精准施工的专业，为沿海诸省提供了技术研发、工程设计、施工试验、运营维护等海洋输电全产业链解决方案。

专家点评 **沉浸式体验，节奏化传播**

一、发布现场沉浸式体验，感知技术优势，彰显大国重器

工程科技及其成果常常被认为是现代性的重要表征，是人们经由其理解当下社会和时代的有效途径。相较之下，当前国内企业发布会的主题大多以产品更新、人文题材、品牌焕新等为主，现代工程科技方面的发布会少之又少。

建设海洋强国是实现中华民族伟大复兴的重大战略任务。从第一条海缆敷设到海岛电网互联互济，国家电网充分发挥舟山海岛地域特色，全力攻关核心技术，用自主研发的智慧和精准施工的专业，为沿海诸省提供了技术研发、工程设计、施工试验、运营维护等海洋输电全产业链解决方案，由此诞生了"国蛟一号"海洋输电技术品牌。

在"国蛟一号"品牌发布会上，国网舟山供电公司重点凸显技术优势，以创新实力支撑起"国蛟一号"的品牌体系，彰显国家电网"大国重器"之责任与担当。

透过大屏幕，"国蛟一号"的海洋输电核心技术缓缓展开：打造跨海联网工程——舟山 500 千伏跨海联网工程，创造了 380 米世界最高跨海输电铁塔、世界首条 500 千伏交联聚乙烯海缆等 14 项世界纪录，获"中国土木工程詹天佑奖""国家优质工程奖金奖"；建成世界上第一个五端柔性直流输电工程——舟山 ±200 千伏五端柔直示范工程，填补了海洋输电领域多项技术空白；投运世界首个运行在 20 赫兹频率下的海洋发输变配电工程——浙江台州 35 千伏柔性低频输电示范工程，对中远距离海上风电大规模送出具有指导作用……

在视频画面的代入和发布会场景的沉浸式体验下，国网舟山供电公司将"国蛟

一号"品牌的多个"世界之最""国内首个"向与会媒体、专家、行业大 V 一一展现，带给与会人员深刻的观感体验。大屏幕上这些中国海洋输电的核心技术，将"赋能具有中国特色国际领先的能源互联，引领全球海洋输电的前进方向"的品牌使命具象化，将"为全球提供安全稳定、绿色环保、高效持续的世界一流海洋输电，建设更加美好的未来"的品牌愿景可感化，生动展现出"国蛟一号"作为国家电网走向世界舞台的"重磅利器"形象。

二、依托国家级传播资源，打造节奏化传播链路，塑造国家海洋输电"金名片"

预热期亮相中国品牌日，吸睛无数。早在 2023 年 5 月 10 日中国品牌博览会上，"国蛟一号"的品牌沙盘就凭借一汪蓝海、星罗岛屿、数基高塔、海上风机的生动演绎，从众多品牌企业中脱颖而出，吸睛无数。从第一条海缆敷设到海岛电网互联互济，国家电网在海洋输电研发、装备、施工、运维领域积累了丰富经验。依托此次中国品牌日的展示平台，向公众传递了国网品牌的新势能，获央视新闻联播、中国日报等中央媒体关注报道。浙电 e 家、国家电网等系统媒体矩阵纷纷发力，推送海洋输电全产业链的精彩蝶变，相关内容由系统内辐射到系统外，形成传播矩阵，为"国蛟一号"海洋输电技术品牌充分造势。

发布会品牌强势曝光，形成热议。在"国蛟一号"品牌发布会现场，国网舟山供电公司邀请了人民日报、央视、新华社、中新社、中国能源报、中国电力报、浙江日报、浙江卫视等中央、省级、行业和地市等各级主流媒体到场，并同步在网易、浙江日报客户端、舟山传媒客户端、浙电 e 家进行直播。同时，积极对接海外媒体，获得美联社、法新社、日本共同社、安莎社、日本朝日新闻、华尔街日报网、美国时代周刊网、英国卫报新闻网等知名国外媒体关注。相关报道主要聚焦品牌核心技术成果与理念的传达，以高势能媒体引领传播高度与广度，向国内外展现了国家电网紧跟国家海洋战略、肩负责任担当，坚持自主创新、全力攻关核心技术，以科技创新引领电力行业高质量发展的电力"硬核"力量。

延续期多矩阵传播，热度不减。2023 年 8 月末，聚焦"国蛟一号"国家海洋输电技术填补行业空白亮点，国网舟山供电公司开展全国首条 525 千伏直流海缆通过预鉴定试验主题传播，极大增强了"国蛟一号"在高压直流电缆试验领域的国际影响力。10月，"国蛟一号"品牌还参展2023亚太电协大会，进一步扩大品牌知名度和影响力。同时，国网舟山供电公司将发布会现场内容进行剪辑，以短视频形式为主，通过"主流平台＋多元化矩阵平台"进行二次传播，实现全渠道、多形式、视觉化的传播路径。自主创新、追求卓越，"国蛟一号"品牌的重磅传播，让'国蛟一号'成为中国海洋输电走向世界舞台的一张'金名片'，彰显出国家电网攻坚克难的豪情壮志和责任担当，也有力提升了我国"大国重器"的全球影响力与美誉度。

国网舟山供电公司

"双碳"工程主题传播

▶▶ **案例分析** ｜ 全国首个柔性低频输电工程解码零碳海岛

一、入选理由

2022 年 6 月 16 日，国家电网有限公司重点工程项目——全国首个柔性低频输电工程投运，创造了我国海洋输电史上又一项纪录。该工程让零碳绿色电能与自然生态和谐相融，彰显助力"双碳"目标正能量。

该工程位于东海的大陈岛，年有效风能时数达 7000 小时，风能资源得天独厚。目前有风力发电装机 34 台，总装机容量约 27 兆瓦，平均每年可发电 6000 多万千瓦时。该工程预计每年可消纳岛上富余风电 36.5 万千瓦时，产出氢气 7.3 万标方，这些氢气可发电约 10 万千瓦时，减少二氧化碳排放 73 吨。本次敷设的海底电缆采用国际首条 35 千伏交联聚乙烯低频输电海缆，国网舟山供电公司提前对关键施工装备进行升级改造，并克服海域环境复杂和长距离施工等难题，通过加装保护套管等方式开展交越区域精准作业，高质量完成各项施工任务。

二、基本情况

新闻稿件以全国首个柔性低频输电示范工程浙江台州 35 千伏柔性低频输电示范工程在浙江省台州市投运为新闻由头，介绍该工程投运后，构建起"陆地 – 海岛 – 风电"互联系统，将海岛上低频风电发电机发出的 20 赫兹低频交流电源源不断地送往陆地，为开发中远洋地区丰富的风力资源提供了更加经济高效的输送手段。

三、策划过程

1. 深挖亮点，选题策划上接天线、下接地气

提高站位，紧抓该重大项目新闻价值，充分挖掘项目意义及创新亮点，布局工程实施过程中每一个重要节点，以全局策划和阶段策划相结合的方式，反复修改策划方案和内外宣传通稿。媒体融合，统筹传统媒体和新媒体应用，实施一媒一策、一媒一稿，打破平台边界，分层分类主动对接全媒体，为后续精准传播打下坚实基础。

2. 联动沟通，多维传播同频共振、彰显正气

内部横向联动，省公司宣传部统筹指挥，协调资源，把控大局；国网舟山供电公司与国网台州供电公司协同联动、落地实践，协同快速发力，发动各方力量。纵向联动媒体，与央媒核心记者紧密对接，并邀请记者多次现场踩点，确认现场情况；为央视宣传团队提供人力支撑、从新闻亮点等方面全方位商议直播方案，掌握施工进度、难度；加强与施工团队联系，在充分沟通基础上科学安排施工进程，全力配合采访报道。同时将先进典型人物选树宣传"植入"宣传全过程，多维传播实现"选人、选事"同步进行。

3. 注重落实，媒体融合扩大影响、汇聚人气

成立保障宣传战线小组，协调人员提前做好央视前期采访，提前预想后勤、交通、气象等影响，针对性组织力量协调解决每个问题。制作节目海报，"三微一端"加"群圈刷屏"传播节目预告，广泛动员职工群众关注，多层次、全方位打出全媒体传播声势。在央视大型直播巨大影响带动下，借助融媒体平台的巨大推动力，带动全媒体跟进传播，引发新闻报道几何式暴增，打造影响力十足的"爆款"产品，实现传播效益最大化。

四、传播成效

实现全媒体高频聚焦，相关报道 21 次刊登央视、人民日报、新华社等中央权威媒体，2 次刊登省级媒体，2 次刊登行业媒体，实现全媒体传播。央视对全国首

个柔性低频输电工程海缆敷设进行 6 次大型报道，人民日报、新华社、经济日报等媒体跟进报道，实现国家级、省级、行业媒体和新媒体宣传报道全覆盖，人民网海外英文网站对外播出报道，得到了海外网友的关注和高度称赞，总受众突破 2 亿人次，新媒体点击量突破 1000 万。

五、可推广的经验

1. 策划为先

抓住全国首个柔性低频输电工程本身的新闻价值，结合柔性低频输电工程"盘活"海上风电的意义和采用国际首条 35 千伏交联聚乙烯低频输电海缆的技术创新，以"中国制造解决世界难题"的视角谋篇布局，贯穿工程每一个重要节点，做好总体策划方案和每个重要节点的内外宣通稿。

2. 沟通为要

在工程实施前多次登门拜访，抓住记者工作间隙沟通选题，并邀请记者多次现场踩点，确认现场情况和直播方案。连续三天与央视直播团队吃住工作在一起，从人力支撑、新闻亮点等方面全方位商议直播方案，反复修改，直播前一天对稿到深夜。

3. 落实为重

宣传人员加班加点做好央视前期采访和宣传视频素材制作，周密做好新闻材料、受访人物、后勤交通等支撑工作。海缆敷设受天气、潮水等不确定因素影响很大，直播地点十分偏远，直播当天一早将设备通过船只、运输车、电瓶车和肩挑手扛运至现场，搭建设备，调试信号，确保抓住最震撼的画面和最抓人的细节。精心制作节目海报，对节目排期进行详细预告，广泛动员职工关注，营造宣传氛围。

专家点评 借央媒之眼，诉说民族自强的故事

一、国内首创——选题展现大国重器

此次选题落在了全国首个柔性低频输电示范工程上，这是国家电网公司重点工程项目，更是展现大国重器民族风采的重大项目。稿件先声夺人，从标题就锁定了"全球首创"字眼，给人以冲击感。此外，开头除了介绍"全国首个柔性低频输电示范工程"，也展现了"全球首条低频海缆敷设环节"。无一例外，牢牢吸引着读者的眼球。

对外而言，这项全新的技术应用的胜利彰显了中国在电力领域取得的阶段性胜利，展现了中国雄厚的电力科技，彰显了中国大国重器的国家形象，提升了民族的自信心、自豪感，同时也体现了中国保护地球生态环境的使命。

对内而言，在整个 2022 年，"双碳"目标对于电力企业来说一直是非常重要的命题。它的提出是中国主动承担应对全球气候变化责任的大国担当，是加快生态文明建设和实现高质量发展的重要抓手，助力贯彻新发展理念，推进创新驱动的绿色低碳高质量发展。而此项工程作为高质量实现"双碳"目标的重大举措，可运用于中远距离海上风电高效送出等多种场景，展现了国网台州供电公司对构建高弹性电网的积极探索。

同时，这项技术将海岛上低频风电发电机发出的 20 赫兹低频交流电源源不断地送往陆地，为开发中远洋地区丰富的风力资源提供了更加经济高效的输送手段，有利于打造海岛共同富裕，与人民美好生活息息相关的属性也吸引着大众的兴趣。

二、记者合作——策划打造沉浸体验

供电公司在采访前期准备充分，成立保障宣传战线小组，将天气、交通等突发意外情况考虑进去，并多次上门拜访，积极而深入地与记者进行沟通，并事前多次现场踩点，为真正的调查现场做好充分"彩排"。采访期间，供电公司宣传展现人员力求为记者打造沉浸式采访体验，与记者同吃同住同工作，共同协作完成直播方

案，修改并提高。

在央企正能量传播过程中，"记者"就像一面镜子，折射出央企的方方面面。一位好的记者，透过她的眼，大众能清晰地看见那些真实的、积极的闪光之处，而不至于模糊、混沌，亦不至于曲解、误会。记者作为如此重要的媒介，服务好记者便成了国企宣传人员的重要工作之一。此次供电公司从前期沟通，到同吃同住"导游式"陪同记者的采访之旅，再到深度介入此次采访工作共同改稿，无一不是力求展现一个最真实、最全面、最具有正能量的台州35千伏柔性低频输电示范工程。

在央视绘声绘色的直播内容以及本身巨大的号召力影响下，供电公司借助"三微一端"等融媒体的力量，并广泛动员职工群众关注，多层次、全方位打出全媒体传播声势，最终引发新闻报道几何式暴增，打造成了影响力十足的"爆款"产品。

三、大众科普——语言力求深入浅出

不论是"柔性低频输电示范工程"，抑或是"低频海缆敷设环节"，都具有高度专业性，存在一定的行业壁垒，离普通百姓的日常生活有些距离。面对这样"高大上"的题材，供电公司采用了很多小技巧，让电力技术科普走进寻常百姓家中。

此次传播选择的第一方式为直播，具有现场感、互动感的震撼画面，加上记者专业、亲切的讲解，大大增加了趣味性、生动性和可看性。

在传播推文方面，采用图文结合的方式，深入浅出介绍了此次具有开创性意义的工程。在文章中，语言平实而不失严谨。如最后一段将"工频输电技术"和"低频输电技术"分别比作"普通水管"和"同样造价下拥有了一条容量更大直径更宽的一条水管"，这样类比的修辞手法让观众一下子直观感受到此次低频输电技术的优越性，同时也将该技术的基本原理有了一个可视化的基本了解，诸如此类的手法也成为大众科普时较为不错的选择。

国网台州供电公司
供电企业"中国品牌日"活动传播

▶▶ 案例分析 | 赋能零碳海岛　优化营商环境　助力共同富裕

一、入选理由

国网台州供电公司积极探索绿电赋能零碳海岛的模式和路径，以大陈岛为试点，打造全国首个全电化、低碳化、智能化的零碳海岛示范区。

2023 年 5 月 9 日，国网台州供电公司通过系列活动和宣传展示国网浙江电力和台州市政府通力打造的零碳海岛成果——以台州民营经济的蓬勃发展展现优质的营商环境，以台州大陈岛为代表展示"海岛共富"的美好图景，进一步提升"零碳海岛优化营商环境并助力共同富裕"的社会知名度和高层影响力，增强社会各界对其品牌形象和社会责任的认知和认同。国网台州供电公司将持续提升能力，为"零碳海岛"赋能，发挥"海岛"优势，讲好品牌故事，持续优化营商环境，在新型电力系统省级示范区建设中展现新担当，助力经济发展动能转化、产业蝶变升级。

二、基本情况

2023 年 5 月 9 日，国网台州供电公司举办 2023 年国网台州供电公司"中国品牌日"活动暨《服务民营经济发展专项报告书》《绿电赋能零碳海岛建设专项报告书》发布会。

活动充分展示国网台州供电公司在优化营商环境、服务"双碳"促进绿色转型、推动共同富裕和乡村振兴中的实践和成果，以台州民营经济的蓬勃发展展现优质的营商环境，以台州大陈岛为代表展示"海岛共富"的美好图景，进一步提升社会知名度和高层影响力。

本次活动还专程邀请媒体专家"走进台州电力",走进工程现场,并通过媒体向社会展示国网台州供电公司发展成效,增进社会各界对公司的价值认同。来自人民日报、新华社、央视、经济日报、工人日报、浙江日报、21世纪经济报道、中国能源报等16家媒体的记者以及多名专家学者参加本次活动。

三、策划过程

1. 制定活动及传播策划方案

深度挖掘品牌故事和潜力,全方位打造面对不同受众群体的品牌形象,并使之和谐统一;设计多角度多维度的传播话题、拓展传播渠道;通过"媒体台州行"、发布会、座谈会等互动性强的主题活动可拉近企媒距离,政府、业内人士和公众亦可从媒体的视角更真切地看到国网浙江台州供电公司的努力与实力;遵循传播规律,分阶段有节奏地推进以达到最佳传播效果。

2. 阶段性开展传播

预热阶段,制作邀请函,揭示活动主题,介绍活动亮点。

进行阶段,一是播放零碳海岛建设、新型电力系统建设专题片,展现阶段性成果;二是举办线下发布会,邀请国网台州供电公司的领导、专家、合作伙伴、媒体代表等出席,发布公司的绿电成果、智慧用电战略、产品、服务、案例等内容,展示公司的实力和成就,同时回答媒体和用户的提问,进行深入的交流和沟通;三是邀请知名专家进行专题授课;四是举办主题访谈,围绕电力营商环境优化、助力零碳海岛建设、新型电力系统建设、助力实现共同富裕等方面进行主题访谈。邀请国网台州供电公司的领导、专家、合作伙伴等分享他们的观点和经验,增进各方的了解和合作;五是要求媒体专家走进公司重要工程现场,参观柔性低频输电示范工程,参观台州弗迪电池有限公司;六是进行现场访谈,开展电力营商环境调研。

总结阶段,通过国网台州供电公司官方网站、微信公众号、视频号等自媒体平台,开展专题宣传;依托活动特邀记者,开展专题宣传,发布媒体通稿,增加活动的曝光度和参与度,引发用户讨论转发,提高品牌的认知度和好感度。

四、传播成效

本次活动，在新华社刊发视频通稿，并在人民日报客户端、中央广播电视总台、经济日报、工人日报客户端、21世纪经济报道、第一财经等中央重要媒体，经济观察网、新浪网、中工网、新浪财经等平台连续刊发报道，形成裂变式传播。

专家点评 新闻宣传策划要统筹好"借势"和"造势"

一、新闻宣传策划的"借势"策略

无论是新闻机构还是企事业单位，有计划、有目的地发布媒介事件来提升新闻报道和宣传的影响力，已经成为日常工作的重要构成。特别是对企事业单位的日常宣传工作而言，如何借助具有影响力的大型活动、节庆、事件、人物、影视作品等，策划出对提高自身形象和品牌传播有利的新闻事件，更具有现实意义。这种方式，也经常被称为宣传策划的"借势"策略。

在本案例中，国网台州供电公司巧妙抓住"中国品牌日"这一节庆时间窗口，紧扣"中国品牌日"重点宣传知名自主品牌、讲好中国品牌故事，提高自主品牌影响力和认知度，将企业积极响应国家"双碳"目标，积极探索绿电赋能零碳海岛的模式和路径，打造全国首个全电化、低碳化、智能化的零碳海岛示范区——大陈岛的创新实践，通过国家级权威媒体平台进行了宣传和展示。

二、新闻宣传策划的"造势"策略

与"借势"相呼应，"造势"也是新闻宣传策划常用的一种策略方法。在"借势"大型活动、节庆、事件、人物等自带"流量"的同时，如何将企事业单位自身的产品、服务和事件等传播出去，如何分流并吸引公众的关注，就需要通过有计划、有目的的创造和策划，通过精心策划和设计的事件来吸引媒体和公众兴趣，从而达到提升形象、品牌知名度和影响力的目的，这种策划也常被称为"造势"策

略。"造势"策划的要点，是要精心寻找企业品牌信息与新闻价值之间的联系，创造出既符合企业宣传价值，又能吸引媒体关注、激发公众兴趣的故事或事件。

在本案例中，"零碳海岛"和"海岛共富"是国网浙江电力与属地政府联合打造的项目，上接国家"双探"目标，下联海岛居民的共同富裕生活，从议题角度能够实现企业、政府和居民的最大交集。如何将这些信息转化为媒体的议题，是企业新闻宣传策划的重点。为此，国网台州供电公司"借势""中国品牌日"活动，策划了《服务民营经济发展专项报告书》《绿电赋能零碳海岛建设专项报告书》发布会，将供电公司优化营商环境、促进绿色转型、推动共同富裕和乡村振兴的成果，通过发布会的形式和平台传播出去，提升了传播力和影响力。

三、注重策划阶段性和活动丰富性

新闻宣传策划要取得良好的传播效果，除了融合运用多种策略方法外，还要注重策划过程的阶段性把握，并通过丰富的形式和内容提高媒体的关注和报道兴趣。在本案例中，国网台州供电公司深度挖掘"零碳海岛""海岛共富"品牌故事和潜力，策划准备了多角度多维度的传播话题，并根据不同媒体的关注兴趣，策划了"媒体台州行"、发布会、座谈会等互动性强的主题活动。

在策划实施的阶段控制方面，国网台州供电公司注重从预热阶段、进行阶段、传播阶段等不同阶段进行把握，明确不同阶段的策划重点和工作要求。如在预热阶段，重点是通过线上线下造势，激发媒体和公关的兴趣。在进行阶段，通过新闻发布会、媒体现场采访、专家授课等不同形式，将绿电成果、智慧用电战略、产品、服务、案例等内容进行全方位介绍和推介。在传播阶段，除积极配合各层级主流媒体做好传播之外，还强化了公司官方网站、微信公众号、视频号等自媒体平台的矩阵传播，进一步放大了传播效果。

国网台州供电公司

挖掘典型人物弘扬正能量

▶▶ 案例分析　王海强：大陈岛上的"光明守护者"

一、入选理由

2006 年 8 月，时任浙江省委书记的习近平到大陈岛视察，看望岛上的老垦荒队员；2010 年 4 月，时任中共中央政治局常委、中央书记处书记、国家副主席的习近平给大陈岛李盛益、张其元等 25 位老垦荒队员回信；2016 年六一国际儿童节前夕，习近平总书记给大陈岛老垦荒队员的后代、台州市椒江区 12 名小学生回信。"一次登岛、两次回信"充分体现了习近平总书记对大陈岛的深切关怀，对大陈岛"垦荒精神"的积极肯定。

多年以来，国网台州供电公司通过一系列的宣传活动将大陈岛"垦荒精神"打造成国网台州供电公司的"精神灯塔"，也将之呈现为"浙江精神"乃至中华民族精神的一个重要组成部分。王海强被塑造成为"垦荒精神"的模范人物，主要是因为他的感人事迹与大陈岛垦荒、发展、脱贫、共富，以及电网企业助力地方经济社会发展、加速构建绿色低碳能源体系的时代脉搏紧密贴合。在国网台州供电公司积极宣传的推动下，王海强已经成为大陈岛"垦荒精神"的新一代代表，让大陈岛的时代特质更加显著，使大陈岛的"品牌效应"更加突出。

二、基本情况

大陈岛隶属浙江省台州市椒江区大陈镇。20 世纪 80 年代，一批批风华正茂的青年响应团中央号召，满腔热血登岛垦荒，将满目疮痍的荒岛变成了青春奉献的热土，铸就了"艰苦创业、奋发图强、无私奉献、开拓创新"的大陈岛"垦荒精神"。国网台州供电公司对王海强这个模范人物的塑造正是立足于大陈岛"垦荒精神"，并对其人物的成长经历、人格特征、典型事迹进行了全面的考量和呈现。王海强是一名大陈岛土生土长的"垦二代",自1987年进入电力行业以来,他坚守生产一线30多年,被誉为大陈岛的"光明守护者";他19岁进入大陈发电厂,从普通线路工到班长,从班长到生产所长,再到供电所支部书记,扎根海岛20多个春秋。他克服了条件的艰辛、生活的困难和身体的病痛,踏遍大陈岛的每一块土地,把光明送给大陈岛的每一户家庭。

1. 扎根海岛守护光明

国网台州供电公司在宣传活动中生动地讲述了王海强不畏艰险、扎根海岛、守护光明的感人故事。针对大陈岛湿度高、盐雾重、台风多等难题,王海强带领同事们不断推进电网升级补强。大陈岛分上大陈和下大陈两个岛,隔海相望,最多时王海强每年要200余次坐船往返开展工作,其间用掉了上百双胶鞋,足迹踏遍岛上的角角落落,走遍了两个岛的每家每户,被岛民称为"活地图"。在细致工作下,大陈岛创造了在2019年超强台风"利奇马"的肆虐下全岛无一支电杆倒下的突出成绩。

2. 组建共产党员服务队

国网台州供电公司在宣传活动中突出展现了王海强作为一名优秀共产党员的光辉形象。1999年,王海强组建大陈岛第一支共产党员服务队。20多年来,他带领同事们实施"8+16小时"党员台区经理快速响应机制,绘制"红色台区导览图",常态建立开展"海上营业厅""海上抢修队"服务,实现1分钟内响应、15分钟内到达现场、30分钟内回复核查结果,实施包杆包线党员责任田制度,打造7×24小时全天候服务的"党员应急处理中心"。王海强和共产党员服务队的队员们制定了"爱心服务二十四节气表",长年为岛上群众提供服务。他们还积极对接岛上学校,援建电脑教室、图书室、全电厨房、屋顶光伏等,为孩子们营造了更好的学习和生活环境。在他的努力下,台州率先落地全省首家电力"跑小青"工作室,打造出成本更低、办电更快、服务更优的海岛电力营商环境,实现海岛群众办电"零跑次",重点项目建设"加速度"。

3. 坚持爱心志愿活动

国网台州供电公司在宣传活动中深入挖掘并呈现了王海强无私奉献爱心、投身志愿服务的典型事迹。作为国家电网浙江电力（椒江大陈）红船共产党员服务队队长，他参与的"红色益＋星火点灯"爱心帮扶项目获评台州市党员志愿服务项目大赛优秀项目、首届台州市椒江区新时代文明实践志愿服务项目大赛金奖。

4. 专业领域深入钻研

国网台州供电公司在宣传活动中格外强调了王海强在专业技术领域中的突出贡献。他针对海岛电网特点首创的"风驱式防缠绕装置"有效利用风力资源解决了电力线路藤蔓缠绕的问题，获得了浙江省 QC 成果一等奖。他积极创立劳模创新工作室，共研发创新项目 13 个，取得技术专利 3 项，发表论文 7 篇，被评为国网浙江省电力公司 A 级创新工作室。

三、策划过程

近几年来，国网浙江电力、国网台州供电公司积极把握时代脉搏，深入挖掘并讲好王海强及其团队的故事，使系列宣传兼具政治高度、行业特色、地域风格和时代气息。

1. 紧扣时代主旋律，讲好模范人物的故事

大陈岛"艰苦创业、奋发图强、无私奉献、开拓创新"的"垦荒精神"与我们这个时代的主旋律高度契合。近年来，对典型人物的选树和报道，往往容易陷入强烈的主观感情，"宣传稿件"尤其如此。但国网浙江电力、国网台州供电公司在模范人物故事的讲述中，真正做到了人物"立得住""传得出"，不夸大、不煽情，真实贴近普通人的喜怒哀乐。

王海强是国家电网公司一名基层党员和一线员工，国网浙江电力、国网台州供电公司在宣传活动中突出了他质朴无华、贴近生活的言行和形象。在各类新闻稿件中，最常见的新闻照片都是王海强的日常工作场景：身材健硕、皮肤黝黑，或行走于海岛堤坝边，或专注于设备抢修中。在记者面前，他还可以像个孩子一样，兴奋地告诉记者"大陈岛又将创造新的全国第一"。这种形象反复呈现在报道和音视频作品当中，既表现出了王海强朴实坚毅的性格特征，也非常直观地向外界呈现了生动、鲜活的电网人形象。

在这些报道中，王海强和他同事们的工作场景也与大陈岛的全电交通体系、全

电养殖体系、全电旅游体系紧密贴合，在传递社会正能量的同时，也让公众对他们的工作内容和工作价值更加理解和认同，也更加愿意去转发、去点赞、去评论，传递出更大的网络正能量。

2. 挖掘"人民至上"价值内核，讲好共产党员的故事

长期以来，国网浙江电力、国网台州供电公司围绕王海强的宣传一直随着时间推移步步深入，但围绕王海强身上的"共产党员"精神标识的宣传始终高度清晰。特别是在近两年的宣传报道中，围绕着王海强荣获"浙江省最美志愿者""浙江省担当作为好支书"荣誉称号，成为椒江区人大代表、杭州亚运会火炬手等系列宣传内容，都体现了这位优秀的共产党员坚持"人民至上"、全心全意为人民服务的不变初心。

在王海强这位优秀共产党员的故事中，人们可以看到他在专业的工作岗位上为群众办实事的朴实态度，可以感受到他坚定不移、持之以恒的信念。在这种话题讲述的背后，展现出的是无数个王海强式的人物在岗位上默默奉献，正是他们缔造了整个时代的辉煌。这也是王海强及其团队的形象能够得到全社会的广泛认可与自发传播的根本原因所在。

3. 聚焦"海岛电网发展"，讲好大陈岛的故事

国网浙江电力、国网台州供电公司在塑造王海强人物形象时，也聚焦大陈岛电网事业的发展，通过讲好大陈岛的故事，进一步衬托王海强的人物形象。

以前的大陈岛是"路不平、灯不明、电话不灵、小船开开停停"。而今，大陈岛在王海强和同事们的拼搏奋斗中，发生了翻天覆地变化，实现了从无电到有电、从柴油发电到与大电网联网、从全电海岛到"零碳"海岛的蜕变。特别是近两年来，大陈岛持续落地重大项目、标杆项目。如35千伏柔性低频输电示范项目工程构建起"陆地－海岛－风电"互联系统，将海岛上低频风力发电机发出的20赫兹低频交流电送往陆地，为开发利用中远海丰富的风电资源提供了经济高效的输送手段；全国首个海岛绿氢综合能源示范工程利用大陈岛丰富的风电，通过质子交换膜技术电解水制备绿氢，构建了"制氢－储氢－燃料电池"热电联供系统，有效促进了海岛清洁能源消纳等。

这些工程项目本身与王海强的工作内容并不直接相关，但是它们在系列宣传报

道中都互为注解。通过系列报道推送，向世人呈现出的是大陈岛的一张绿色能源地图。在多元融合的高弹性电网的建设与清洁能源推广的背后，是海岛全电景区、全电民宿、全电养殖、全电公共交通遍地开花。

4. 立足企业宣传阵地，讲好国家电网的故事

先进人物、典型人物是企业树立品牌形象、扩大品牌影响力的重要抓手，同时也是国资央企思想政治领域的重要工作内容。成功的典型人物选树要形成声势浩大的影响力、引导力，背后离不开各级党组织的深切关怀和企业宣传系统的积极推动。国网浙江电力、国网台州供电公司相关部门长期致力于模范人物的培育、挖掘和新闻宣传策划等系列工作，并成功打造出了诸如王海强式的成功案例。

在培育挖掘层面，"王海强们"的出现有其偶然性，而"王海强们"的成长也有其必然性。国网浙江电力、国网台州供电公司积极整合了企业、政府资源，合理规划、协同培育。在王海强的成长历程中，有其"垦二代"的精神赓续与自身的优秀品质，也有企业和地方党组织在思想、生活、学习、心理等各方面持续给予的指导、关爱、理解、支持。

在样板宣传层面，国网浙江电力、国网台州供电公司对王海强的形象塑造和传播特别注意了传统宣传方式与现代宣传方式的结合，综合运用各种手段，打造全方位、多层次、持续性的形象宣传。宣传风格更具多样性，宣传时间更具持续性。宣传工作一旦"出圈"成为新闻媒体报道的热点、网友热议的话题，就会产生巨大的社会影响力和工作推动力。归根结底，宣传工作是要为企业的生产和发展服务，国网浙江电力、国网台州供电公司将宣传工作和企业的生产经营紧密结合，相辅相成地开展，讲好了国家电网的故事，营造了更好的企业内部氛围，提升了国有企业的外部形象。

5. 依托主流媒体，讲好全媒体时代的故事

国网浙江电力、国网台州供电公司在打造王海强模范人物形象的过程中，以主流媒体为依托，综合运用网络媒体、音视频媒体和线下宣传，实现了全媒体多元传播。在多方报送、推动下，王海强的先进事迹先后登上央视《新闻联播》和《人民日报》头版头条，并被新华社、光明日报等多家权威主流媒体和澎湃新闻等数家知名媒体广泛报道。在公司的支持和鼓励下，王海强勇敢地走上媒体的前台，主动接

受媒体采访，代表企业和团队发表演讲，并陪同、引导新华社记者对大陈岛进行直播。

与此同时，国网浙江电力、国网台州供电公司依托公司融媒体（分）中心等平台，针对当前信息传播领域变化和技术特征，充分利用全媒体时代的各种媒介技术，打造线上线下多种丰富多彩的传播内容。如在中央人民广播电台、喜马拉雅、蜻蜓等音频平台上线播出广播连续剧《大陈岛上点灯人》；在企业公众号和其他社交媒体上播出微影视《王海强和他的光明岛》、微电影《坚守的理由》、微视频《大陈岛的光明守护者》、微电影《传承》、沙画短剧《战台风》、微电影《牧岛者》、微电影《大陈日记》、微电影《大陈岛之光》、微电影《大陈薪火》、微电影《追风者》等；推出《最美国网人》画册、《身边的最美》连环画等。

四、传播成效

国网浙江电力、国网台州供电公司在宣传活动中全面塑造了王海强的模范形象，他杰出的人格魅力、高尚的党员精神、真挚的为民情怀、过硬的专业素质不仅赢得了国网企业内部的广泛认可，也获得了台州市、浙江省社会各界的积极评价。

1. 企业内部传播成效

多年以来，国网浙江电力、国网台州供电公司深度挖掘王海强先进事迹，积极推动评优树先，并开展了多种宣传策划和传播推动。他先后获得国家电网公司劳动模范、最美国网人、浙江省最美志愿者、浙江省担当作为好支书、浙江好人、台州市"敬业道德"模范、椒江区"新时代垦荒人"等荣誉称号，还被聘为浙江省电力公司"红船·光明讲师"。大陈供电所也先后获得全国学雷锋活动示范点、国家电网公司社会责任示范点、国家电网公司优秀共产党员服务队、国家电网公司电网先锋党支部、国网浙江省电力有限公司标准化五星级供电所等荣誉。王海强已经成为国网台州供电公司、国网浙江电力，乃至整个国家电网公司的先进模范人物，他的事迹正在激励、鼓舞着万千国家电网公司员工。

国网浙江电力、国网台州供电公司还组织创作了多个宣传视频在企业公众号发布，如《王海强和他的光明岛》《坚守的理由》《大陈岛的光明守护者》《传承》等，这些视频从企业内部传播向外部传播延伸，实现了从"正能量"到"大流量"的成功飞跃。2016年，微影视《王海强和他的光明岛》荣获第三届"中国梦·劳动美"全国职工微影视大赛纪实类铜奖，并上线腾讯视频纪录片频道；2018年，微视频《大陈岛的光明守护者》获中国能源化学地质工会开展的"京能杯"微电影微视频创作大赛一等奖，并作为获奖作品进行展播；2019年，微电影《传承》在台州线下首映。同年，同题材微电影《坚守的理由》登上国家电网融媒体端"国网故事汇"品牌栏目，该视频还荣获了亚洲微电影艺术节"最佳作品奖"，并上线哔哩哔哩和腾讯视频；2020年，沙画短剧《战台风》、微电影《大陈日记》、微电影《大陈岛之光》在第八届全国品牌故事大赛（杭州赛区）微电影评选中获一、二等奖，微电影《牧岛者》荣获第十五届"电力奥斯卡"全国电力行业优秀影视作品展评微电影组一等奖，广播剧《大陈岛上点灯人》荣获中国广播剧研究会连续剧一等奖，微电影《大陈薪火》荣获"金风筝"国际微电影节优秀作品奖、亚洲微电影节"最佳作品""最佳编剧"奖、中宣部第四届社会主义核心价值观主题微电影（微视频）征集展播活动15分钟二等奖优秀作品；2022年，微电影《追风者》荣获第十届全国品牌故事大赛微电影比赛一等奖、中国能源传媒"能源奥斯卡"优秀影视作品微电影一等奖；2023年，短视频《大陈岛垦荒精神》荣获第七届浙江省品牌故事大赛短视频作品三等奖，短视频《风起氢柔处 共绘新电图》荣获第七届浙江省品牌故事大赛短视频作品二等奖。

2. 社会面传播成效

国网浙江电力、国网台州供电公司在打造王海强模范形象的同时，也在向台州市当地、浙江全省，甚至全国范围进行推广。王海强事迹被刊入台州市70年70人70秒，载入台州市《永恒的丰碑》读本，也被《大陈岛垦荒精神和台州发展》收录。他获聘台州学院马克思学院"德育导师"，荣获浙江省最美志愿者、浙江省担当作为好支书、浙江好人，以及台州市敬业奉献道德模范等称号。

在国网浙江电力、国网台州供电公司的推动下，有关王海强的报道和栏目也纷纷登上了全国多家主流媒体。如2017年9月16日，央视《新闻联播》播出《喜迎十九大 满怀信心续写篇章》；2019年12月，中央人民广播电台"文艺之声"栏目播出三集广播连续剧《大陈岛上点灯人》，2021年1月，央广网再次播放该剧，并介绍广播剧背后的故事；2020年3月新华社《雷锋精神架起陆岛"连心桥"》、6 月人民日报《电力垦荒故事入编地方教材 传递"垦荒接力棒"》、8 月光明日报头版头条《大陈岛："精神灯塔"写传奇》相继报道了王海强事迹；2021 年 3 月，澎湃新闻发布《初心之路｜"垦二代"劳模王海强：守护大陈岛光明 20 余年》一文；2022 年 1 月，人民资讯转发了天目新闻的《王海强：海岛上的"精神灯塔"守护千家万户的"光明梦"》一文及视频内容；2022 年 7 月，《光明日报》再次发表《为海岛守护光明，需世代接力》，并被中国共产党新闻网转载；2022 年 8 月，央视新闻财经频道《经济半小时：清洁能源"风光"无限》采访王海强参与零碳海岛建设故事。这些有关王海强的新闻报道或栏目在整个社会都引发了积极反响。

五、可推广的经验

国网浙江电力、国网台州供电公司在塑造王海强模范人物形象和传播正能量的过程中，积累了许多有益的经验值得推广，主要包括以下三个方面。

1. 准确把握时代脉搏

国网浙江电力、国网台州供电公司在对王海强模范人物形象的塑造和相关事迹的宣传中，始终注重把握时代脉搏，重视正能量和主流价值观的传播。大陈岛"艰苦创业、奋发图强、无私奉献、开拓创新"的"垦荒精神"与实现中华民族伟大复兴的精神力量完全契合，也与实现第二个百年奋斗目标的实践路径完全契合。国网浙江电力、国网台州供电公司通过对王海强模范人物形象的塑造和传播，让大陈岛、台州、浙江、国家电网的建设和发展集中体现出当下时代的特色。我们这个时代需要王海强式的模范人物，更要呼唤千千万万个"王海强"一起投身到时代的浪潮中。

2. 注重立足地方特色

国网浙江电力、国网台州供电公司对王海强的宣传报道已经极大脱离了传统意义上"吃苦耐劳""好人好事""无怨无悔"的传统英模形象，而是充分体现了大陈岛、台州市的地方特色，甚至与国家电网在大陈岛的系列重大工程和业务开展相结合。在各类报道和宣传推送中，王海强更多地与示范项目、科技专家、"绿电"地图、零碳海岛等同框出现，与当地的风土人情、建设发展紧密契合。这些策划内

容，在让王海强自身形象"宣传翻新"的同时，也同样推动了这些重大项目在台州城市内外的知名度、认可度，让新时代的大陈岛"垦荒精神"更加充满朝气，让国家电网形象的立体塑造更具强劲动力。

3. 积极讲好人物故事

国网浙江电力、国网台州供电公司在打造王海强这个经典正能量传播案例的过程中，关键还在于讲好了一系列生动、感人、深刻的故事。没有使用生硬的宣传套话，而是用生动的语言描述人物事迹的事实，用图文并茂的文案与视频展现感人的一个个瞬间，运用主流媒体的传统平台与新媒体平台进行立体传播，并坚持在数年中持续塑造形象、不断加大宣传力度。一系列的举措让宣传产生了极好的社会影响，打动了企业内外的无数社会公众。这种成功的经验不仅为国家电网企业，也为国资央企和我国政府部门的新闻宣传工作提供了很多有益的经验启示。

专家点评 聚焦一线，打造央企"形象代言人"

一、以"精神内核"为根

一批批年轻的垦荒队员们建设祖国的大陈岛，锻造出"艰苦创业、奋发图强、无私奉献、开拓创新"的大陈岛"垦荒精神"。

大陈岛"垦荒精神"是实现中华民族伟大复兴中国梦的重要精神力量，也与实现第二个百年奋斗目标的实践路径完全契合。

"垦荒精神"是契合时代脉搏的中华民族优秀精神内核，也成为台州市的重要城市精神。而在电力系统内部，它构成了"浙江精神"的重要组成部分，也成为国网台州供电公司的"精神灯塔"。

国网台州供电公司精心策划，以王海强为"垦荒精神"的代表，无论如何叙事如何传播，其内在核心，都是一颗不负新时代的赤诚之心、一颗点亮追梦者的奋斗之心、一颗点亮追梦者的奋斗之心、一颗不畏行路难的勇毅之心、一颗温暖一座城的大爱之心，是"垦荒"魂串联起一个完整的、立体的"王海强"。

王海强人物宣传背后，那些国家电网助力地方经济社会发展、加速绿色低碳能源体系构建的责任担当，也离不开"垦荒精神"的根基。央企正能量传播中，挖掘精神内核，才能万变不离其宗。

二、以"朴实人物"为形

大陈岛"垦荒精神"一代代传承下来，却在时代洪流的洗刷中历久弥新，新时代赋予其新内涵、新意义，而王海强，这样一位平凡却不普通的"垦二代"，身上凝缩着年轻垦荒队员们对"垦荒精神"的全新诠释。

首先是王海强的身份。"垦二代"，是他身上最大的标签之一，这样的特殊身份让"垦荒精神"的延续有了清晰的落点，"垦荒精神"影响、鼓舞着童年时的王海强，也让他在成年后选择反哺出生的岛屿，他的生命历程中，总是与大陈岛息息相关，而大陈岛的"垦荒精神"已经融入了他的血脉，成为他人生的一部分，习以为常的一部分。而这，也为他被塑造为行走的大陈岛"垦荒精神"招牌打下了坚实基础。

其次是王海强的经历。自进入电力行业以来，他坚守生产一线30多年，跟同事们一起攻克湿度高、盐雾重、台风多等难题，首创装置获得浙江省QC成果一等奖；他坚持共产党员服务20多年，参与的"红色益＋星火点灯"爱心帮扶项目获台州市党员志愿服务项目大赛优秀项目。毫无疑问，专业领域他能力出挑，作为党员他也尽到了该有的责任。这样一位积极向上的、充满正能量的大陈岛电力员工更适合作为"形象代言人"。

最后是王海强的形象。各类新闻照片中，王海强身材健硕，肤色健康均匀，充满着劳动者的朝气。有时他正在专注着设备抢修，有时正匆匆行走在海岛堤坝旁，有时正作为"绿电"活地图参与着示范项目，相比于传统意义的悲情的奉献者，不同切面的朴实的劳动者形象，让观众更能共情，也更能展现台州电网和大陈岛的特色。

三、以"第一视角"为轴

此次推文以王海强第一人称的视角向读者娓娓道来，让我们走近王海强的内心，感受他对大陈岛电力事业的情感起伏。

从小时候"崇拜"和"感谢"电力工人,到应聘电力学徒工的"冲劲",到晋升后肩膀上的"责任",再到时代变化下"犹豫"后的更加"坚定",王海强诉说着自己对大陈岛电力事业的心路变化历程,读者也如同观影般看到了一幅幅鲜活的画面。

王海强提到队友,岛民,提到了妻子,这些与人的羁绊构成了真实的王海强,也让大陈岛"垦荒精神""代言人"显得更加"有血有肉",而最终的落点,对于王海强来说,是共产主义事业——一种更深层次的内在联结。

在正能量人物传播时,有时第一人称的叙事,会比相对更加客观冷静理性的旁观者叙事来得更有冲击力和感染力,观众在阅读时与"王海强"对话,也是在与千千万万被大陈岛"垦荒精神"浸润的"王海强们"对话。

国网丽水供电公司

深化主题传播弘扬正能量

▶▶ **案例分析**　沐"光"惠民，迈向碳中和

一、入选理由

2021年以来，低碳、零碳成为浙江绿色发展的新引擎，各地纷纷探寻减碳发展路径。在生态环境部通报的2021、2022年上半年全国地表水、环境空气质量状况中，丽水是全国唯一水、气环境质量排名同时进入前十的地级市。利用地域资源禀赋优势，国网浙江电力启动浙江丽水全域零碳能源互联网综合示范工程建设，促进能源清洁低碳转型，推进"碳达峰、碳中和"浙江实践。国网丽水供电公司围绕零碳村、零碳景区等开展全域零碳实践，而光伏发电，是关键一招。

2021年9月，国家能源局公布了整县（市、区）屋顶分布式光伏开发试点名单，丽水9县（市、区）均入围，成为全省唯一所有县（市、区）都入围国家试点的地级市。山地资源丰富为丽水发展光伏发电提供了天然优势。据统计，丽水市莲都区已有屋顶光伏客户1358户，农光互补光伏电站9座，年发电量约3788.78万千瓦时。"光伏＋农业""光伏＋工业""光伏＋商业"等"阳光"新产业、新能源，在丽水遍地开花。

二、基本情况

国网丽水供电公司积极策划"沐'光'惠民，迈向碳中和"主题传播，充分发挥新闻媒体作用，及时报道"光伏发电"的鲜活实践、典型做法和工作成果，主动传播和分享清洁能源低碳转型的丽水经验，引导全社会树立绿色低碳发展理念，形成绿色生产生活方式。

1. 以百姓"钱袋子"为切入点

"从并入国家电网以来，大棚光伏日均发电 2 万千瓦时，合作社仅靠光伏发电年收益就有 365 万余元！"莲都区碧湖镇缸窑村果蔬专业合作社董伟波算起了增收账。据政府推算，"十四五"新增光伏装机还将拉动投资超 60 亿元。让老百姓"钱袋子"真正鼓起来，这是选题的重要切入点。

2. 以地域"土特产"为发力点

根据测算，浙江省丽水市"十四五"可开发光伏资源约有 176 万千瓦，是浙江省唯一一个全市各县（市、区）均为国家分布式光伏开发试点的地级市，区域优势十分明显。

3. 助力"双碳""风向标"为着眼点

"双碳"目标是传播策划的着眼点。据统计，能源燃烧占我国全部二氧化碳排放的 88% 左右，而电力行业排放又占能源行业排放的 41%。因此，要实现碳达峰、碳中和目标，电力是主战场。

三、策划过程

国网丽水供电公司以推进"碳达峰、碳中和"实践为契机，组建专项宣传团队，通过权威媒体呈现丽水高质量实施全域零碳能源互联网示范工程建设，促进能源清洁低碳转型；通过行业媒体、公司媒体、地方媒体，从整体和区域各层面展示公司推动零碳实践成效和正在开展的特色实践，全方位开展"沐'光'惠民，迈向碳中和"主题全媒体传播。

1. 政策分析，启动"双碳"主题传播活动

2021 年丽水市政府提出建"中国碳中和先行区"，趁着这一东风，国网丽水供电公司领导层立即进行政策分析，积极推动莲都区政府出台关于推进"碳达峰、碳中和"、促进清洁能源高效利用的指导意见，构建清洁低碳、安全高效的能源体系，并立即启动专项宣传活动。

2. 专班组建，推进"沐'光'惠民"传播实践

宣传活动开启后，国网丽水供电公司第一时间组建宣传专班。在选题策划上，

经过多次研究讨论，最终确定将"双碳"工作落地项目"分布式光伏电网建设"作为宣传突破点，并明晰了"钱袋子""土特产""风向标"三点选题思路。在选题推进上，宣传骨干与新闻跑线记者前期深入交流充分准备，采编收集各类素材，专班人员分时段、分区域进行政策解读、案例调研、数据统计、人物采访等系统性工作。此外，建立多部门联动机制，积极对接运检、发展、营销等专业管理部门，成立工作联络组，合力挖掘宣传突破点，确保项目与宣传同推进，抢抓宣传关键节点。

3. 矩阵打造，形成"沐'光'惠民"传播影响

首先，政企协作。侧重展现"光伏发电"的成效，围绕"双碳"主题，聚焦问题，深度挖掘，撰写相关内参文章，介绍可复制、可推广的丽水低碳发展经验。其次，省市县联动。主动向本地媒体投稿，聚焦电力"如何让百姓钱袋子鼓起来"、促进清洁低碳、服务乡村振兴等主动设置议题，做好精准传播。同时，加强省市联动增强二次传播扩散度，在省级媒体形成新的传播热点。最后，多方多稿投送。主动向海外媒体、社会媒体投稿，除了加强与媒体记者的沟通交流外，还要主动研究各类媒体的选题偏向、语言风格，"投"其所好，多角度挖掘案例宣传点，发挥新闻稿件的最大价值。

四、传播效果

1. 有质有量，传播实效强

经过协作实践，形成了《当大规模新能源接入，传统农网如何华丽转身？》《山地"掘金""阳光"富民——浙江丽水供电加快屋顶光伏建设服务地方发展》《沐'光'惠民 迈向碳中和》《全电景区风光好》等系列深度报道，网络浏览量超过 50 万人次。新华社、学习强国、地方媒体纷纷主动转发相关报道，累计在中央级、行业级、公司、省级、地市级等媒体共刊发稿件 30 余篇。

2. 国内国外，传播范围广

相关稿件在学习强国、新华社客户端、浙江新闻客户端、天目新闻、丽水日报头版头条、丽水新闻等官方媒体刊发转载；在中国电力报、电网头条、浙电 e 家

等多家行业权威媒体刊发；在 Facebook、Twitter、Instagram 三大海外网站刊登。形成了高端媒体精准聚焦、社会媒体广泛关注的全媒体传播强大声势。

3. 相仿相效，传播影响大

2022 年 3 月 18 日，在市公司宣传骨干会议中分享了该传播案例的"强策划、快采写、活内容、紧联系、聚合力"五点传播经验，展示和分析了主题传播实践的举措和成效，形成了行业影响和社会影响，起到了示范引领作用。

五、可推广的经验

1. 深度策划，行业报道融入主题报道

好的新闻报道源自好的报道策划。传统的行业类报道因为专业性较强，影响的范围相对有限，难以达到"破壁出圈"之效。必须让行业类报道融入重大主题，在重大主题之下挖掘行业类报道的特殊意义和价值，才能让行业报道承载核心价值、进入普适表达、到达更多受众。

因此，针对"碳达峰、碳中和"的浙江探索，通过寻访各类企业、居民升级用能方式、参与节能减排的典型经验，记录普通百姓践行低碳理念、享受绿色生活的点滴美好，尝试从另一侧面回答丽水地区如何率先实现"中国碳中和先行区"、推进生态环境一体化等重大问题。以"光伏"发电为切入点，讲好光伏惠民的故事，从一个侧面讲好中国共产党人的故事、中国老百姓的故事、中国电力人的故事，这是讲好中国故事的重要组成部分。

2. 多管齐下，促进传播效果最优

移动互联网时代，全新的信息表现形式、信息传播渠道和社会交往方式更迭出现，尤其是在技术的驱动下，以智能手机为代表的移动新媒体终端的普及，以及微博、微信、客户端等新型移动应用的推广，公众信息获取行为也发生了变化。为占据传播制高点，此次新闻策划传播在传统媒体报道基础上，通过视频、图文等形式在网络媒体上进行传播，根据不同平台的传播特性，均做了充分的细化。

优化视频元素。视频中加入了航拍画面，立体展示光伏场地、自然地理风貌和经济社会发展。用恢宏的场景描绘大好河山，同时记者现身采访，以记者第一视角

讲述反映当地小康生活的数据，让视频元素更加丰富，也让主题的呈现更加直观。

丰富传播形式。根据现阶段媒体传播社交形态，设计了适用于报网微端不同维度的媒体产品，实现从当地社会媒体到微信、微博、网站、客户端、视频号、海外网站等的全方位推送。

专家点评 **结合地域特色，做好重大主题宣传**

一、找准丽水特色"发力点"

在采制"碳达峰、碳中和"的主题宣传时容易出现偏差，很大的原因之一在于不接"地气"，没有将"双碳"大背景与地方生动实践相勾连。

在总书记"绿水青山就是金山银山"的殷殷嘱托下，浙江全域推行高质量绿色发展，各地纷纷探寻减碳发展路径，那么丽水的区域优势是什么？高质量绿色发展的地域特色是什么？与电网又有着怎样的联系？找准了这些要点，便能因地制宜结合实践，避免宣传中出现概念偏差与角度雷同的情况。

丽水"九山半水半分田"，山地资源丰富，光照条件较好。据测算，丽水市"十四五"可开发光伏资源约有 176 万千瓦。受限于地形、区域、交通等因素，许多村集体经济来源少，闲置土地较多。国网丽水供电公司联合当地政府，盘活闲置土地和厂房屋顶发展光伏发电产业，带动各个乡镇村集体增收，开辟出了一条村集体致富之路。以一般家庭屋顶光伏为 5 千瓦测算，家庭光伏年收入可达 5000 元。在光伏的加持下，原本无人问津的荒山、乡村闲置的屋顶，摇身一变成为了增收走向富裕的"聚宝盆"。

"山地掘金""阳光富民""沐'光'惠民""农光互补""光伏＋""阳光产业"等这些丽水独有的光伏发展形式，就构成了"双碳"主题宣传中独具丽水特色的"发力点"。

二、见人见事，切入百姓"钱袋子"

"双碳"相关的主题报道不能仅仅停留在动态报道的层面上，一定要立足于事件现场，做到见人见事，通过"有血有肉"的人物和故事打动受众，真正起到凝聚人心的作用。

针对"双碳"主题报道受众普遍感知度不强的情况，国网丽水供电公司第一时间组建了宣传专班，经过多次研究讨论，最终确定将"双碳"落地惠民项目"分布式光伏电网建设"作为宣传突破点。宣传人员与新闻跑线记者深入一线，进行案例调研、数据统计、人物采访等工作，采编收集各类鲜活素材。聚焦电力光伏产业"如何让百姓钱袋子鼓起来"，系列报道中不仅展现了龙泉市兰巨乡仙仁村"全电厨房"、爱心食堂等公益建设、景宁畲族自治县光伏收益测算、景宁大漈乡"光伏＋生态"模式等"乡村共富"场景，还涌现出古堰画乡老板娘、浙江金宏瓷业有限公司负责人、庆元竹口镇村民等"鼓了钱袋子"的生动讲述者们。

"绿水青山就是金山银山"，这对丽水来说尤为如此。以百姓的"钱袋子"为切入点，见人见事，整体呈现出有故事、有亮点的深度报道。并以小见大，在一个个鲜活生动的事例中展现了国网丽水供电公司"积极融入丽水绿色发展大格局，优化能源供给结构，以绿色能源收获'金山银山'"的建设者形象，起到了很好的传播效应。

三、融合创新，多维展现报道"闪光点"

主题宣传要在传播上打好主动仗，就要在融合和互动上下功夫，积极尝试去打破传统媒体的边界概念，从媒介策划到内容生产对产品体系进行重塑。

如何让"双碳""共富"题材的报道不陷入千篇一律的形式中，不仅要靠一线新闻采编人员的眼力和脑力，也需要在新闻点的表现形式上注重差异化、多维化。

此次主题传播在传统媒体报道基础上，优化了视频报道的元素，加入航拍画面，立体展示与自然风光、农业生产、文旅产业融为一体的光伏铺设场景，用恢宏的场景描绘光伏产业的蓬勃发展。高质量的画面给予了系列报道高度的视觉美感与冲击力，也让报道的闪光点呈现更加直观、丰富，起到了不错的传播效果。

　　在内容分发渠道上，国网丽水供电公司积极丰富传播形式，根据现阶段媒体传播社交形态，设计了适用于报网微端不同维度的媒体产品，根据不同平台的传播特性，均做了充分的内容匹配与细化，如图文报道《沐'光'惠民 迈向碳中和》《全电景区风光好》、长图报道《解读县域经济："浙江屋脊"，山水风光皆"来电"》

《"双碳"目标"浙"一年 | 秀山丽水"零碳"氧吧》、视频报道《"绘双碳地图 看低碳浙江"之丽水莲都站》《共同富裕"浙"一年 | 丽水松阳：共富路上的桃花源》《创新引领，丽水激活产业发展新动能》等融媒作品，实现了微信、微博、抖音、视频号、海外网站等多维立体传播。相关报道在新华社客户端、浙江新闻客户端、天目新闻、《丽水日报》头版头条、丽水新闻等官方媒体刊发转载，在中国电力报、电网头条、浙电 e 家等多家行业权威媒体刊发，在 Facebook、Twitter、Instagram 三大海外网站刊登，形成了央媒、地方主流媒体精准聚焦、社交媒体广泛关注的全媒体传播声势。

国网丽水供电公司

挖掘典型人物弘扬正能量

▶▶ 案例分析 **万次义剪"剪"出满满敬老情**

一、入选理由

景宁畲族自治县地处浙西南山区，"九山半水半分田"的地貌特征致使交通十分不便，其七旬以上老人占比 17.85%，他们腿脚不便，出行不易，缺少关爱和陪伴，通常有着无法购买生活物资、无人保障用电安全、无人剪头发三方面困难。国网景宁县供电公司深度挖掘、精准谋划、有效执行宣传工作，结合山区县高质量发展共同富裕特色样板的建设背景，着力塑造张建明服务七旬以上山区老人的"志愿精神"先进模范人物。在国网景宁供电公司的积极宣传下，张建明已然成为丽水市志愿服务的代表人物，让绿水青山间暖流涌动，爱意融融。

二、基本情况

张建明，是国网景宁县供电公司雁溪供电服务站的一名基层职工，他连续十几年志愿服务七旬以上山区老人，是丽水市志愿服务的代表人物。国网景宁县供电公司主要围绕三个方面对张建明的模范形象进行宣传。

1. 重拾手艺　义剪进万家

国网景宁县供电公司在宣传活动中着力讲述了张建明 17 年间为守村老人送去义剪服务的生动故事。景宁畲族自治县地处山区，村庄分散。而由于工作需要，张建明每天穿梭于大山里的乡村之间，处理各种各样的用电故障。细心的他发现，由于农村常住人口逐渐减少，乡村理发店大多已不见踪影，留守老人的日常理发成为难题，特别是一些偏远的小山村，老人们理一次发要徒步走上很长一段时间，再坐 1 个多小时的车去县城，花费时间、精力不说，理发成本大大增加，而对于一些腿脚不便的高龄老人，理发更是一种"奢望"。面对这种情况，张建明自主出钱购买了理发工具，利用在部队学习的理发技术，为老人解决难题。每次在处理完用电问题后，他立马就铺开摊子为老人理发，推、剪、梳一套熟悉的动作下来，10 分钟时间老人们就换了个新发型，"一下子精神多了，张师傅好手艺，人更热心！"村民竖起大拇指。

2. 团队赋能 情暖山乡人

国网景宁县供电公司在宣传活动中深刻描绘了张建明志愿服务队的集体形象。张建明先后带动丽水市 149 名基层电工参与其中，从一个人到一支队伍，志愿服务延伸至解决老人们其他生活所需。服务内容从原来的义剪到解决老人们生活上的各种难处，服务范围也从原来的雁溪、家地、大地等地延伸到周边更多更远的乡镇。17 年间，"免跑"团队越跑越大，他们让深山老人免跑 5.7 万次，代买物资 343 吨，修理家电 15.6 万次，义务剪发等超 10 万次，张建明带领团队累计服务了 2 万余位守村老人，他的"公益地图"遍布村村落落。

3. "七旬免跑"服务新模式

国网景宁县供电公司在宣传活动中主动聚焦"七旬免跑记事簿"情暖山区老人志愿服务项目。张建明志愿团队为解决山区老人突发问题，打破联系屏障，给老人的手机设置"亲情 2 号键"，长按 1 拨通孩子的电话，长按 2 拨通电力工人的电话，做到有求必应。安装"敲门灯"，让年纪大、听力弱的老人看见闪烁的"门铃"，为上门志愿者主动开门；安装红外防护系统，让志愿者通过在线监测掌握山区老人的居家动态，双管齐下确保老人安全。探索全省首个山区助老新模式，通过"调研、分析、上门、记录、回访"五个环节，明晰三项服务的需求、内容、频次及反馈，实践全省首个山区助老模式。

三、策划过程

国网景宁县供电公司以"围绕中心、服务大局"为工作主线，坚持一个好典型就是一面旗帜，形成"主动深入挖掘、积极向上汇报"宣传互动，注重选树和运用典型来教育引领全体干部职工，出了单位要做模范践行"爱国、敬业、诚信、友善"社会主义核心价值观的好公民，在单位里要做努力践行"守正 感恩 奋进"景电价值观的好员工，以此形成道德和行为的持续正反馈，营造出见贤思齐、勇做先锋的良好氛围。

1. 紧扣山区特色　讲好志愿故事

国网景宁县供电公司立足民族地区的特殊性，找准电力服务与区域发展的结合点，大力践行"人民电业为人民"的企业宗旨，深入推进"浙江有礼 景宁有爱"文明创建工作，结合张建明先进事迹以及日常电力巡检工作，以亲民的语言和真实的照片走进大众的视野，推动打造新时代文明实践山区民族地区的示范样板。

2. 拓宽志愿渠道　加深品牌效应

国网景宁县供电公司切实扛起作为一方央企的担当，重点针对留守儿童、独居老人、困难人群等特殊群体，以张建明为代表，讲好个性化、差异化、特色化的多元志愿服务故事。深化打造"畲乡山花"直播助农、"植保无人机"智慧助农、"云平台"守护独居老人等具有景宁特色且切实满足广大群众需求的高质量项目，让共同富裕的路上一个也不少。

四、聚焦多方联动，发挥人物影响

国网景宁县供电公司联动政府、企事业单位、社会团体等，汇聚社会各界力量，以张建明为主人翁，开展理论宣讲、爱国教育等一系列活动，打造基层群众喜闻乐见的电力文化走亲作品，让党的创新理论"飞入寻常百姓家"。同时国网景宁县供电公司在打造张建明模范人物形象的过程中，用好主流媒体，在新媒体时代中张建明的事迹得到了广泛传播。张建明的先进事迹先后被人民日报客户端、学习强国客户端、新华网客户端、天目视频号、丽水日报等各级媒体，以及"浙电 e 家"等行业媒体争相报道。

五、传播成效

多年以来，国网景宁县供电公司深度挖掘张建明先进事迹，聚力"符号化"打造张建明。连续 17 年默默"义剪"事迹，助推张建民一步一个脚印获得"畲乡好人""丽水好人""浙江好人""浙江省最美志愿者""丽水市道德模范"等荣誉称

号。国家电网浙江电力（景宁东坑）红船共产党员服务队也获得国网浙江省电力有限公司优秀共产党员服务队荣誉。同时张建明带领的"七旬免跑记事簿"情暖山区老人志愿服务队获第三届浙江省志愿服务项目大赛银奖，以其事迹为背景拍摄的短视频《一万个十分钟》获评中能传媒 2022 "能源奥斯卡"优秀影视作品。

六、可推广的经验

国网景宁县供电公司在塑造张建明志愿服务形象过程中，形成了一系列可推广经验，主要包括以下四个方面。

1. 聚焦一线典型，建立选树挖掘机制

一是常态更新典型人员库，强化先进典型队伍建设。坚持眼睛向下看、盯着具体事，采取"放大微光"的形式把先进典型选出来。扎根基层，深入挖掘和选树不同岗位、不同层级中的典型人物和先进事迹，用身边的人和身边的事来感动和激发干部员工学先进、当先进。二是联动宣传丰富事迹库，深入发掘闪光点。优化统筹"专业 + 宣传"联动机制，强化纵向联动、横向协同，提升宣传价值引领和专业赋能作用。将镜头和笔触对准基层，着力在选题、采访时根植一线，不仅上通"天线"，而且下接"地气"，以一个个平凡生动、鲜活感人的事迹让先进典型更加有血有肉有情怀。三是聚力壮大后备培育库，搭建建功先进平台。紧密结合工作重点、工作中心任务开展"业务培训、岗位练兵、技能比武"等综合性技能竞赛，为先进典型的成长提供平台，使身有所长的先进典型脱颖而出，成为员工学习的榜样，为典型"雏形"搭建成长平台，形成科学合理的"老典型不倒，新典型辈出"的梯次队伍。

2. 注重提炼培育，促进典型良性发展

一是遵循成长规律，增强典型的带动效应。公司积极引导典型不断砥砺奋进，在保持成绩和优势的基础上继续发挥特长，延伸与拓展典型发展的深度与长度。依托"张建明志愿服务队"带动各红船服务队、青年突击队开展"七旬免跑"公益助老、"云守护"服务等助老服务，以"星星之火，可以燎原"之势，增强典型的示范带动效应。二是全流程跟踪，多方争取典型荣誉。先进典型的选树需要社会化，其中离不开政府尤其是地方宣传部门的有力支撑。公司积极开拓视野，联合地方政

府多部门、多层级对接深挖潜力，针对不同典型特点制定专项选树计划。三是注重严管厚爱，持续关注典型逐步提高。对先进典型的管理只能严、不能松。国网景宁县供电公司一如既往地严格管理和教育，强化关心关爱，使先进典型自觉做到自重、自省、自警、自励。

3. 联动多级舆论，增强先进典型影响力

一是创新思路要点，紧抓宣传新闻点。坚持实事求是，既不降低标准，也不拔高典型，确保典型不失真、不夸大、经得起考验，推出了一系列有高度、有深度、有广度、有亮度的研讨文章和新闻报道。将张建明这样一位想把每一件小事做好、做长，在平凡岗位坚守不平凡举动的形象鲜活、立体、丰满地呈现出来。二是融媒体齐头并进，扩大典型辐射引导力。做到多角度阐释主题，多平台传播内容，多渠道放大影响。挖掘和感悟先进典型背后的感人事迹和精神力量，在员工队伍中树立强烈的"看齐"意识，营造学先进、当先进、超先进的良好氛围。三是守好意识形态阵地，总结经验补齐不足。参考"时代楷模"钱海军的事迹荣誉路径，优化张建明"七旬免跑"公益行动，开发通用版《"七旬免跑"项目实施指导手册》，依托新时代文明实践站，建立张建明志愿服务工作室，让更多的志愿活动服务更多有需要的人，强化全媒体报道、互动化传播，该项目后来荣获浙江省志愿服务大赛银奖。

4. 强化示范效应，营造"向上向善"争先氛围

一是开展典型经验分享，坚定"守正"之心。依托"三会一课"、工作例会、各类党团活动，邀请张建明、任周景等先进典型上台讲经验、谈感想，把典型的激励作用内化为踏实干事、建功立业的强大动力。二是开展典型荣誉展示，涵养"感恩"之心。通过宣传片、展板展示先进典型事迹，"以身边事教育身边人，以身边典型带动身边人"，以涵养员工和企业的双向感恩情怀增强畲电铁军的职业荣誉感、归属感和存在感，为公司发展注入暖动力。三是持续开展典型事迹报道，激发"奋进"之心。通过"步调一致一盘棋，同心同向强声势"的宣传矩阵，弘扬职工典型与榜样，激发职工潜在的进取心、荣誉感，使之学有方向、赶有目标，营造激励全体干部员工"向上向善"的良好氛围。

专家点评 泥土气息让一线"榜样的力量"活起来

一、把握宣传主旋律，选树典型模范人物

党的十八大以来，以习近平同志为核心的党中央高度重视社会主义精神文明建设特别是思想道德建设，对加强立德树人、以文化人等各项工作作出一系列重要指示，推动社会主义思想道德建设在新时代展现新气象、取得新成就。发掘身边的好人好事，梳理典型模范人物，挖掘正能量故事，有利于弘扬中华民族的传统媒体、弘扬时代新风，弘扬社会主义核心价值观。

国网景宁县供电公司把握正能量宣传的主旋律，聚焦基层一线模范典型人物，形成"主动深入挖掘、积极向上汇报"的宣传互动，注重选树典型模范人物，助于提高员工的凝聚力和向心力，弘扬国网景宁县供电公司的企业文化和新风正气。多年来，国网景宁县供电公司深度挖掘张建明先进事迹，聚力"符号化"打造张建明，同时围绕张建明以及他的志愿团队"七旬免跑"的模范形象进行宣传，打造基层群众喜闻乐见的电力文化走亲作品，赢得广大电力员工和大众的喜爱。

二、重视细节的力量，突出场景化呈现

在新媒体时代，随着传播媒介和传播方式的变革，也极大地转变了社会大众接受信息的方式。新一代的互联网受众习惯了生动、轻松的资讯接收方式，以往模式化、平面化、套路化的典型人物报道，很难得到受众的认可。场景化的典型人物报道，有着场景再现、现场感极强等特点，越来越能得到受众情感共鸣。

在张建明的典型报道中，国网景宁县供电公司深入挖掘他的平凡"小事"，着力重现了"义剪""献血""捐款"三件"小事"的场景，从点滴的剪头动作、语言刻画中，读者真切地感受到了张建明服务群众时的"用心用情"。在细节中描摹人物、营造真实场景感，形成"润物细无声"的宣传效应。

做"义剪""献血""捐款"三件小事不难，难的是坚持近20年，将做好事融入日常生活中。那么如何将这种"坚持做好事"的感动传递给受众呢？要做到这一

点，作为记者就必须深入现场、真正做到共情、共鸣。国网景宁县供电公司在选树典型时，始终将镜头和笔触对准基层，着力在选题、采访时根植一线。正如施拉姆所认为的那样，"双方如果想要更高效地相互沟通，必须有一个共同意义的空间。而这种空间的获得，则有赖于信息传播者对受众心灵需求的深入了解。"只有深入当时当地的特殊情境之下，才能与张建明形成共振、共情的心灵交流，才能真实地感受到张建明做这些"小事"时的所思所想，才能深入挖掘出张建明之所以能坚持近 20 年的人物特质，才能描摹出张建明的义剪时的真实细节，从而写出鲜活的、有血有肉的事迹报道，将这份"坚持的感动"真正传递给受众。

三、创新思路、融媒体齐头并进，守好意识形态阵地

媒介融合时代，要高度重视传播手段建设和方法创新，基于互联网思维的融媒视野，不断创新内容生产和传播路径，创新传播手段，提升传播效能。做好正能量的宣传报道，达到提升新闻舆论影响力和公信力的目的。

国网景宁县供电公司在宣传先进典型、传播正能量的过程中，始终坚持不断创新思路，以适应时代的变化和媒体的发展。该公司以人物事迹作为要素核心，深耕内容创作，多元化展现人物故事，力求全面呈现典型人物报道的新形态，以此达到更好的传播效果。在张建明先进事迹的报道中，公司通过挖掘典型背后的故事和感人事迹，将张建明形象鲜活、立体、丰满地呈现出来。同时，公司融媒体齐头并进，多角度阐释主题，多平台传播内容，多渠道扩大影响。优质而多元化的内容得到了受众的认可，并深深打动了他们。在张建明的先进事迹报道中，公司推出了新闻资讯、短视频《一万个十分钟》、人物宣讲等多维传播形式，让受众在不同层面受到感染，增强了典型人物的影响力。通过不断创新的宣传方式，国网景宁县供电公司成功地树立了先进典型的形象，营造了学先进、当先进、超先进的良好氛围。

国网浙江建设公司

特高压直流工程建设主题传播

> ▶▶ **案例分析** "西电东送"白鹤滩——浙江特高压直流工程建设主题
> 传播策划与落地

一、入选理由

能源保障和安全事关国计民生，是须臾不可忽视的"国之大者"。白鹤滩—浙江特高压直流工程是"西电东送"重点工程，也是推动构建新型电力系统的重大能源工程，是网络传播的热点、媒体关注的重点、网友热议的话题。本案例聚焦工程建设全过程开展宣传策划，充分挖掘工程建设对于电力保供、能源转型、科技创新、民生改善和拉动经济增长等方面价值和意义，对融合策划、协同采编、融媒传播等方面进行创新优化，着力形成宣传合力，丰富工程宣传的形式与载体，成功打造了中央媒体高频报道、行业媒体持续关注、新媒体破圈传播的亿级网络正能量传播事件，为工程建设营造了良好的内外部环境，持续提升国家电网公司特高压品牌的美誉度，有力展示了中国特高压输电技术的领先地位。

二、基本情况

白鹤滩—浙江特高压直流工程的建设周期较长、参建单位多，工程的宣传也是一个系统性项目，需要凝聚多方合力，实行统筹策划。本案例集合了工程建设管理、施工、运维、属地保障等单位共同策划制定工程总体宣传方案，整合各单位资源，充分发挥各单位专业特长，有效统筹宣传节奏并扩大宣传效应。实施重点突破，融媒传播，把握工程建设的重大意义，聚焦工程浙江段全线贯通、竣工投产等关键节点，统筹宣传资源、合理分工协作，汇合微海报、纪录片、微动漫、MG 动画等多形态宣传产品，形成集中报道声势，多方位、广视角展示工程建设成效，实现宣传效果最大化。

三、策划过程

围绕白鹤滩—浙江特高压直流工程这一重点工程，国网浙江建设公司作为工程建设管理单位，充分发挥定位优势和业务优势，紧密协调各参建单位齐心协力推动工程竣工投产，有力保障浙江电力供应并支撑能源绿色低碳转型。工程建设期间，该公司聚焦工程建设对于电力保供、能源转型、科技创新、民生改善和拉动经济增长等方面价值和意义，对工程建设全过程开展系统性宣传策划，全面展示国网品牌。

1. 高标站位 提升宣传高度

紧扣习近平总书记关于能源电力保障的重要论述，通过与建设、运维、调度等多个相关业务部门的总结提炼，将工程的宣传主要着眼于两项立意上，即展现工程对于白鹤滩水电站的清洁能源输送、保障国家能源安全、建设新型电力系统的重大贡献，展现特高压输电技术领域科技自立自强、加快关键核心技术攻关的责任担当。在实际宣传中，推动"每年输送电量 300 亿度电""7 毫秒闪送 2000 余千米""世界在建最大水电站特高压送出通道"等亮点成为传播热点。

2. 高效组织 强化宣传力度

提前近一年谋划宣传方案，成立了由省公司宣传部牵头，融媒体中心和建设管理、施工、试验、运维、属地公司、工程项目部组成的宣传报道组，统筹宣传资源，定期召开联席会议，明确任务分工，加强协作，统一宣传口径。针对中央媒体、行业媒体、省市媒体、国家电网公司媒体平台传播矩阵、重点新媒体传播另行成立专项工作组，组建常态化交流沟通群组，及时跟进项目推进情况、第一时间获取消息素材，提升宣传的渗透力。

3. 高度融合 拓展宣传广度

注重分众化、差异化传播，发挥传统媒体的影响力和权威性，通过中央主流媒体、行业媒体等持续刊发系列报道、专题报道等深度报道，树立"西电东送"的意义高度。把握当下直播和新媒体传播趋势，借助视频新闻和短视频的震撼力与画面感，在关键节点进行新媒体直播与视频传播。充分借助外力，联合科普大 V 刊发

《在内陆，打造一条马六甲航线！》，有效转换晦涩的专业术语，使工程的正能量价值得到广泛认同。推出多条科普视频，创新话语方式，发布专业动画科普视频，摆脱了生硬说教，收获了广泛关注。制作发布工程全景式纪录片，走热血情怀路线推出系列混剪短视频，为工程投产主题宣传备足各类口味的"冷盘"和"甜点"，持续营造浓厚宣传氛围。

四、传播成效

1. 媒体报道全过程跟进贯穿始终

围绕工程开工、首基铁塔组立、长江大跨越、横跨京杭大运河、全线贯通、换流变压器安装等进度，将新闻宣传与工程建设同步推进，重要节点 30 余次在权威媒体发声，3 次登上央视《新闻联播》，工程累计在权威媒体刊发报道 70 余篇，阅读量超亿次。

2. 竣工投产实现全网刷屏

央视新闻联播、新闻直播间、朝闻天下、晚间新闻、中国新闻、经济信息联播、正点财经等三大频道九大栏目滚动播出 12 条次报道工程竣工投产。人民日报官方微信和客户端刊发新闻进行快报和深度解读。新华社连续发布权威快报、图文海报、综述通讯、电视通稿、英文视频。经济日报、光明日报、科技日报、经济参考报、中国纪检监察报、环球时报、中国能源报等也作全媒体呈现。

3. 新媒体爆款策划刷屏网络引起强烈反响

对接"地球知识局"深度解读国家电网发展特高压，筑牢能源安全屏障的全球领先实践。联合人民日报新媒体和新浪微博，发起微博话题，引发国资小新、共青团中央、新京报等近百家媒体参与，冲上杭州同城热搜榜首并长时间位居微博热门话题前列。策划拍摄短视频，融合穿越机、延时摄影、动态航拍等多种手段展示超超银线跨越山川江河，能源枢纽落子江南水乡的恢宏乐章，引发受众热议。

五、可推广的经验

重大工程因建设规模大、投资高、视觉震撼、意义重大等特点，一直以来是社会关注的重点话题。本案例围绕白鹤滩—浙江特高压直流工程这一重大工程建设题材，通过超前谋划、周密部署、整合资源，在传统媒体和新媒体传播中全面发力，不断拓展丰富特高压的品牌价值，成为国家电网公司树立品牌形象、扩大影响力的重要抓手，也在宣传策划、融媒传播等方面为其他重大工程宣传提供了经验参考。

1. 整合资源，把握宣传节奏

多方联动、统筹策划是实现本次正能量传播效能最大化的重要前提。前期通过梳理工程建设的参建单位业务优势特点，建立工作联系，组建宣传联盟，确保重要宣传节点不落下，关键时刻有支撑。

2. 集中引爆，扩大宣传影响

精准把握省委、省政府主要领导，国家电网公司主要负责人参加工程竣工投产仪式的契机，积极对接国网宣传部等上级部门以及社会各界媒体，提前策划工程竣工投产的全方位宣传。与此同时，组织公司系统网评员积极转发评论，形成二次传播效应，支撑迅速引发社会强烈反响，特高压品牌影响力进一步扩大。

3. 国际传播，讲好中国故事

特高压输电技术是中国电力的一张金名片。以本工程建设为契机，对接中国国际电视台等国际媒体，通过记者实地探访拍摄，以通俗的语言、丰富的画面，创新话语体系，刊播《Energy Infrastructure: New high-voltage power lines deliver electricity across China》，报道国家电网在不到 16 个月的时间内建成白鹤滩—浙江特高压工程，通过投资特高压建设带动产业链发展和科技自立自强，促进能源低碳转型和服务社会经济高质量发展的成效。

专家点评　**系统性统筹、多媒体融合，打造全网出圈的重大电力工程**

一、意在行前，把握立意高度

重大工程是国家技术进步、经济发展的体现，其背后反映着中国式现代化的模式制度、文化发展和精神凝聚。一方面，重大工程建设本身蕴含着经济和技术的竞争。现代以来，许多国家都努力打造重大工程建设能力体系，也努力把重大工程建设掌握在自己手中。另一方面，重大工程的建设更是国民创造精神、奋斗精神、团结精神的体现。新中国在极其落后的基础上建设现代工业体系，这既有物质成就也有精神塑造，例如：开发建设大庆油田和"两弹一星"的成功，凝练出了"大庆精神、铁人精神"和"两弹一星精神"。改革开放以来，三峡工程、青藏铁路工程、京沪高铁工程、港珠澳大桥等一批重大工程的建成也传承提炼出一个个典型的精神，如"青藏铁路建设精神""三峡大坝精神""港珠澳大桥精神"。这些在重大工程中同心同德、勠力向前建设现代化国家中体现出的精神和意志，本质是爱国主义、家国意识，这是国家主流文化和主流价值的核心，也是重大工程建设宣传时理应体现的正能量站位。

国网浙江建设公司围绕白鹤滩—浙江特高压直流工程这一重点工程，积极与国网浙江电力宣传部、融媒体中心及相关专业部门沟通，将宣传立意与站位定位在两点：一是展现该工程对于白鹤滩水电站的清洁能源输送、保障国家能源安全、建设新型电力系统的重大贡献；二是展现特高压输电技术领域科技自立自强、加快关键核心技术攻关的责任担当。在此基础上，通过中央主流媒体、行业媒体等刊发系列报道、专题报道等深度报道，树立起白鹤滩—浙江特高压直流工程的意义高度。从核准到全线贯通用时不到 16 个月，白鹤滩—浙江特高压直流工程的每一步深远意义、每一项重大突破、每一个典型模范、每一件先进事迹，都是振奋精神、鼓舞斗志的精神力量，都是弘扬坚定共同理想、凝聚奋进力量的正能量实践。

二、精心组织，全程跟进工程

重大工程任务是一项复杂的系统性工程，重大工程任务的新闻宣传同样也是一个复杂的系统性工程。白鹤滩—浙江特高压工程总投资约 299 亿元，涉及近百家设备制造、建筑、施工、安装、科研等单位。为确保积极稳妥、高效顺畅地推进新闻报道工作，成立了由省公司宣传部牵头的宣传报道组，确保了宣传资源统筹发力、新闻报道时时跟进。同时在宣传报道组的统筹下，坚持新闻宣传工作始终服从服务于工程进展，不乱说、不提前说，确保了新闻宣传报道添彩不添乱、增色不掉色，很好地发挥了正能量。

宣传报道工作组定期召开工作推进会，通报工作进展，根据工程重大节点研究部署宣传计划，根据工程任务进展等进行动态调整，修改完善有关方案与措辞。在稿件拟制、记者邀请、采访协调、记者接待等每一项工作计划中明确宣传分工、对接人、时间节点等，并严格按照既定的计划安排推进。围绕工程开工、首基铁塔组立、长江大跨越、横跨京杭大运河、全线贯通、换流变压器安装等进度，将新闻宣传与工程建设同步推进。宣传班子不掉台、重要节点不落下、关键时刻有支撑，在宣传报道组的高效组织下，取得了渗透力强、力度高的工程宣传效果。

三、媒体融合，放大工程亮点

重大工程是重要的新闻爆点、舆论焦点、主流要点。主流媒体本身具有正面宣传的传统，通过重大工程宣传报道来集中展现国家发展成就和人民努力奋斗，是主流媒体的任务之一，重大工程建设"巡礼"类型的报道，也始终是主流媒体的一个重要内容。在媒体策划实施中，宣传报道组统筹运用中央媒体、地方媒体、行业媒体和局办媒体资源，将白鹤滩—浙江特高压直流工程中体现的国网创新、国网大器、国网速度、国网实力——展现。这些实实在在的成就被主流媒体持续传播甚至放大，成为整个社会主旋律、正能量的组成部分。

同时，重大工程还是社会热点、情绪燃点、受众泪点。工程的宣传报道工作组统筹利用微信、微博等新媒体渠道，传播效果明显。一方面充分利用重点工程的视觉特点，打造重大工程的崇高感。另一方面强化"编码解码"，将重大工程的专业性、技术性特征实现通俗化"翻译"，拉近工程和社会大众的距离。

对于重大工程而言，视频传播具有强烈的画面感知性、视觉冲击性、技术的可验证性、应用效果的直接性。宣传报道组联合多家媒体，融合穿越机、延时摄影、动态航拍等多种手段，制作发布了工程全景式纪录片《金沙之水，电靓钱塘》《白鹤舞金沙，大潮涌钱塘》、工程"双碳"效能宣传片《只此青绿，不止青绿》、热血混剪短视频《特高压直流工程竣工投产》等，展现出迢迢银线跨越山川江河，能源枢纽落子江南水乡的恢宏乐章。伟大工程本身就是一种壮美的人间实践，在视频传播下，重大工程体现出的崇高感仍然是绝大多数人心中的向往，也是消解现代人生活中庸俗化、碎片化倾向的良药。

各类新媒体的兴起是对主流媒体的补充，在正面、严肃、"官话"之外增加

"客观""解释"、娱乐的补充。工程宣传报道组对接科普类网络大 V "地球知识局"的运营团队，制作推文《在内陆，打造一条马六甲航线！》，有效转换专业术语的表达，生动解读了国家电网发展特高压、筑牢能源安全屏障的全球领先实践。同时制作专业动画科普视频，创新话语方式，摆脱生硬说教，在新媒体端收获了广泛关注。

白鹤滩—浙江特高压直流工程是"西电东送"重点工程，也是推动构建新型电力系统的重大能源工程，是国网形象的亮点、媒体关注的重点、网络传播的热点。国网浙江建设公司聚焦工程建设对于电力保供、能源转型、科技创新、经济民生等方面价值和意义，超前谋划，利用主流媒体进行价值塑造、充分发挥"屏媒体"的传播优势，对工程建设全过程开展系统性宣传策划，有力地彰显了国家电网特高压输电技术的世界领先地位，持续提升了国家电网"责任央企"的品牌美誉度。

下篇
他山之石

国铁集团

行进中记录中国之美
—— "坐着高铁看中国"主题宣传活动

2020 年 10 月 1—8 日，中央广播电视总台、中国国家铁路集团有限公司（简称国铁集团）联合澎湃新闻、现代快报、南方都市报等多家媒体推出"坐着高铁看中国"主题宣传活动，全景式展示"十三五"规划成就和中国之美。

在那个中秋与国庆难得相遇的特别长假里，8 天 8 条线路，跨越千山万水，踏过万里河山，通过镜头看见疫情防控常态化下复苏的中国，看见积极向前、努力生活的中国人，看见欣欣向荣、蒸蒸日上的中国生活。

该主题宣传活动传播声量大、传播影响广、传播效果佳。据统计，网上相关报道近 10 万篇次，系列直播平均单日全网阅读量超过 2 亿次。

▶▶ 基本情况

一、传播内容

"坐着高铁看中国"主题宣传活动从节日乘车出行这个人人亲身经历过的事件切入，借铁路线串联起经济社会发展的地理线和动人暖心的故事线，营造轻松愉悦、温馨祥和的节日氛围，巡礼"十三五"反映来之不易的发展成就，展示历经风雨磨砺出的民族自信心、精气神。具体而言，主题宣传活动以 8 位央视新闻记者 10 月 1—8 日 8 天沿京广高铁、京沪高铁、哈大高铁、合福高铁、杭黄高铁、青藏铁路、贵广高铁、成昆铁路、京张高铁等线路出发的直播为核心内容，综合运用直播报道、纪实故事、景观航拍、数据描述、大小屏融合等融媒体方式开展报道，吸引高铁乘客、沿线群众、广大观众参与互动。

这些高铁线路在报道时依据各自特点而各有侧重。独一无二的国家战略大通道京广线，所经区域人口占全国四分之一的京沪线，领略粮食生产基地收获景象的哈大线，邂逅中国"自然与文化双遗"的合福线，翻越"世界屋脊"、赏大美风光的青藏线，83.3%的路段处于桥梁上或隧道中的贵广线，开创18项国铁集团之最的成昆线，在国铁集团之端畅想冬奥冰雪世界的京张线——这些高铁线路纵横交织，共同描摹出高铁所代表的中国速度与中国广度的发展图景，体现出中国高铁写下的变"不可能"为"可能"的豪情，彰显着铁路人、中国人的底气、自信与力量。"坐着高铁看中国"，看的是车窗外沿途风景，记录下的是祖国壮丽千山山水和迥异风土人情；看的是车窗内人头攒动，记录下的是中国大地山河无恙、人民安康、家国共圆的祥和安宁与中国人民积极向上、热情洋溢、向前奔跑的乐观模样。

10月1日：京广高铁
10月2日：京沪高铁
10月3日：哈大高铁
10月4日：合福、杭黄高铁
10月5日：青藏铁路
10月6日：贵广高铁
10月7日：成昆铁路
10月8日：京张高铁

二、传播过程

1. 预热期：紧锣密鼓，吸引足够关注

9月20日，央视新闻与国铁集团首次释放出"坐着高铁看中国"活动企划相关信息，9月26—30日为主题宣传活动紧锣密鼓的预热期。9月26日，国铁集团微信公众平台发布题为《坐高铁，看中国，拍月亮，拿奖品，享团圆》的原创文章，揭开本次活动的序幕。文章介绍了活动主题，发布了活动主标识，说明了活动进程。为激励用户转发扩散吸引更多关注，文章以铁路周边文创产品作为留言点赞高者的参与奖品，鼓励用户在评论区讲述自己与铁路的故事。同时做好了跨平台引流工作，吸引用户前往微博带话题"坐高铁拍月亮"发布互动内容。随后四天，国

铁集团官方账号在微信、微博平台保持每日更新频率，同央视新闻高效协作，发布了包括 8 天的线路图高清海报、与央视名嘴共乘高铁游中国的邀请函视频在内的多类型高质量活动物料，受到了公众广泛且热烈的关注。

2. 进行期：如火如荼，积极互动导流

10 月 1—8 日是主题宣传活动如火如荼进行的核心期，中央地方媒体联动、网上网下贯通，加诸高质量融媒体报道发布、高频率话题引导互动共同促使"坐着高铁看中国"成为公众热议话题。8 天的直播过程中，新颖的融媒体报道形式吸引了大量年轻用户的关注。慢直播的方式契合了长假松散惬意的生活节奏，丰富多样的旅行线路选择、高清晰度的美景航拍及真实的旅客见闻纪实满足了观众"云旅游"的想象。同时，直播中邀请同线路相关的公众人物共游也一定程度上提升了活动关注度，如哈大高铁线上，黑龙江籍央视记者顾国宁与辽宁籍脱口秀演员李雪琴率领一众老乡组成"哈大高铁探亲团"，唠嗑看景共赏东北风光。此外，直播中的诸多巧思也引发网友热议。如每期直播必有"当回高铁司机 90 秒第一视角"的环节，沉浸式感受中国高铁速度的体验新奇有趣；再如"数一数贵广高铁三分钟能穿多少个隧道"的趣味问答、关于火车站随处可见的安全保障设施的介绍、高原之旅出发前该做何准备的讲解等。直播内容的丰富有趣为精华素材的创作剪辑打下了基础，这也是直播之外相关话题依然热度不减的重要原因所在。

3. 回顾期：趁热打铁，主动引导定调

10 月 8—30 日是主题宣传活动趁热打铁的回顾期，这一阶段以记者后记、综述评论、回顾集锦为主要报道内容。在活动余温未散之时，在观众记忆高位主动引

导定调是本次活动取得良好正面宣传效果的重要举措。10月8日是系列节目的收官之日，8路记者云连线讲述自己的"旅程"心里话作为节目"彩蛋"最后进行。记者以个人视角讲述相对私人的情感体验，拉近了同观众之间的距离，也使得其观点，如"在旅程中真的感受到社会经济复苏的全面启动"等，更能收获高度的情感认同。10月9日，新华社发文《行进中读懂山河无恙，奋斗中实现家国梦圆》评论称"坐着高铁看中国，人们看到的不只是祖国的壮美河山，也是经济复苏的勃勃生机、政通人和的气象万千，更是一次读懂山河何以无恙的豪迈旅程。"同日，央视新闻发布热评《坐着高铁看中国，看的是中国人热气腾腾的生活》，盘点了直播中的多个细节，指出通过直播镜头"看到了久违的春运般的高铁客流，看到了疫情防控常态化下复苏中的中国，宽广美丽的土地上不仅有一路向前奔跑的中国速度，还有中国人集体散发出的热气腾腾的生活气息。"随后几日，系列节目的8分钟高燃版、90秒美景浓缩精华版、高铁冷知识混剪版层出不穷，围绕宣传活动的讨论因而久久不息。此外，10月30日，国铁集团与专注地理的科普自媒体"星球研究所"合作发布作为主题宣传活动作品的《特辑：坐着高铁看中国！》，以极具审美的摄影作品展示八纵八横的铁路沿线自然、人文地理风光，紧扣"坐着高铁看中国"的活动主题，使观众在惊叹中国之美的同时再次油然而生自豪与荣耀之感。

三、传播亮点

1. 多家媒体齐发力，传播声量大

"坐着高铁看中国"主题宣传活动由中央广播电视总台、中国国家铁路集团有限公司联合澎湃新闻、现代快报、南方都市报等多家媒体推出，实现了中央地方媒体联动，网上网下贯通。主流媒体领衔，各家媒体依托自身优势共同发力，使得主题活动声势浩大，在各传播渠道都享有一定传播优势。现代快报打造高铁直播间，为每条线路招募5位网友成为主播，邀请网友带上一件与己相关的特产登上高铁直播间，和大家一起看美景、说美食，C位出道。南方都市报以一组直播方式邀请观众体验一纵一横两条贯通广东的"大动脉"开启一段特殊的旅程——坐厦深铁路、江湛铁路，看粤东粤西大发展；坐京广高铁，记录广东援鄂医疗队员重返武汉的感人瞬间。澎湃新闻邀请观众以Vlog的方式记录"我和高铁的故事"，捕捉旅

途动人瞬间。央视新闻以记者沿线直播的方式听旅客、网友、群众、嘉宾讲述与高铁相关的点滴故事，用镜头巡礼"十三五"看国内大循环、长三角一体化、脱贫攻坚、环境大保护等国家战略与发展成就。"坐着高铁看中国"，透过 8 天 8 线，一个跃动激情的中国和千千万万个奋斗的人生精彩呈现，在列车行进之中读懂中国，记录中国之美。

2. 多种产品争斗艳，传播影响广

作为大型融媒体报道作品，"坐着高铁看中国"主题宣传活动运用了直播报道、纪实故事、景观航拍、数据描述、大小屏融合等多种报道呈现形式，并在社交平台开发推广"开高铁"的 H5 互动游戏。多种类型的融媒产品争奇斗艳，质量上乘、审美趣味高、媒介适应性强、传播影响广泛，是当前传播环境中一次颇为成功的新闻生产实践。取得良好的传播效果，首先新闻内容本身极具吸引力。跟着记者云游中国，同赏天南海北的美景是传播技术加持下的赏心乐事。高清晰的海报与视频使得江山多娇的中国之美能够尽收眼底是广泛传播的前提保证。其次，丰富翔实的内容是传播引起共鸣，激发受众参与的关键介质。穿插于美景中的地理知识、生活常识、旅途见识，辅之以专业的数据可视化说明、生动的动画演示，让观众看到不只眼前的诗和远方，更有其后折射的历史变迁与发展蓝图。最后，主动引导观众加入宣传主题的传播活动，是进一步扩大传播影响的重要手段。主题宣传报道期间，央视新闻微博账号为每条相关微博打上相应标签如"坐着高铁看中国""我的高铁时光""十一随手拍"，鼓励用户参与话题讨论。同时，为具有趣味性、话题性的直播片段打上内容向的话题标签，如"有 7 本火车驾照的司机被科目二难住了""世界首座高铁跨海大桥在福建""为什么高铁座位号没有 E"等。

3. 多个细节暖人心，传播效果佳

在疫情形势渐趋平稳的首个国庆长假，直播中展现出的许多细节温暖人心，弹幕评论区情感倾向积极，相关报道评论反馈正向，传播效果佳。系列宣传活动首日安排了分别从北京、广州出发的两列高铁相向而行在武汉相聚，这样的细心安排，寓意不言而喻。2020 年的武汉，是中国的痛点，也是中国的骄傲。武汉火车站里一场不期而至的"快闪"使无数网友泪目：包括"人民英雄"张定宇在内的人们噙着热泪挥舞着国旗，共同唱响《我和我的祖国》，致敬每个"为武汉拼过命"的人，

致敬英雄的城市，致敬我们的祖国。随着主持人的介绍，网友们看到黄鹤楼、长江大桥都恢复了往日熙熙攘攘的生机，切实体会到了"苏醒"这个词放在武汉身上时的贴切。坐着高铁一路行进，呼啸的列车迸发前进的力量，3万多千米高铁线路记录奋斗的轨迹。高铁飞驰，涌动的正是中国精神、中国力量。镜头捕捉了许多普通旅客的出行日常，比如蹦跳着喊"我要去迪士尼"的小女孩，第一次带妈妈坐高铁称"她开心我就觉得很值"的年轻人，眼含笑意说出"家人在一块儿就是幸福"的孕妇乘客……打动屏幕前观众的，是壮美锦绣河山，更是人们涌动着的善意温暖。祥和与安宁、岁月静好的幸福之感在2020这个不平凡之年显得格外来之不易，温暖坚定的声音更显凝心聚力之效。

案例亮点

一是巧思细节，用全局思维布局策划。 主题宣传属于策划类新闻事件，用全局思维布局传播活动把握传播节奏有助于有的放矢更高效实现传播目的，巧思细节靶向受众情感及认知需求则有助于事半功倍地精准实现传播效果。直播的流畅一方面依靠专业媒体的素养支持，另一方面也依赖于场景布局的后勤全方位保障。国铁集团在此次活动中与央视新闻通力合作，在线路的斟酌选择、场景的布置优化、服务的流程安排上充满巧思，兢兢业业服务国家基础设施建设发展的国铁集团获得普遍好评。如以京张线回望百年来时路，见证当前智能化高铁新成就，放眼未来冬奥盛况，用一条高铁线的历史脉络管窥中国的复兴发展之路。此外，国铁集团在预热、进行、回顾三个阶段把握宣传节奏方面表现依然可圈可点，原创和转载兼具，发布和互动并行。

二是注重互动，用对话意识指导实践。 融媒体宣传依托融媒体技术手段，但核心思维依然是人。注重同用户的互动，调动用户的积极性，用对话意识指导报道实践是融媒体作品取得良好传播效果的关键。系列报道中，自活动发布征集开始，国铁集团便邀请网友讲述高铁故事、分享月亮照片，并以铁路文创产品为激励，鼓励用户转发集赞，提升了传播效力。对话意识的深层含义是将用户视作平等的沟通对象，意味着用平实的语言真诚沟通。活动采用直播为主要形式，记者能够同弹幕实时互动交流，回答各类疑问，同时记者后记的分享也采用云连线的方式与观众交流。观看体验拉近了屏幕两端的距离，用户陪伴感、亲近感、认同度随之增强。以高铁司机视角的机位直播也是注重互动的特点体现，这一新奇的后台视角披露引发了观众的好奇与关注。

三是善用平台，用辩证眼光看待流量。长假期间，上亿人次乘坐高铁出行，飞驰出"中国速度"。高铁，是记录中国社会流动、中国发展变迁的重要载体。然而在一众专业媒体的拥簇下，国铁集团此次的传播表现略显局促，具体体现在其平台账号不全、原创内容较少、媒介适应不强、用户黏性较弱等方面。活动发布期间，国铁集团以微信、微博为主要平台，内容以转载主流媒体平台已发布信息为主。由于央视新闻已具备庞大的受众基础，转载相关讯息的信息增量和覆盖人群有效性存疑。用辩证眼光看待流量，高关注伴随高风险但也伴随着高收益。国铁集团作为一个与普通居民日常生活息息相关的国有企业，大可大胆一点发掘自身优势特色，在各个平台建立自有账号，借鉴此次传播活动中的优秀经验，培养一批中铁传播人才，扶植一批分支机构账号。

中国航天

天问探火，逐梦苍穹

——打造新时代宣传典范

2020年7月23日，天问一号火星探测器成功发射，并于2021年5月15日在火星着陆，实现了我国首次地外行星着陆，第一次在火星上留下了属于中国的印迹。天问一号任务的圆满成功也标志着中国在深空探测领域进入了世界先进行列。

在此期间，中国航天科技集团有限公司（简称中国航天）的宣传团队通过现场直播、持续追踪、活动策划、价值引领等多种形式引发了全社会对天问一号热烈且持续的关注，讲好中国航天故事，带领全社会一起更好地了解航天事业发展成果，学习航天精神，在全面建设航天强国的新征程上迈出了坚实的一步。

▶▶ 基本情况

一、事件概况

天问一号是由中国航天下属中国空间技术研究院抓总研制的探测器，负责执行中国第一次火星探测任务。2020年7月23日，天问一号于文昌航天发射场由长征五号遥四运载火箭发射升空，成功进入预定轨道。2021年2月10日，天问一号进入环绕火星轨道。对预选着陆区进行了3个月的详查后，于2021年5月15日成功实现在火星表面软着陆。

天问一号在火星上首次留下中国印迹，首次实现通过一次任务完成火星环绕、着陆和巡视三大目标，对火星的表面形貌、土壤特性、物质成分、水冰、大气、电离层、磁场等进行科学探测，实现了中国在深空探测领域的技术跨越而进入世界先进行列。

二、传播情况

天问一号探火工程从火箭发射，再到着陆火星，前后历时 11 个月。中国航天科技集团在新闻传播中，抓住和制造了多个天上、地下时间节点，全力做好品牌宣传。

1. 全网直播发射盛况，抓好网络二次传播

作为中国行星探测任务的开篇，天问一号的发射受到举国上下的关注。中央广播电视总台对发射全过程进行了直播，新华社、人民网、共青团中央等多家权威主流媒体平台（账号）也先后以文字、视频等形式进行了报道。

同时，中国航天科技集团与淘宝网进行合作，联合搭建了中国火星探测工程淘宝直播间。火箭发射期间，直播观看人数达到 30 万人次。在发射中，宣传方甚至还在电影院包下了一个影厅，将火箭发射的直播实况搬上大银幕，邀请三十多位航天爱好者一起见证天问一号的成功发射，制造了颇具新意的网络话题。

发射成功的喜讯在网上形成了极高的热度。与之前的"嫦娥""神舟"系列相比，中国航天第一次冲出了地月系，走向了太阳系，这无疑又是一次重要的突破。据《"天问一号"搜索大数据报告》显示，在天问一号成功发射后的一小时内，相关内容的搜索热度就飙升1560%。其实，自4月24日天问一号任务发布以来，"天问一号什么时候发射""天问一号什么时候到达火星""天问一号的名字有什么含义"等问题就频频被网民搜索，网民对中国首次火星之旅的关切与好奇可见一斑。

央视新闻等媒体还将天问一号发射过程中的最激动人心的瞬间进行了剪辑和加工，**并在视频中加入了震动功能。** 短视频的形式迅速放大了其在互联网上的二次传播，而通过手机端观看视频的用户还能够通过手机节奏感的震动与火箭"同频共振"，从而更加沉浸于火箭发射时的震撼。刷屏弹幕中齐刷刷的"我们的征途是星辰大海""飞""起飞""加油"等文字，也展现出网友们溢于言表的自豪感。

2. 科普"天问"节点时刻，保持话题长期热度

在这方面，中国航天的思路非常巧妙。首先是持续关注天问一号在途中的情况，对于天问一号的"里程碑时刻"进行报道。2020 年 10 月—2021 年 1 月，天问一号团队先后发布了"天问一号探测器完成深空机动，飞行里程突破 2 亿千米""天问一号飞行里程突破 3 亿千米""天问一号距离地球超过 1 亿千米""天问一号下月飞抵环火轨道，飞行里程已超 4 亿千米"等多条消息，以基本上每月一次的频率定期面向公众发布，及时回应社会关切，从而始终保持着较高的社会关注度。此外，如此庞大的天文数字也能够给人带来巨大且直观的震撼，这也印证了中国航天探测技术已经进入了一个非常成熟的阶段：即便是距离地面一亿千米之外，航天中心依然能够和天问一号保持良好的联系。

在历经了近 10 个月的等待之后，天问一号于终于迎来了着陆的考验。在直播的过程中，中央广播电视总台也非常重视平台的作用，选择与抖音合作，通过 @央视新闻进行了全程直播。据统计，123 万网友在线上共同见证了天问一号的顺利着陆。

3. 结合地面重大事件，巧妙拉进"天地"距离

天问一号空间旅行期间，工程宣传工作团队还积极结合重要的时间节点与社会热点积极开展活动，不断创造新的传播话题。在 2020 年国庆节期间，国家航天局发布了天问一号的深空自拍，在太空中完成了"我和国旗合个影"。微博话题"天问一号首次深空自拍"和"天问一号深空自拍如何实现"分别获得了 2.5 亿次和 1181.4 万次的阅读量，并借此机会完成了探测器深空摄影原理的科普。

2022 年 2 月 4 日北京冬奥会开幕，工程宣传工作团队颇具巧思，让祝融号火星车在出发之前就将冬奥会吉祥物"冰墩墩"和"雪容融"一起带上了火星。@天问一号祝融火星车不仅提前半年进行了彩蛋预热，还在开幕当天通过微博正式遥祝北京冬奥会，完成了万里之外的"梦幻联动"，网友也被中国航天人的可爱和浪漫感动。

案例亮点

一是制造话题，保持关注热度。 从天问一号发射到成功着陆期间，宣传工作团

队不断推动媒体事件，营造全民参与氛围。其中最具传播力的活动，当属火星车全球征名。

天问一号成功发射之后，第一时间推出的"火星车全球征名"活动就吸引了来自 38 个国家和地区的将近 140 万人参与，总计收到了 39808 个有效提名。

这种"为火星车征名"的方式对于扩散火星探测任务的影响力有着非常大的促进，能够最大程度地让公众融入和参与。尤其是在社交媒体时代，智能手机的大规模普及使得普通百姓也可以非常方便地进行提名，并且在评论区发表自己的看法，极大程度地提高了公众的参与感。

在微博上，话题"中国火星车全球征名"阅读总次数 3 亿，讨论次数 2 万；话题"中国首辆火星车等你起名"阅读总次数达 1.3 亿，讨论次数 4.5 万。作为中国火星探测工程的合作方，本次征名活动由百度 App 主持发起，由 @ 百度发布的征名微博得到了 975 次转发、8006 条评论和 3.2 万的点赞，足以说明网民对火星车征名活动这一事件有着极高的关注度。

一石激起千层浪，征名在评论区也引发了连锁反应，网友丰富的创意层出不穷，优秀的候选名字也立刻得到了更多人的呼应和支持。除了"玩梗"的评论"敢探号"（谐音"感叹号"）之外，评论区热度最高的便是"祝融号"。又有很多网友对于这条主评论表示了赞同，指出了"祝融"这个名字背后的文化内涵。

9个月之后，在2021年4月24日中国航天日开幕启动仪式上，中国首辆火星车的名称终于正式定名为"祝融"。在中国传统文化中，祝融被尊为最早的火神，象征着我们的祖先用火照耀大地，带来光明。将首辆火星车命名为"祝融"，也寓意点燃我国星际探测的火种，指引人类对浩瀚星空、宇宙未知的接续探索和自我超越，"祝融"的成功当选也是众望所归。

本次征名活动的传播效果进一步向外延伸，成为中华优秀传统文化的线上课堂，通过这种方式不仅提高了火星探测任务的关注度，也进一步加强了网民对中华文化的认同感，坚定了文化自信。

其实，中国在航天器命名方面一直非常富有深意，而我国几千年传承下来的优秀传统文化则成为取之不尽用之不竭的宝库：探月工程"嫦娥"、中国空间站"天宫"、中继卫星"鹊桥"、暗物质粒子探测卫星"悟空"、全球卫星导航系统"北斗"……这些充满想象力的命名都展现出了中国人丰富的文化底蕴和浪漫主义情怀，而且也便于公众记忆，形成广泛的讨论。"祝融"这个名字一以贯之，与我国其他航天器的命名一脉相承，帮助尖端科技和传统文化巧妙地完成了融合。

在中国航天宣传团队的精心策划和共同努力之下，这次火星车征名活动成为一项成功的传播案例，吸引了全社会对于火星探测任务的兴趣和关注，形成了热烈讨论的氛围。

二是注册账号，拟人互动传播。在天问一号成功登陆火星当天，宣传工作团队同步在哔哩哔哩和微博等平台注册"天问一号祝融火星车"自媒体账号，以祝融号第一人称的口吻，用活泼生动的语言向对外发布。

这种新颖的形式和可爱的风格立刻得到了网友的喜爱，@ 天问一号祝融火星车的第一条微博就收获了3.1万转发、1.4万评论和28.1万的点赞量。通过这种形式，网友们也乐于和"远在火星"的祝融号亲切互动。

三是轻快灵动，营造轻松氛围。在传播中，宣传工作团队还特别关注了"火星文"这一网络亚文化话题，引发网友热烈关注。

"火星文"是一种曾经红极一时的互联网文化，通常由符号、冷僻字或汉字拆分后的部分等非正规化文字符号组合而成。因为这种文字地球人看不懂，所以被戏称为"火星文"。随着互联网文化的不断发展迭代，"火星文"作为一种亚文化已经稍显式微，没想到因为本次探火工程再次进入主流视野。

工程期间，首先是 @ 共青团中央出现在评论区主动与祝融号亲切互动，带头使用了"火星文"进行交流："迩好⊗煋锝朋芨們，請問這鯉軻以種寀鎷？（你好火星的朋友们，请问这里可以种菜吗？）" @ 天问一号祝融火星车 也欣然以火星文回答："ぷ榭榭大鎵關心ぷ（谢谢大家关心）"。

这样幽默诙谐的表达迅速获得了年轻人的喜爱，更是引来了大量网友的争相效仿。在微博评论区当中，很多微博用户都开始用"火星文"与祝融号交流互动。

宣传工作团队巧妙地抓住了"火星探测"与"火星文"之间的联系，对于网络语言的熟练运用无疑会激起年轻网民的认同和参与，对天问一号和祝融号火星车产生了更多亲切之感，也自然推动了事件影响力在年轻群体中的进一步深入传播。

期间，宣传工作团队还趁热打铁，陆续推出了一系列的新媒体产品。其中"我们的太空"新媒体中心与知名歌唱家腾格尔合作推出了歌曲《天问》。曾以富有草原风情的民族唱法而闻名的腾格尔，近几年因翻唱《隐形的翅膀》《卡路里》《日不落》等流行歌曲而再度走红。邀请腾格尔作为演唱嘉宾，一是腾格尔草原唱法的辽阔感沧桑感与宇宙探索本就气质相符，二是腾格尔的成功"破圈"也让他在年轻人群体当中广受欢迎。

四是小中见大，传递航天精神。天问一号成功着陆火星之后，在北京航天飞行控制中心现场，天问一号探测器系统总设计师孙泽洲与探测器系统总指挥赫荣伟紧紧相拥，火星探测任务工程总设计师张荣桥激动落泪。中国航天的宣发团队在第一时间通过照片和视频记录下了航天人们的激动心情。

这种极富现场感的形式极大程度上感染了广大网友，获得了良好的传播反馈。这些感人瞬间一经发布就在互联网上广泛流传，收获了网友的关注和大量讨论，网友在评论区纷纷向中国航天人致敬。同时媒体趁热打铁，继续深挖背后的故事，展现出了中国航天人不为人知的一面。网友们也被航天人的真情流露打动，在主流媒体的积极引导下，通过点赞转发评论来表达自己对航天人的支持。

在正能量氛围的带动之下，还有网友主动在评论区向已故的万卫星院士表达哀思，充分说明了在媒体正面引导之下，"向航天人致敬"已经成为网友的某种行动自觉。

综上所述，天问一号在传播中主动求新谋变，拥抱互联网思维，通过与腾格尔合作、拟人化运营、"火星文"，以及深空自拍、携带"冰墩墩""雪容融"上火星等方式，结合重要时间节点和社会热点事件主动进行议程设置，积极引导网民关注和舆论走向。同时，还通过积极发掘商业化平台资源，与淘宝直播、哔哩哔哩、百度、抖音等平台达成了合作协议，传统媒体和互联网平台两方面双管齐下，最大程度提升了自身的传播力和影响力，极大增强了航天科技集团与年轻人之间的连接感和亲密感。

中国海油

挺进深海的国之重器，如何挺进国人心中
—— "深海一号"能源站的高质量策划报道

2021 年 2 月 6 日，由我国自主研发建造的全球首座十万吨级深水半潜式生产储油平台——"深海一号"能源站顺利抵达海南陵水海域，开启海上工作，标志着我国首个 1500 米自营深水大气田向正式投产又迈出了关键一步。

"深海一号"彰显了"中国速度"和"中国精度"，创造了国际海洋工程建设领域的新纪录。各大主流媒体纷纷对其进行报道。在这一过程里，中国海洋石油集团有限公司（简称中国海油）积极策划、主动宣传，提供了大量优秀传播素材，将大国重器的形象塑造贯穿于项目建设全过程，受到社会各界的广泛关注。

作为"上天入海"的重大工程之一，"深海一号"不仅标志着中国海洋石油集团有限公司的奋斗硕果，更承载着国家在重大科技创新方面的进步与腾飞，成为大国形象的代表之一。挺进深海，创造的不只是新的中国深度，更是一个属于中国人的新未来。正因如此，关于"深海一号"的宣传案例也具有了更典型的参考意义。

▶▶ 基本情况

一、事件过程

"深海一号"大气田是中国自主开发的首个 1500 米深水大气田，也是中国自主发现的平均水深最深、勘探开发难度最大的海上深水气田。2014 年，中国海油在琼东南盆地成功钻获"深海一号"超深水大气田。2021 年 1 月 24 日，"深海一号"日产天然气 1000 万立方米，提前达到设计产量峰值，具备了每年产气 30 亿立方米的能力，标志着中国海洋石油工业全面掌握超深水气田的生产运维完整技术体系，同时也将成为海南自贸港、粤港澳大湾区能源保供的重要保障和南海万亿方大气区的"桥头堡"。

在开发过程中，项目组创新设计了全球首座十万吨级深水半潜式生产储油平

台——"深海一号"能源站，实现了 3 项世界首创技术以及 13 项国内首创技术，带领中国海洋石油勘探开发能力全面进入 1500 米超深水时代。"深海一号"大气田生产采用的大量先进技术和设备在国内属首次应用，在缺少直接可借鉴经验的情况下，中国海油现场作业团队持续探索，深入攻关，解决了一系列深度调试过程中出现的问题，最终总结出一套适用于深水气田的生产处理设备调试方案，为气田产能持续攀升奠定了基础。

能源站运用了 13 项国内首创科技，被誉为迄今我国相关领域技术集大成之作，填补了我国全海洋无人无缆潜水器 AUV 技术与装备空白。2021 年 6 月 25 日上午 10 时，"深海一号"西区投产通气。2021 年 9 月 7 日，随着东区最后一口生产井成功开井，中国首个自营 1500 米深水大气田"深海一号"实现全面投产。

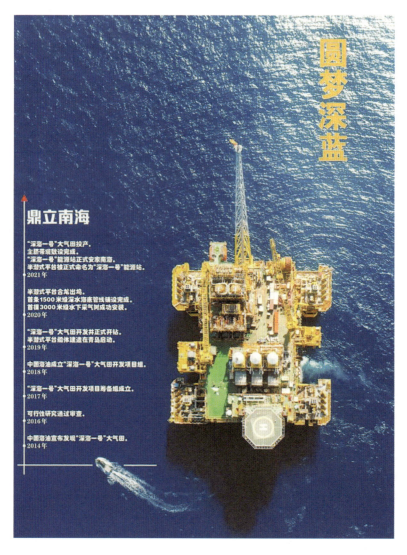

2022年4月10日，习近平总书记在海南考察期间，视频连线了"深海一号"作业平台，作出重要指示。"深海一号"的建设、交付以及最终投产，对于我国海洋石油工业具有划时代的里程碑意义。它不仅标志着我国深水油气田开发能力和深水海洋工程装备建造水平取得重大突破，还对提升我国海洋资源开发能力、保障国家能源安全、支撑海洋强国战略具有重要的意义。

"深海一号"成功投产的背后，是5000多名建设者7年的默默付出与奋战。为实现"用自己的装备，开发自己的能源"这个朴素的愿望，"深海一号"建设者一次次勇敢地立上潮头，于无尽的深海突破，向世界证明，即便深远如大海，也无法阻止中国人抵达的脚步。

二、传播情况

中国海油通过中央主流媒体、行业媒体等持续刊发系列报道、专题报道等深度报道，彰显"深海一号"的意义。充分调动内外部资源，积极主动与媒体沟通，组织召开了3次媒体沟通会，请公司内部专家充分向各类媒体宣传介绍"深海一号"，同时在"深海一号"建设过程中邀请媒体进行12次现场采访，使"深海一号"的新闻价值得到广泛认同。

同时，中国海油顺应当下直播和移动为王的传播趋势，借助视频新闻报道的震撼力与画面感，对气田投产进行大小屏直播，并制作发布以"深海一号"为主题的新媒体推送近百篇，在两微一端、抖音快手、视频号等多个平台分发，扩展"深海一号"的传播广度。

在项目刚启动阶段，"深海一号"原名为"陵水17‐2"。但对于受众而言，要知道"陵水"和"17‐2"都代表什么，是需一定相关知识储备的，而且这个名字除了地名之外，没有任何寓意和美感。接下来的过程中，中国海油将"陵水17‐2"这一专业命名更改为简洁直观的"深海一号"，突出了"深海""第一"等特点，好提好记、朗朗上口，便于人们理解，在传播中起到了十分关键的作用。

而在投产前，中国海油以中国工程院年会召开和"世界海洋日"主题活动为契机，邀请中国工程院院士及海洋人物代表走进"深海一号"，保持宣传热度，为正式投产营造良好氛围。

到投产阶段，创新性地与央视联合策划开展"深海一号"投产直播，连续3天在央视播出了6档新闻直播节目，3天累计播出视频超百条，形成了一波宣传高潮。

三、传播反馈

德国心理学家艾宾浩斯曾提出"遗忘曲线"，提出信息在经过注意或学习后会成为人的短时记忆，但是如果及时复习，这些记住的东西就会遗忘，而经过及时的复习后，这些短时的记忆就会成为人的一种长时的记忆，从而在大脑中保存很长时间。针对人记忆的这一特点，从建造完工、成功合龙，到交付启航、到达既定海域、机械完工等各个阶段，都有反复的宣传报道以强化公众对于"深海一号"的印象，树立品牌形象，积累受众口碑。

遵循人们的记忆规律，"深海一号"的相关宣传形成了一种惯性，给受众留下深刻印象，传播效果呈指数级量增。截至 2022 年 4 月，"深海一号"已实现 16 次登上央视《新闻联播》，3 次登上人民日报头版，6 次被新华社作为全系统通稿播发，累计媒体报道量达 2 万余篇次，并在庆祝中国共产党成立 100 周年前夕连续 3 天在央视分时段直播。"深海一号"投产成功入选央视"2021 年十大国内科技新闻"，"深海一号"能源站获评央企十大国之重器。

另外，中国海油对"深海一号"气田投产进行的大小屏直播观看量近千万，在两微一端、抖音快手、视频号等多个平台分发的内容阅读量超过了 5000 万，在新媒体平台也取得了不俗的传播效果。

案例亮点

一是早谋划、早部署、早行动，高质量设置议程。为了抓住"深海一号"投产的契机，做好这一重大工程的主题宣传，中国海油提前一年谋划宣传方案，运筹宣传资源，用充分策划来做好前期铺垫、预热、高潮和延续宣传，做到了早谋划、早部署、早行动。

为了更高质量地设置好"深海一号"项目的宣传议程，中国海油成立了由宣传工作部牵头，项目组、业务部门、新闻中心和相关单位组成的宣传报道组，建立工作机制，定期召开联席会议，明确任务分工，加强协作，使整个宣传在人力、物力、财力各方面都得到有效保障。尤其是在海上人员定额十分紧张的情况下，通力协调，保障宣传人员不缺席重要节点。

作为素材供给方，中国海油前期积累无人机航拍、延时、采访、动画等各类视频素材超 20T，完成 15 个科普片、1 部专题片的策划制作，采访 600 余人，编辑出版一本报告文学；拍摄并精选照片 300 张，出版一本全景画册。在扎实完备的策划之下，这些素材全方位、多角度、立体化展现"深海一号"气田的开采过程，实现"重要节点有聚焦、项目流程全覆盖"的工作目标，留下大量不可多得的宝贵历史影像，为后续宣传奠定了坚实基础。

二是新闻、科普、人物与专题四管齐下。除重大时刻的新闻宣传之外，科普也是"深海一号"相关报道的重点之一。央视、哔哩哔哩、官微、视频号等平台推出多条科普视频，创新话语方式，使用"30 年不回坞""3 项世界首创"等传播标签，以及"机器岛"、7 座埃菲尔铁塔的用钢量等形象生动的类比，将原本专业晦涩的术语进行转换，对"深海一号"所应用的多项"黑科技"进行科普，摆脱了生硬说教，通俗易懂，获得大量关注。

报道不仅重视宏观展现，也关注海洋石油工人的衣、食、住、行、工作等，增强了趣味性。关注气田投产背后的典型人物，对水下飞行员、深海一姐、安全员等人物进行采访报道，以小见大，让宣传更有温度。此外，还推出了诸如央视《超级装备》《新闻 1+1》、东方卫视《未来邀请函》、海南卫视《潮起海之南》等多个纪录片和专题节目，挖掘投产背后的故事。新闻、科普、人物与专题四管齐下，让宣传兼具广度与深度，既有科学价值又有人情味，既增进了受众对"深海一号"的理解，又能引发公众共鸣。

《超级装备》第二季 第1集：深海一号能够保持相对稳定状态的秘密

（原视频请扫描二维码观看）

三是巧用多种融媒体形式，打出传统媒体与新媒体的组合拳。报道启动后，前方记者全面采集文字、图片、视频等丰富资讯，后方编辑团队精心制作全媒体产品。所有新闻作品，都做到融媒表达，即运用文字、图片、音频、视频等多种媒介表达内容，最大限度满足受众的多种阅读习惯和信息接收方式。

　　而在全媒体报道中，作品的创意尤其重要。在双十一临近之际，微博账号 @ 国资小新发布了一条"挑战全网 # 最硬核的国货购物车 #，样样都是无价之宝"的内容，"深海一号"赫然位列"购物车"之中，这样的报道方式巧妙借用时下热点，配合抽奖等活动，微博用户在轻松的氛围里油然而生一种为国自豪的感觉，传播热度和情绪都得到了充分调动。

　　为揭秘"深海一号"如何扎根海上，记者用麻绳、纸片做了手工式科普，拍摄成短视频，在中国海油官微投放。因其形象简单易懂，发布后被海油员工大量转发、刷屏，成为朋友圈的"爆款"。可见这样的创新表达更能吸引受众的眼球，提升其接受度。

　　在报纸、官微、视频新闻、抖音号、视频号等各媒体平台合力推动下，受众获取相关信息的途径更加多元便捷，满足了分众化、差异化的传播需求，最终实现了"深海一号"的全媒体、全方位报道。

四是小切口、大主题，把握时代脉搏，拔高宣传立意。 全媒体时代，"微"已成为主流媒体报道重大主题话语实践的核心逻辑。"深海一号"的系列新闻报道努力做到了以小切口反映大主题。参与"深海一号"建成投产报道的记者深入一线，将宏大的叙事与细致的讲述有机融合，看到具体的个体如何在"深海一号"建设的热土上发光发热，如何为保障国家能源安全扛起属于当代青年的责任担当，真正实现故事化、细节化、生活化，令新闻报道变得分外动人。

"深海一号"的宣传主要围绕三方面进行了立意：一是展现南海深水油气开发对于保障国家能源安全、加快构建新发展格局的重大贡献；二是展现海洋石油工业领域科技自立自强、加快关键核心技术攻关的责任担当；三是展现石油精神和海油精神在海上一线的生动实践。

三方面立意的提炼既结合项目本身，又紧扣习近平总书记提出的"四个革命、一个合作"能源安全新战略、实现高水平科技自立自强等重要论述，凸显出这一工程的重要性，精准地把握住了时代发展的脉搏。根据立意的指引，报道充分展示了中国海油员工"我为祖国献石油"的责任与使命，凸显了中国海油作为国资央企在经济领域为党工作、全力能源报国的践行与担当，在内容上弘扬了主旋律，传递了正能量。

总之，在前瞻性思维和专业化手段的相互配合下，中国海油高质量策划了"深海一号"的系列报道，凝聚了内外宣传合力。"深海一号"通过传统媒体和新媒体等多平台、多渠道在受众面前亮相，取得了"聚光灯效应"，进而充分展现了中国海油在经济领域为党工作、全力能源报国的践行与担当，树立了企业良好的形象，为企业更好发展营造了积极正向的舆论氛围。

中国海油及其所属媒体站在时代精神的高度深刻认识到了"深海一号"建成投产的重大意义与报道价值，从立意上就做到了高站位，深谋划。在具体的新闻实践中，则创新融合表达的方式，以小切口反映大主题，顺应当下全媒体日趋发展的潮流，成功收获了不俗的传播效果和社会反馈。

通过"深海一号"这次重大项目的成功宣传，既在全社会讲好了海油人碧海丹心、能源报国的生动故事，传播了中国海油勇担责任、勇于创新的良好形象，又成为海油宣传团队的一次大练兵，提升了宣传队伍宣传策划、宣传产品制作、资源统筹等能力，为今后更好地做好企业宣传奠定了坚实基础。

中国能建

科幻大片！新疆哈密 14500 面定日镜
"追光"发电

——正能量传播展现大国重器

2021 年 6 月 18 日，中国能源建设集团有限公司（简称中国能建）在新疆哈密的 50 兆瓦熔盐塔式光热发电项目，实现夜间无光稳定并网发电，标志着哈密光热项目正式开启"24 小时不间断发电"模式。

6 月 22 日，新华社以《新疆哈密：壮观！14500 面定日镜"追光"发电》为题，视频报道这一盛景。随后，澎湃新闻、北京日报、中国网、京报网、优酷网等多家媒体转发报道，观察者网独家深入详细报道，网友反应热烈。

中国能建潜心建设这一国家重点工程，以专业的态度、生动的表达，让"高大上"的光热项目被寻常百姓认知、理解，并通过持续的宣传推动，将这一工程打造为央企"大国重器"的宣传范本。

▶▶ 基本情况

一、工程介绍

中电工程哈密 50 兆瓦熔盐塔式光热发电项目（简称哈密光热发电项目）是国家批准的首批 20 个光热示范项目之一，也是新疆首个光热发电项目。就其外观而言，从空中俯瞰，像是一个巨大的"银色向日葵"。

整个项目由中国能建投资公司投资，项目建设过程中，中国能建投资公司带领参建各方克服了高温、酷暑、风沙、严寒、新冠疫情等不利因素影响，组建国内技术团队，成立国产化技术攻关小组，积极推进国产化调试方案，突破技术瓶颈，攻克熔盐管道和吸热器凝堵等难题，最终实现在夜间无光条件下利用日间储热并网发电。

该项目位于新疆哈密市伊吾县，地处天山东麓，这是中国日照时间最充裕的地区之一，全年光照时间可达到 3500 小时。白天通过太阳光将熔盐加热产生能量，再将能量储存起来，等到太阳落山光线不足时，熔盐储存的能量支持电站继续发电，从而达到 24 小时不间断供电，这也是哈密光热发电项目最大的优势。

项目建成后，预计每年可提供数亿千瓦时的清洁电力，它和风力发电、光伏发电等清洁能源项目组合成为哈密综合能源基地，改善新疆哈密地区能源结构，带动相关产业经济发展。

新疆哈密光热发电项目本身的成功落地，也有效填补了行业空白，提高了我国塔式光热电站的设计和应用水平，促进了行业科技进步，对国内外光热电站项目的有序良性发展提供了技术支持和宝贵的工程经验，关键技术成果被认定达到国际领先水平。

二、传播情况

1. 契机一：央视纪录片的特别报道

5 月 18 日，CCTV-2《大国重器》栏目通过《动力澎湃——绿色的动脉》纪录片，对中国能源建设集团投资＋设计＋建设＋调试运维的哈密 50 兆瓦熔盐塔式光热发电项目，进行了特别报道。

（原视频请扫描二维码观看）

5 月 19 日，国家太阳能光热产业技术创新战略联盟转发《央视〈大国重器〉特别报道哈密光热发电项目》一文，文章来源为央视财经。

5 月 20 日，中国能建同样以《央视〈大国重器〉特别报道哈密光热发电项目》为题，重点介绍了哈密光热发电项目的原理、作用等。

5 月 23 日，哈密政府网以《央视看上"哈密 50 兆瓦熔盐塔式光热发电项目"》为题，采用近似公众号推送的形式，介绍央视纪录片报道哈密光热发电项目。

2. 契机二：庆祝中国共产党成立 100 周年的巨型拼字和图案

2021 年 6 月 29 日，哈密光热发电站工作人员通过智能化编程，调动定日镜拼出"中国共产党万岁"等巨型文字，以及党徽等巨型图案，献礼中国共产党成立 100 周年。

6 月 30 日，东方网以《献礼建党 100 周年！新疆哈密光热电站巨型拼字送祝福【组图】》为题进行图文报道。矿材网、自媒体号"大象新闻"等各大媒体也以视频加文字的方式进行报道。

3. 契机三：新华社视频报道壮观景象

6 月 18 日，哈密光热发电项目实现夜间无光稳定并网发电，标志着哈密光热发电项目正式开启"24 小时不间断发电"模式。

6 月 20 日，中国能建以《24 小时不间断发电！哈密光热项目正式开启》为题，以哈密光热项目开启"24 小时不间断发电"模式为契机，介绍哈密光热项目。

6 月 22 日，新华社以《新疆哈密：壮观！14500 面定日镜"追光"发电》为题，视频报道了哈密光热项目运行时的壮观景象并进行相关介绍科普。

6 月 24 日，新华社在以 z 世代为主要用户群体的哔哩哔哩通过官方账号再次发布该视频，引发网友热烈讨论。

人民日报官方微博账号转发该视频，并在微博组织话题"新疆哈密 14500 面定日镜追光发电"，微博话题浏览量达千万，视频播放量数百万。

此外，北京日报、中国网、京报网、澎湃新闻、优酷网等多家传统、网络媒体都纷纷进行转载。

观察者网结合该视频的热度，对哈密光热项目进行独家深度报道，介绍哈密项目的优势。

在知乎平台，网友提出"新疆 14500 面定日镜追光发电，背后有哪些高科技？"的问题，数万人浏览，中国能建认真答复。

新疆 14500 面定日镜追光发电，背后有哪些高科技？

关注问题　　✎ 写回答　　⊕ 邀请回答　　💬 2 条评论　　➤ 分享　　…

登录后你可以
📋 不限量看优质回答　　💬 私信答主深度交流　　🐰 精彩内容一键收藏　　　登录

查看全部 11 个回答

中国能建 ✔
已认证帐号　　　　　　　　　　　　　　　　　　＋ 关注

🏆 向科学要答案 等 3 项收录 ﹀

377 人赞同了该回答

夏至，一年中白昼最长的一天

正午阳光下，立杆不见影，

三、传播反馈

1. 赞叹大国重器的震撼

在网友的反馈中，声音最大的是感叹光热发电项目带来的震撼。大家用"壮观""帅气""高级"等词称赞项目，形容其"未来感""科技感"满分，尤其是视频的实时弹幕中，满屏都是对于项目本身的赞叹。

除去感性的对项目本身的感叹，网友对该项目规模也不吝"世界第一"的赞美，言语间洋溢着对国家强盛的自豪。除此之外，中国对于保护环境的责任感也被网友大力赞扬。

2. 促进各民族团结融洽

该项目特殊的地理位置——新疆哈密，引发新疆地区网友的感慨万千。

一些新疆网友对比过去和现在，赞美光热发电项目大大提升了新疆的资源利用率。

 天际铁匠协会首席大师 [LV5]

我人在新疆，每次看到那大片大片戈壁滩，啥也种不了（盐碱地）心里烦的很，现在舒坦多了🐱🐱🐱

2021-06-24 12:35   👍 2944   👎   回复

一些新疆网友借此机会展望未来，希望能进一步利用好新疆的电。还有一些新疆网友在这里表白自己的家乡。

3. 粉碎西方谣言和污蔑

在微博和哔哩哔哩等平台，网友就"新疆问题"和"环保问题"两大西方对我国进行不实指控的问题，通过调侃的方式一一进行回击。

微博话题下，网友评论"中国在新疆建神秘基地'强迫'太阳劳动"，以幽默的方式讽刺西方污蔑中国的套路。

哔哩哔哩评论则聚焦于环保问题，猜测西方就环保问题对该项目又有哪些说辞。

4. 激起对行业知识的兴趣

在视频下，网友就光热发电专业问题进行探讨。

有网友看完视频后求助网友，询问镜面清洁原理，热心群众为其答疑解难。

有相关行业研究者主动出来做"科普者"，补充说明视频的相关知识。该评论获得数千赞，拥有求知欲的网友也纷纷跟其互动。

评论中，也有根据视频内容设计相关专业问题，网友积极分析"抢答"。

试分析该发电站的潜在负面影响：🐾
A 造成地面温度提升
B 易误伤飞鸟
C 破坏地表生态
D 加剧地区干旱
2021-06-24 11:57　👍 123　💬　回复

三句话骗队友18个大电 LV5　选（　）🐱
首先大西北隔壁上没那么多鸟，不会误伤飞鸟。
还有要清洗镜面，洗完镜面后的水会流到镜子下面可以使地面长出草带动副产业养
🐑，镜面也会适当的减少蒸发量，促进草的生长。😋
我们敦煌的光热发电站以及这样运行很多年了，而且比这个大🐱🐾
2021-06-24 12:37　👍 34　💬　回复

陆道人是也 LV5　占据土地面积大🥴😂
2021-06-24 12:42　👍　💬　回复

共27条回复，点击查看

案例亮点

新疆哈密光热项目视频达到百万播放，相关话题千万播放，这一"爆款"的背后，也离不开中国能建长期以来背后的精心策划。

一是顶层设计方面，中国能建依托国家重大战略政策，紧紧抓住国家战略优势。就项目本身而言，新疆哈密项目是一项极为特殊的项目，是国家批准的首批 20 个光热示范项目之一，也是新疆首个光热发电项目。在"双碳"目标的大背景下，促进新能源高质量发展无疑是国家的重大战略之一。作为新疆的首个光热发电项目，该项目有其"特殊性"与"优势"。

中国能建紧紧利用项目的特殊性，抓住三个契机进行传播。首先是央视纪录片的特别报道。5 月 18 日，哈密光热发电项目还未完全成熟，但央视纪录片《大国重器》栏目已在《动力澎湃——绿色的动脉》一集中对哈密光热项目进行介绍。中国能建借助央视的报道，图文宣传，并畅想项目的未来。其次是庆祝中国共产党成立 100 周年的特殊时间点。7 月 1 日前，中国能建工作人员精心策划，调动定日镜拼出"中国共产党万岁"以及党徽等巨型文字和图案，以一种浪漫的方式为

党"庆生"。最后是项目的特殊节点——正式开启"24小时不间断发电"模式。实现"24小时不间断发电"后，中国能建便在媒体平台上图文报道，新华社视频火爆后，中国能源又在知乎等社交媒体平台与网友互动。

从借助中央媒体点燃"星星之火"，到党的重要诞辰的"浪漫表白"，再到特殊项目的"重要节点"，中国能建以其敏锐的"政治嗅觉"，主动出击，推动传播。

二是整体定性方面，中国能建提取项目"关键词"，紧紧抓住传播点和吸引点。 外观上，新疆哈密项目的数万个"定日镜"必定带来"壮观""震撼"的视觉效果；内核上，光热发电、"24小时不间断发电"带来"科技感"和"环保"，中国能建紧紧围绕这两方面进行宣传。

在传播形式上，中国能建采用大量该项目图片和视频，带来直接的视觉冲击力。在传播表达上，"巨型""壮观"等出现于标题中，用文字进一步营造一种庞大的、让人震撼的氛围。这样的形象塑造也带来了良好的传播效果，人们在观看视频时、在评论区也纷纷表示非常"壮观"。

在传播内容上，就"科技"而言，中国能建致力于介绍项目原理与项目优势，如《央视〈大国重器〉特别报道哈密光热发电项目》一文便具体介绍了五边形巨蜥式定日镜和集热塔，并预计每年可提供的清洁电力。这样的内容一是感性上，引发网友"黑科技"的由衷赞叹；二是理性上，也引发网友对该项目"科技"知识的讨

论，乃至激起对能源行业的兴趣。就"环保"而言，在《24 小时不间断发电！哈密光热项目正式开启》一文中，介绍了项目全面投运后，每年可向电网提供清洁、稳定、可调的优质电量约 1.983 亿千瓦时，节约标准煤 6.19 万吨，对助力实现"双碳"目标具有重要意义。网友一边感叹"环保减排中国不是说说"，一边以此为武器，击碎西方的不实指控。

三是传播方式方面，中国能建不仅重视主流渠道的传播，也能兼顾"分众渠道"的传播。对于央企而言，人民日报、新华社、央视等中央性质的媒体平台无疑是极其重要的传播渠道，中国能建借助央视节目宣传、推动新华社相关视频的传播。在澎湃新闻等主流媒体平台，中国能建发布相关原创宣传文章。大国重器的主题恰恰与主流媒体的传播渠道相得益彰，中国能建把主流媒体渠道作为主要的宣传阵地，与整个项目的调性相契合。

在微信、微博、抖音等社交媒体上，中国能建对该项目的传播也有所体现。

令人眼前一亮的是，在知乎这样的问答社区，中国能建官方账号认真细致回答网友提问。究其原因，新疆哈密光热发电项目本质是一项高新技术的、具有一定阅读门槛的项目。在更大众的社交平台上，追求"广度"，更多大众点击观看，感叹科技的震撼、激起民族自豪感；而在知乎这样专业化程度更高的社区，追求"深度"，知乎用户在评论区纷纷对项目进行更深层次的探讨。

四是策划设计方面，中国能建专业与生动齐飞，严肃与活泼共存。中国能建真正走近传播受众，以平等的姿态，用受众熟悉的语言进行介绍，在专业性和大众趣味性中寻求到了一个好的平衡。

哔哩哔哩的评论下，当代网友便展现了对于"趣味性"和"娱乐性"的追求。这样的科普视频下，依然不乏各大"玩梗"的"段子"。网友发挥其想象力，把哈密光热发电项目形容成"光陵塔""昊天镜"，甚至是"高效的开水壶"，一些网友联想到某品牌的吹风机。

中国能建的知乎回答中，熊猫头的表情包便奠定了活泼的基调，而鸟类的四格漫画更是可爱有趣又生动形象。轻松诙谐幽默的表达，大大拉近了与网友之间的心理距离。

作为被"向科学要答案"收录的回答，中国能建同样展现了其专业性。一是用闭环控制原理图等学术性和理论性的东西，精准的定义和清晰的流程图无一不展现了回答的科学性、权威性；二是用"云计算架构图"等现代性和科技性的东西，以及"光热电站全过程仿真"这样极其完整的模型，进一步详细介绍光热发电的原理，展现了中国能源作为能源行业龙头企业的"职业素养"。

化繁就简，通过采用计算能力极强的**分布式"云"计算架构**，搭配编程，再佐以时间、地点、环境参数及定日镜信息等，仿真机就能轻松完成针对每一面定日镜俯仰及角度的**实时控制仿真**，难题迎刃而解。

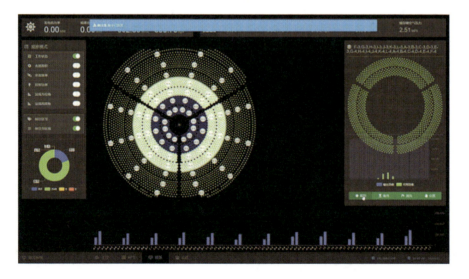

中建集团

"火雷"建设奇迹，见证中国速度

——战疫宣传先手棋注入抗疫强心剂

2020 年初，新型冠状病毒感染来势凶猛，武汉面临着严峻的疫情防控形势，床位资源陷入紧缺状态。中国建筑集团有限公司（简称中建集团）闻令而动、迅速响应、逆行而上，以最快速度建设火神山、雷神山两座专门医院以集中收治新型冠状病毒感染者。半个月左右的时间，火神山、雷神山两座医院从无到有，拔地而起，创造出了举世瞩目的"中国速度"。

中建集团不忘牢牢把握宣传工作主动权，对外同步更新医院建设进度，回应社会关切，对医院施工过程进行全方位、全天候记录，取得了现象级的传播效果，收获了无数的赞誉和广泛的敬意。

中建集团以自身超强的基础建设能力和组织协调能力，在荆楚大地上创造了中国的基建奇迹，作为中央企业第一批"建设世界一流示范企业"真正做到了不辱使命。同时，中建集团积极宣传树立起了勇于担当、甘于奉献的企业形象，也在抗击疫情最为艰难时期，鼓舞人心提振士气，最大程度凝聚社会共识，极大提升了全国人民战"疫"必胜的信念。

▶▶ 基本情况

一、事件概况

2020 年初，武汉爆发新型冠状病毒感染。疫情来势凶猛，伴随着感染人数陡增，武汉面临着严峻的疫情防控形势，各种防护物资用品也陷入极度紧缺状态。武汉告急！湖北告急！

一方有难八方支援，全国各地的援鄂医疗队先后逆行出征，极大程度上纾解了医疗队伍人员短缺的问题。与此同时，同样紧缺的还有床位资源。新型冠状病毒感染作为一种传染性疾病，收治和隔离患者的空间需求瞬间激增，现有的医疗资源已经远远无法满足治疗所需，因此医院的建设也需要在第一时间提上日程。经研判，决定参照 2003 年抗击非典期间"北京小汤山医院"模式，以最快速度建设火神山、雷神山两座专门医院以集中收治新型冠状病毒感染者。

作为两座医院的承建单位，中建集团闻令而动、迅速响应，在严峻的疫情防控局势下逆行而上，争分夺秒与疫情赛跑、同死神较量。火神山医院于 2020 年 1 月 23 日立项启动，2020 年 2 月 2 日正式交付，2 月 4 日起收治首批患者，共用时 12 天；雷神山医院 2020 年 1 月 25 日大年初一立项启动，2 月 8 日正式交付使用并收治首批患者，共用时 14 天。半个月左右的时间，火神山、雷神山两座医院从无到有，拔地而起，创造出了举世瞩目的"中国速度"。这正是中建集团以自身超强的基础建设能力和组织协调能力，在荆楚大地上创造了中国的基建奇迹，作为中央企业第一批"建设世界一流示范企业"，中建集团真正做到了不辱使命。

在热火朝天抓建设的同时，中建集团也不忘牢牢把握宣传工作主动权，对外同步更新医院建设进度，回应社会关切，对医院施工过程进行全方位、全天候记录，切实履行了国企社会责任，树立起了勇于担当、甘于奉献的企业形象，取得了现象级的传播效果，收获了无数的赞誉和广泛的敬意，也在抗击疫情最为艰难的寒冬里点燃了一把信心之火，鼓舞人心提振士气，最大程度凝聚社会共识，极大提升了全国人民战"疫"必胜的信念。

二、传播过程

1. 迅疾如火雷，快报道展现"中国速度"

在新型冠状病毒感染最初爆发时，全国上下都将目光聚焦在武汉。作为一场"及时雨"，火神山医院和雷神山医院的先后开工迅速得到了全国各大主流媒体的重点关注。在主流媒体的报道当中，大多数新闻都以"中国速度"作为侧重点，通过实时跟进、动态呈现的方式带领网友见证医院建设过程，清晰地向全世界展示了中国硬核的基建实力。

建设起一座合格的传染病防治医院需要考虑很多因素，在建筑设计时首先就要考虑到污染区和清洁区的分隔、医疗废物废水处理等各种需求，除此之外还需要电力、供水、通信、物资后勤保障等多方面配合，又要在极短的时间内确保如期竣工，难度可想而知。

为了最大程度展示火神山医院和雷神山医院建设进度的日新月异，宣传报道采用了以视觉影像为主、文字报道为辅的策略，毕竟眼见为实，用镜头带领广大网友亲见施工现场所发生的一切远胜过千言万语。为了从不同视角展现工程的突飞猛进，媒体八仙过海各显神通，采用了包括延时摄影、卫星摄影、无人机航拍在内的多种新技术手段作为辅助，通过一系列极富现场感的照片、动图和视频记录了火神山医院和雷神山医院拔地而起的全过程，从黑夜到白天昼夜不休，能够帮助受众更好地看到工程进度的瞬息万变，更好地增强了全社会抗击疫情的信心。

当然，对台前幕后最了解的还是国资委和中建集团自身的宣传团队，他们与其他媒体相比有着天然的信息优势，能够最为全面地呈现出火神山雷神山医院建设的全过程。2月2日火神山医院正式交付当天，国资小新在微信公众号上用一篇推送详细梳理了火神山医院从策划到建成的完整时间线，以"天"为时间单位全方位展现了火神山医院进度的日新月异，既有来自国务院和国资委的坚强领导，也有一线工人的日夜拼搏，更有国资委下属各大央企的通力协作，心往一处想，劲往一处使，最终才促成了这一人间奇迹。面对时代这个"出卷人"给出的疫情大考，火神山医院和雷神山医院便是国资委向"阅卷人"们交出的一张漂亮答卷。

除了图片之外，各项数据同样也能带来极强的震撼力。如果说现场的照片让人看到了如火如荼的建设场面，那么数据不仅通过量化的方式简明扼要地勾勒出了任务之艰巨，更能够反衬出工程团队的建设速度之快。

当然，如果没有质量保证，以再快的速度建起的也只能是空中楼阁。但是在如此极限的工期要求之下，两座医院依然应用着最严苛的标准，建设者们仍然一丝不苟。火神山医院运行 73 天，雷神山医院运行 68 天，累计治愈患者近 5000 人的同时，还实现了医护人员"零感染"。"沧海横流方显英雄本色"，事后再回头看，才能更加感受到两医院的高质量，而这一系列数据也就有了更加坚实的依靠和底气，凸显出"中国速度"的难能可贵。

2. 致敬建设者，在一线彰显"中国温度"

除了对工程建设本身的报道之外，大量的宣传报道将目光聚焦于医院的幕后建设者，强调"中国奇迹"绝非轻而易举，而是凝结了无数人心血和汗水的结果。

记者一改传统新闻报道框架当中相对抽离和隐性叙述的视角，而是深入到工地一线采访工人，并以"亲自探访""记者手记"的形式强调自己亲历者的身份，一方面记录自己的所见所闻，同时也巧用夹叙夹议，将自己的主观感受掺杂其中，与所有关心火神山医院和雷神山医院建设的人民群众分享。此时的记者同样也是一个普通人，仿佛只是在和所有读者唠家常。这种诉诸情感的报道手法更加能引发读者的共鸣。

火神山医院和雷神山医院建设过程中，四万多工友显然是最重要的中流砥柱。他们中的大多数本就默默无闻，疫情形势严峻又都戴着口罩，遗憾无法一睹平凡英雄们的真容，因此更要将关注的目光投向他们。在人物采访方面，报道多采用受访者口述、问答实录的方式进行报道，原汁原味地呈现一线的奋斗场景。或者直接发布由一线建设者自己拍摄的 vlog，以第一人称视角最大限度地还原建设过程，也拉近了网友与战斗一线之间的距离，在注重"中国速度"之余也展现了"中国温度"。

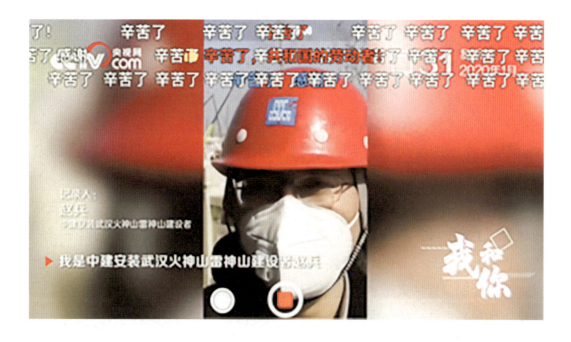

3. 邀请"云监工"，慢直播塑造"中国态度"

随着中国通信技术的快速发展，成熟的 5G 技术为直播提供了可能。在紧锣密鼓抓建设的同时，建设单位磨刀不误砍柴工，在工地现场分别架设起了设备，开设了"与疫情赛跑"栏目，24小时实况转播建设过程。

受到疫情的影响，彼时全国人民都在居家隔离，拥有了更多的闲暇时间，再加之当时对新型冠状病毒的了解和认识非常有限，面对着日益增长的确诊数字和各种难辨真伪的流言蜚语，物理隔离和"信息疫情"在心理上也造成了强烈的孤独感和恐惧感。面对这种与所有人都息息相关的重大公共卫生事件，由媒体所供给的报道内容在体量上仍然相对有限，已经无法满足大众井喷式增长的求知欲。在此大背景之下，实况转播便成为一种非常有益的补充，彻底将信息的传播速度从"及时"完全提高到了"实时"。面对超短的工期，也只有采用这种做法才能跟得上工程飞快的进度。

慢直播的形式精准抓住了当时互联网上大多数用户的心态，一改以往"单向传播"的模式，邀请网友共同担任"云监工"，为他们在线上提供了一个参与的渠道和释放焦虑情绪的出口。广大网友也乐于在网上当起了"云监工"，两场直播的累计观看人数超过1亿人次，最高峰时期接近6000万人同时在线。正如餐厅内的"明厨亮灶"能让顾客放心就餐，慢直播所提供的过程透明性也能让所有网友仿佛身处现场，亲眼看到工程是如何聚沙成塔，为他们注入了抗疫的信心和安全感。

慢直播｜与疫情赛跑——近景见证武汉火神山医院崛…

慢直播｜与疫情赛跑——全景见证武汉火神山医院崛…

慢直播｜与疫情赛跑…景直击武汉雷神山医…

除了观看直播之外，网友们还可以在直播间的评论区进行互动。在共同观看的过程中，网友们开始为工地上的各种机械起了各种各样的名字，比如给工地上的蓝色挖掘机取名叫"蓝忘机"，给叉车取名叫"叉酱"，而现场摄像头叫"摄政王"，高层吊车叫"送高宗"。这种对饭圈文化的借用不仅可以给因隔离而变得枯燥的生活增添一定的乐趣，还能够让网友们在相互评论的过程中产生共振，形成情感上的联结，身处在一个"想象的共同体"中能够让个体感受到"你不是一个人在战斗"。

想要战胜疫情，要靠科学技术，也离不开万众一心。尤其是在最困难的日子里，信心比黄金更加可贵，只有最广泛地动员全国上下齐心协力，才能在与病毒的较量中最终取胜。桃李不言下自成蹊，尽管直播本身只是对工程建设现场的真实反映，但其实暗含着对舆论的潜在引导和对社会心态的隐性安抚。

4. 后火雷时代，抗疫精神提升"中国高度"

火神山医院和雷神山医院的建设工期只有短短的十几天，武汉也终将从新冠疫情的阴霾中走出，但这段艰苦卓绝的抗疫斗争绝不能忘，这段波澜壮阔的英雄史诗需要有人讲述，将伟大的抗疫精神代代相传。

对此，中建集团不仅派出了亲历火神山医院建设全过程并驻守 83 天的一线员工尹典作为代表，面向全国宣讲抗击疫情先进事迹，还专门在内部成立了"建证力量"抗疫先进事迹巡回宣讲团，走遍深圳、上海、沈阳、西安、成都、武汉等六座城市，用最生动鲜活的故事和激情澎湃的宣讲，展现出了中建人的使命与担当。

其实，除了举世瞩目的火神山医院和雷神山医院之外，中建集团还默默承担了很多其他的抗疫工程，地点遍及海内外，将火神山医院和雷神山医院的成功经验迅速铺开，119 所应急医院先后在全国大江南北落地开花，为中国抗疫提供了可靠的基础设施保障。"生命至上，举国同心，舍生忘死，尊重科学，命运与共"，中建集团无疑用自己的实际行动为这二十字的抗疫精神做出了最好的注解。

三、传播反馈

作为当时牵动全国人民心弦的重大事件，几乎所有与疫情相关的新闻都普遍得到了大量的关注，但火神山医院和雷神山医院还是以其特殊的抗疫意义和背后所蕴含的正能量在一众话题当中独树一帜。在微博上，与火神山医院和雷神山医院相关的一系列话题都取得了超高的阅读量，总阅读量相加超过 35 亿。

火神山医院和雷神山医院的建设过程得到的不仅是广大网友的关注，还有全民的正向反馈。在微博、微信公众号、抖音、哔哩哔哩等平台，评论区都是清一色的感谢与致敬，感谢党和国家的有力领导，感谢国企的责任与担当，也感谢每一位平凡劳动者的默默奉献。"金杯银杯，不如老百姓的口碑"，对于直接挑起火神山医院和雷神山医院建设重担的中建集团来说，能够得到普通百姓发自内心的赞扬和最真诚的祝福实属来之不易，尤其是来自武汉市民的感谢，他们作为这场疫情的亲历者，最能懂得个中甘苦，自然也最为情真意切。

我代表武汉人民真的感谢各位

更重要的是，火神山医院和雷神山医院作为中国硬实力的体现成功走出了国门，其开工建设也得到了国际媒体的关注。疫情最初爆发时，中国在国际舆论场非常被动，火神山医院和雷神山医院的建设为中国在国际舆论场争取到一些主动，这样的中国奇迹让很多外国普通网民也都表达了赞叹和祝福，一些当时生活在中国正亲历疫情的外国自媒体博主也对此畅谈了自己的感受。两座医院的拔地而起对于中国在疫情危机中的国家形象构建起到了重要的作用，中建集团的强大的建设能力也得以在全世界闻名。

案例亮点

一是春风化雨，党的领导贯穿始终。火神山医院和雷神山医院能够在极短的时间内建成投入使用，充分彰显了中国特色社会主义制度"集中力量办大事"的显著优势，体现出了中国强大的组织力、动员力和保障力。只有在中国共产党的领导下，各级上下才能勠力同心，心往一处想、劲往一处使，将不可能变为可能。各级党组织和广大共产党员勇当先锋、敢打头阵，充分发挥了党员的先锋模范作用，以实际行动让党旗始终高高飘扬在一线。

因此在宣传过程中，也始终应坚守政治立场不动摇，将镜头聚焦于鲜红的党旗和党徽，着重强调集团党委、基层党支部、党员个人等在不同层面所做出的努力，点明最美逆行者的党员身份，真正反映出党的领导核心地位，让党的领导得到最充分最有效的体现。

另外，在宣传节奏上也应服从上级党组织的统一安排，与全国各大主流媒体共享宣传报道资源，丰富报道内容。在稿件发布上也保持步调一致，依托重要时间节点形成宣传合力，以赢得社会各界的广泛关注。

二是聚焦一线，最是真情打动人心。在火神山医院和雷神山医院建设过程中，涌现出了非常多的感人故事。面对如此鲜活的人物和感人的场面，记者其实无须再多言，只需要将麦克风交给身处一线的"最美逆行者"们，来自他们的真实声音最能打动人心，加班加点开足马力的火热战斗场景也已足以收获所有人的敬意。

第一视角的好处是可以记录下各种不为人知的小细节和最真实即时的感受。普通人在面对相对陌生的记者的采访时，难免总会有些紧张的防备，有时反而是面对自己朝夕相处的战友才会流露真情。这些由用户生产的内容同样可以在宣传过程中为我们所用，在日常对话中展现出最为真实的一面，有时反而更能激起受众的情感共鸣。

丰富的细节中所蕴藏的真情也同样最能打动人。通过交代受访者的生活实际困难和做出的牺牲，引导受众设身处地换位思考，便更能明白建设者做出逆行决定的不易。

比如，火神山医院和雷神山医院建设期间恰逢中国新春佳节，无数基层建设者其实都放弃了与家人团圆的机会，来到施工现场支援。所有来到施工现场的逆行者都顶着被感染的风险，甚至都已经将自己的生命置之度外。通过以情动人，以理服人，让大家明白什么叫作"没有从天而降的英雄，只有挺身而出的凡人"，自然也就会给受众更深刻的感悟。

三是受众为本，宣传更要平易近人。过去的新闻宣传思路习惯于以媒体为中心，有时容易落入"自说自话"的怪圈之中。在互联网时代做宣传工作，更要做到科学认识网络传播规律，及时把握网民普遍情绪，积极互动引导，才能形成宣传的"最大公约数"。在面对网友们在观看直播过程中兴起的"饭圈文化"时，主流媒体也注意到了这种趋势，继续顺应用户偏好，因势利导，运用了同一套话语体系来为抗疫鼓舞士气，取得了良好的传播效果。

对于网民所关心的工人工资待遇、吃饭生活问题，中建集团在宣传时也毫不避讳，将给工人们清点工资、吃饭休息的场景直接展现出来，足以让广大网友放心。

这一系列注重受众反馈的思维和举措不仅一改传统主流媒体严肃的形象，使其变得更加平易近人，也使该话题一时之间成为抗疫过程中新的热点。今后开展宣传工作时，也应多站在受众角度看待问题。

中国移动

驰援河南，中国移动翼龙无人机出征！

——灾害背景下的正面宣传

2021 年 7 月，河南省郑州市及周边地区持续遭遇罕见持续强降雨天气，造成城市内涝、河流洪水、山洪滑坡等多灾并发，人民生命财产安全遭遇重大威胁。极端灾害条件下，河南多地通信网络中断，对民生保障和救灾抢险造成巨大困难。

灾害发生后，中国移动快速反应，立即开展各项通信抢修工作。中国移动积极响应应急管理部的要求，与中国航空工业强强联手，派出翼龙无人机搭载"高空基站"两次出征，千里驰援河南救灾通信盲区，开通灾区应急通信保障，为救灾抢险队伍和受灾群众打通了通信"生命线"。期间，"翼龙无人机"相关话题迅速登上新浪微博热搜，成为全网关注焦点，并引发各类媒体的广泛赞誉。

中国移动的此次"翼龙出征"事件，巧妙地化危为机、升华价值，再一次让公众深刻地领会到了大国央企的"移动力量"。

一方面，在极端自然灾害下通信网络差、人工抢修恢复较慢，民众很可能会产生"中国移动不作为、信号服务差"的埋怨，从而出现对公司品牌形象不利的负面舆情。而中国移动的此番宣传，故意淡化公司的商业属性，仅点出中国移动与翼龙"有关"，重在报道"翼龙出征恢复生命通信线"这一事件本身，平息了民众的埋怨，成功化危为机。另一方面，无人机搭载高空基站通常为军用高科技，很难出现在老百姓的生活中。而在救灾抢险这一特殊时期，中国移动将"翼龙出征"的价值上升为"国之大者"，让大众深切地感受到了祖国的"庇佑感"，以国家形象带动移动形象，以国家安全感带动移动安全感，壮哉大国风范，也是壮哉"移动担当"！

▶▶ **基本情况**

一、事件过程

2021 年 7 月 17 日以来，河南省遭遇历史罕见特大暴雨，导致城市内涝、河流洪水、山洪滑坡等多灾并发。截至 2021 年 7 月 21 日 18 时，极端强降雨造成中国移动河南公司基站停电 4550 个，基站退服 4571 个，其中郑州地区基站停电 2608 个，基站退服 4414 个。中国移动抢修人员第一时间赶赴受灾现场，抢修基站发电，接续受损光缆，持续抢通受影响通信设施，助力防汛救灾。

7 月 20 日，河南郑州下辖的县级市巩义市米河镇镇区因强降雨被淹没，大量道路损毁，房屋进水，车辆被淹，2 万余人受灾。全镇高压停电，洪水造成大面积光缆中断，受灾区域一时成为通信"孤岛"。

 国资小新 ✓
2021-7-22 来自 360安全浏览器

#抗洪抢险央企行动# 【@中国移动 翼龙大型长航时无人机应急通信系统保障河南通信】为了让灾区群众能打一个平安电话，中国移动受命应急管理部，派出无人机基站翼龙千里奔袭，穿越3战区4省1200公里抵达灾区，紧急覆盖网络信号，供受困群众通信报平安。

7月20日23：00，在获得前线应急管理部救援需求后， ...展开

7 月 21 日应急管理部紧急调派翼龙无人机搭载中国移动"高空基站"，穿越1200 千米抵达巩义市，实现了约 50 平方千米范围长时稳定的连续移动信号覆盖。为灾区居民及时报告灾情、报送平安恢复了移动公网信号，打通了应急通信保障生命线。

仅间隔不到一天，7 月 22 日翼龙再次出征！搭载中国移动无线通信基站的翼龙大型长航时无人机从贵州安顺机场再次起飞。本次飞行目的地为郑州市中牟县阜

外华中心血管病医院，为医院的救援工作提供了网络保障。

与此同时，"翼龙无人机再出征""翼龙无人机给米河镇送去手机信号""抗洪抢险央企行动"等话题冲上微博热搜，单个话题阅读量冲破 8000 万，总话题阅读量冲破 1.5 亿，相关话题热度居高不下。@ 国资小新连发微博多次艾特"中国移动"，广大网友纷纷点赞"移动正能量"。

二、传播情况

河南暴雨灾害下，翼龙无人机在不到 24 小时的时间里，传播高点屡屡刷新，微博热搜冲上榜单，主流媒体纷纷跟进报道，传播成效紧随事件热度呈现出来。

2021 年 7 月 21 日，聚焦"翼龙无人机为米河镇送去信号"事件，国务院国资委新闻中心官方微博国资小新及时发布消息，字里行间突出"央企始终以人民需要为中心"的主旨并艾特了中国移动，引发大量关注。7 月 22 日 13 点半，翼龙无人机再次起飞，为郑州中牟县阜外华中心血管病医院的救援工作提供网络保障，14 时许，国资小新第一时间发布此消息，"翼龙无人机再次起飞"话题迅速冲上热搜，单条微博互动量过万次。

期间，人民日报、新华网、光明日报、广州日报等主流媒体纷纷报道"中国移动翼龙两次出征"事件，舆论随主流媒体的表态不断发酵，"科技强国""科技造福

于民""大国安全感"等正能量情感持续渲染。

此外，各类媒体积极采用多元化媒体形式持续跟进该事件报道，调动受众的积极性、参与性，增强宣传效应。

@ 中国长安网第一视角直击翼龙驰援郑州现场，以"大国利剑 赛博救援"为题，贴近年轻人话语体系，弘扬国威，网友纷纷转发，赢得了一片点赞。

（原视频请扫描二维码观看）

@ 观察者网作为广受年轻人喜欢的时政类媒体，在哔哩哔哩策划了"翼龙"系列科普类解读视频，观众反响热烈，积极进行弹幕互动，纷纷感慨道："祖国强大真好！""这就是希望！""这才是科技应该有的样子！"，这些观众由衷的感慨自然而然形成了"自来水"，传递着大国正能量。

中国移动翼龙驰援河南期间，相关热点话题屡屡冲上微博热搜，其中"翼龙无人机"话题阅读量冲破8800万，"翼龙无人机飞赴河南保障应急通信"冲破5200万，"翼龙无人机再次起飞"冲破3900万，"翼龙无人机五小时滞空提供网络"冲破3500万。

在"大国风范、国之重器"的加持下，中国移动的硬核实力得以彰显、商业价值潜移默化得到提升，有担当有格局的企业品牌形象也进一步深入人心。

此外，油管频道上，国外网友也纷纷点赞中国科技、点赞央企实力。

三、传播反馈

1. 翼龙出征，移动实力

7月21日晚，受应急管理部指派，翼龙大型长航时无人机搭载着中国移动无线通信基站紧急从贵州出征，驰援河南米河镇抢险救灾的通信工作。汛情紧急，中国移动以一条短信切入，不仅抚慰了灾区人民"孤岛"的恐惧心理，更及时打通了救援"生命线"，为开展救援争得了先机。

灾难之下，通信的恢复关系到乡亲们抗灾信心的重建与各路救援力量的凝聚。中国移动的这则短信，就如茫茫黑夜中迷航的轮船突然寻到了灯塔，在救灾中展现出"国之大者"的通信硬实力。网友纷纷称赞道："信号中断暴雨中，应急管理派翼龙！"

2. 大国骄傲，移动担当

在此次翼龙出征事件中，中国移动并没有大肆宣扬自己多么厉害，而是将整个事件从企业价值上升到国家价值。其实，中国移动的这一做法大有深意，是公共关系中化危为机的典型做法。

其一，超大自然灾害一旦发生就往往带有很强的悲剧色彩，公众在这段特定的时间往往心理非常脆弱，舆论情绪极易呈现出负面化、极端化的趋势。中国移动将"翼龙出征"事件上升为"大国硬核科技救援""大国重器用之于民"，公众深切地感受到了祖国带来的"庇佑感"，从而以国家安全感带起了移动的通信安全感，以国家形象带动了中国移动的品牌形象。

其二，在极端暴雨灾害下，多处通信设施出现故障对于急需对外联络的灾区民众而言，极易产生暴躁、埋怨的情绪，如果此时中国移动还大肆宣扬自己的技术实力，难免会惹火上身，引起不小的负面舆情。

中国移动始终将报道的重点控制在救援事件本身，体现的是中国移动始终以人民的生命安全和利益为先，以"国之大者"毫不犹豫地担负起抗险救灾的社会责任。不去过分宣扬自己的商业价值，而去弘扬本该如此的"大国担当"，中国移动此举不仅将原本可能发生的舆论危机扼杀在摇篮，更是收获了网友们的一致好评，成功让中国移动成为"大国骄傲""国之利器"！

上海张程 🌸：这就是中国的力量！央企的责任！👍👍
2021年07月22日 14:56

浪迹天涯去闯荡：真的太牛了，太厉害了
2021年07月22日 20:02

爽动绿道_202：中国越来越厉害了，很棒！！！大中国
2021年07月22日 20:45

挂在天空得眼泪：祖国真的是强大，太有实力了
2021年07月22日 20:06

（原视频请扫描二维码观看）

3. 久久为功，移动格局

此次河南抗洪救灾中，翼龙无人机搭载着中国移动的应急移动通信系统成为打通灾区通向外界生命通道的重要突破口。在这背后，承载着中国移动（成都）产业

研究院设计师们三年来在"无人区"的艰难探索。

一是高空盘旋的无人机向地面连续覆盖 50 平方千米的信号服务区。二是用空中通信信道覆盖地面的用户，让地面人员可以持续、稳定地接收到信号。"世界上从来没有人在无人机上用移动通信的设备向下提供网络信号服务，我们是第一个"。三是中移团队利用 5G 技术克服了无人机在高空高速运动导致的电磁波频率的偏移，抑制了多普勒效应。

但中国移动并没有在"翼龙出征"的事件热度正高的时候宣传自己的技术实力，而是在河南暴雨灾害事件过去 4 个月后才进行相关宣传。中国移动此举除了以悲悯的同理心避开舆情风口、化危为机的考量外，还考虑到了科技的宣传需要"理性的环境"。多年来，中国移动始终围绕国家战略需求，攻关关键核心技术，在服务国计民生、建设网络强国等方面扮演了首屈一指的关键角色。只有在理性的环境下，公众才能跳出复杂的舆论环境，真正就"技术"论"实力"，就"科研"论"格局"。此次宣传获得了光明网、中国青年报、网易、新浪等多家媒体报道，收获了网友一致好评，中国移动"为国为民、国之重器"的企业形象跃然纸上、深入人心。

案例亮点

一是传播策略上，灾难背景下的正面传播，要充分重视"度"的把握。央企作为国有独资或国有控股企业，其性质天然具有国民属性。在公众普遍认知中，面对河南暴雨此类突发性自然灾害，央企也会比一般私有企业承担着更大的社会责任的和更无私的付出。

一方面，在"翼龙无人机搭载移动基站两度驰援河南"的事件热度高点，中国移动刻意避免了对于品牌的过度宣传与高频曝光，坚持公益性优先、公众利益优先的原则，不强调商业价值的回报，以免引起公众对其动机的质疑，给企业带来负面舆情。另一方面，灾害发生之际，各类媒体众说纷纭，舆论环境十分复杂。中国移动更倾向于使用主流媒体进行间接宣传和报道，将话题重点放在"翼龙无人机为抢险救灾提供通信保障"事件本身，仅点到中国移动与翼龙通信无人机的关系，保持关键信息露出即可。

二是传播内容上，注意价值上升，让央企成为"大国骄傲，国之利器"。在翼龙事件的相关报道中，中国移动除了有意控制品牌露出，仅仅点到各类重量级官方着力凸显"大国利剑，为人民出鞘！""救援中的硬核科技""赛博救援，亮剑！"等字眼，助推群众正能量情绪不断攀升，强调大国实力，振奋救灾信心，引起全民的民族自豪感！

在我国，央企具有双重传播属性，肩负着国家和社会双重的公共职能。一方面，央企的正能量传播一定程度上代表了国家的形象意志；另一方面，大国的"加持"也助力了央企正面形象的塑造。将"中国移动"与"大国实力"在民众情感上相联结，进一步推动了中国移动品牌价值的攀升，彰显出中国移动为国为民、国之重器的央企格局。

三是传播路径上，增强传递性价值，积极构建传播正能量矩阵。融媒体时代，内容传递途径多种多样，央企要主动建立起优势互补的传播矩阵，合理利用媒介资源，从而促进全社会范围内形成广泛的关注和认同感，发挥出"1+1＞2"的传播效果。

在"翼龙两次出征驰援河南"事件中，我们看到了以主流媒体价值引领为主，自媒体多样化传播的正能量矩阵。在中国移动的凝聚下，各类媒体在"尽职不越位、帮忙不添乱、转化不激化"中聚力起同舟共济、共克时艰的强大正能量，进一步提升了"翼龙正能量"的传播力、引导力、影响力。

四是传播技巧上，重视公众情绪的调动，科技也需"人性化"传播。在重大自然灾害下，央企还肩负着从道义上进行扶危济困的责任，所以央企在进行"科技救援""大国重器"等相关事件的传播时，不能纯粹站在"客观""理性"的角度进行报道，特别是中国移动此类具有服务性质的企业，要避免形成"冷冰冰"的企业形象。

时刻关注民众的情绪，注重共情，从民众真正忧心的事件切入，解民众之所难，排民众之所忧。翼龙事件最初的"爆点"并不是因为宣扬了"翼龙无人机搭载空中基站"的技术有多么厉害，而是从一则发送到受灾民众心坎里的短信传播开来，这则短信变"忧心"为"安心"，让"无望"成为"希望"，足以振奋人心！

从人性化的叙事角度出发，以人为本，尊重人、理解人、关心人，解"民众"之所急，忧"民众"之所难，及时回应社会关切，将人作为考察一切事物的中心的价值取向。这不仅更易唤起大众的心理共鸣，使正能量传播更加可观可感，而且潜移默化中影响了公众对中国移动企业形象的感知度，使得央企的人性光辉更加深入人心。

中国石化

塔克拉玛干沙漠里的抗洪

——化危为机展现使命担当

2021年7月31日，有着"中国旱极"之称的塔克拉玛干沙漠，突遭暴雨天气，强降水又与天山融化雪水叠加，形成季节性洪水，沙漠瞬间变成了水乡。中国石油化工股份有限公司（简称中国石化或中石化）西北油田玉奇片区也受到这股洪水的侵袭，常年在干旱沙漠地区生产和生活的石油工人几乎没有应对洪水的经验，但他们毅然奋起抗洪，战斗在第一线。

罕见的自然现象引发了网友的广泛关注和热烈讨论，同时带来了诸多不可控的潜在风险。面对突如其来的大战大考，中石化与上级主管部门及地方政府默契配合、主动出击、积极引导，下好"先手棋"，直击抗洪一线，及时通报受灾情况，有力回应社会关切。此外，中石化抓住了由此次事件带来的热点，乘势而上、化危为机，并通过持续性、多角度的宣传报道，全面地展现了大漠石化人的日常工作与生活，反映出了新时代石化铁军勇于担当、甘于奉献的时代精神，树立起中石化良好的品牌形象，有力推动国企正能量传播。

▶▶ 基本情况

一、事件发生背景

2021年7月，新疆天山山脉普降暴雨，加之夏季高山融化雪水，在塔克拉玛干沙漠叠加形成了季节性洪水，中石化西北油田玉奇片区受到洪水影响，油区道路多处冲堤溃坝、电线杆倾斜，近50辆勘探车辆、3万套设备被淹，淹水面积达300多平方千米，对油区生产和勘探工作都造成了巨大的影响。尽管常年在沙漠工作和生活，没有应对洪水的丰富经验，但在此千钧一发之际，石化人毅然奋起抢险救灾，主动开展生产自救，有效保障了油区的安全和正常生产秩序。

塔克拉玛干沙漠位于新疆塔里木盆地中心，东西长约 1000 千米，南北宽约 400 千米，面积达 33 万平方千米，是中国最大的沙漠，年平均降水量不足 100 毫米，被称为"中国旱极"。就是这样一个如此干燥的地方，竟然有一天也会水漫金山，甚至到了发洪水的程度？沙漠发洪水究竟会是怎样一幅场景呢？如此强烈的反差和对比让这个话题充满了张力，从一开始就赢在了"起跑线"上，有着较高的新闻价值和强大的传播势能。

二、企业主动传播

1. 从"吃瓜""担忧"到"点赞"：自然灾害面前树立正确舆论导向

伴随着多元传播主体的参与，舆论场也因此变得更加错综复杂，针对此事出现了几种截然不同的价值判断。首先，不断有网友在微博上提到歌手陈粒，只因此情此景恰好应验了陈粒《奇妙能力歌》里的一句歌词："我看过沙漠下暴雨，看过大海亲吻鲨鱼。"于是，"狗头表情""预言家""好家伙"等关键词都代表着一部分网友正以戏谑的口吻对此事表达出了"围观"和"吃瓜"的情绪。在凶猛的自然灾害面前不仅依然保持事不关己的冷漠心态，甚至还要嬉皮笑脸来抖机灵、蹭热度，这样三观不正的舆论导向是无论如何都不值得提倡的。

此外，也不乏网友直接将"沙漠发洪水"这一极端气候灾害与"全球变暖""气候变化"等主题联系在一起，表达了自己的悲观情绪。尤其是近年来，随着极端天气气候灾害频发，国际社会普遍表达了对于全球变暖的担忧。作为三大传统化石燃料之一的石油，更是与碳排放和温室效应有着直接的关系。而且沙漠作为一种相对脆弱的生态系统，蕴藏着丰富的野生动植物资源，环境一旦遭到破坏很难恢复。石油开采等人类大规模工业活动的介入可能会对当地环境造成严重破坏。"石油开采－碳排放－破坏环境－全球变暖－发生洪灾"，一旦形成这样环环相扣的逻辑链条，便很容易先入为主，在公众心目中留下根深蒂固的刻板印象，届时再想做出解释，便只能疲于招架，甚至容易陷入百口莫辩的境地。

再加之近几年西方激进环保主义来势汹汹，以"环保少女"格蕾塔·通贝里（Greta·Thunberg）为首的极端环保主义者通过游行示威、袭击博物馆、倾倒牛奶等各种极端方式抗议使用化石能源，这种思潮渗透到国内之后也产生了一定的影响。此外，新疆地区的政治和文化背景又相对特殊，民族问题一直以来都受到境外势力和"反华急先锋"们的"重点关注"，一举一动稍有不慎都可能形成新的焦点。因此，一旦舆论没有得到积极正确的引导，任凭负面舆情滋生发酵，就很有可能在舆论场中丧失主动权，酿成次生灾害甚至引发连锁反应。

因此，对于身处事件漩涡中心的中石化来说，如何正确引导舆论走向，从左右包抄中走出一条正确的道路便成为一个与如何抗洪抢险同样重要的课题，必须小心谨慎。

在具体应对方面，来自官方的消息首先由国资小新发布，相比于中国石化的官方微博，国资小新有着更多的粉丝数量（590万），覆盖的范围也更广，能够在第一时间更好地回应社会关切。国资小新首先用简短的文字解释了洪水的成因，并不忘介绍中石化工人们已经在积极开展应对措施，"忙着抗洪抢险救灾"。接下来通过一个45秒的短视频展现了一线的真实情况。

这个视频分成了两部分。首先是受灾现场的实况。视频由坐在车内的人的视角拍摄，呼啸的风声、随着汽车不断颠簸的镜头、车内的相互交谈和对洪水的感叹"这个水大得"都让整个视频更加具有现场感和真实感，让观众仿佛也直接坐在了正在行驶的汽车当中，相比于文字的描述能够带来更加直观和强烈的视觉冲击。当然，对于洪水，中石化人要做的不只是记录。视频的第二部分用10秒钟左右的篇幅呈现了一线工人抗洪抢险的情况：面对洪水所造成的影响，他们动用了油区现有的挖掘机等设备开展了抢险工作，并取得了较好的效果。在这一部分当中，拍摄视角从第一人称悄然切换到了旁观者的第三人称，利用无人机从高处俯拍，通过全景展现了工人们忙碌的身影。

而在评论区中，中国石化则进行了积极的回应，通过和国资小新互动的方式补充了更多的信息，在通报受灾最新情况的同时也向社会各界报了平安。在洪水退去之后，中国石化又在微博上跟进了后续情况，一方面再次对关心情况的网友表示了感谢，同时不忘号召大家节能减排"珍惜每一滴石油"，"一块上高山、下大漠，一起为祖国献石油！"则表明了石化人收拾好行囊、再度出发的决心和信心。

在传播反馈方面，大多数网友们在评论区也都表达了对中石化受灾情况的关心，并给身处一线抗洪抢险的工人们送去了真诚的祝福，为他们点赞。在这样的互动过程中，"抗击自然灾害"成为了本次事件的主基调，不仅使正能量得到了弘扬，此消彼长之下，其他几类言论也就成为少数派和"噪声"。

返回　　🔺 国资小新　　…

忙着抗洪抢险救灾。@中国石化 🔗言之有李的微博
视频

转发 **417**　　评论 **293**　　　　赞 **3355**

　　　　　　　　　　　　　🗘 按热度

🔺 中国石化 🎖️转发
我们的车辆等设备在泥泞中，水很快渗入沙
漠，没有大的影响，过两天就好了，谢谢大家
关心 ❤️

国资小新 博主：顶！
冷萧不太冷：有事吱一声！！！八方支援！风雨
无阻！

共24条回复 ＞

21-7-30 17:17　　　　🔗　💬　👍 628

🌐 公开　　　　　　　　　　　　　为中国加油

🔺 中国石化 🎖️🐾
　21-8-1 08:34 来自小石头 An... 已编辑　　　☆

#塔克拉玛干沙漠发洪水# 感谢大家关心，现在水已
退，洪水所淹设备，基本没有损失。不管是崇山峻
岭，还是戈壁沙漠，每一次出来勘探都要背好多好
多装备。珍惜每一滴石油，也欢迎大家加入我们，
一块上高山、下大漠，一起为祖国献石油！

@中石化地球物理公司【塔克拉玛干沙漠洪水所淹设
备，基本没有损失】7月14日，在塔克拉玛干沙漠进行
地震施工的地球物理公司SGC2128队营地遭遇暴雨冰
雹，该队立即组织力量紧急抢险救灾，至7月17日18
时，迅速完成设备清理、营区恢复、道路疏通等工作，
项目全线复工复产。灾害期间涉水的3万余道检波器经
过干燥处理，检测合格已投入生产，目前该项目已安全
优质高效完工。感谢大家关心，我们继续为祖国献石
油。

　　　　　　　　　　🔗 70　💬 19　👍 68

2. 久久为功持续发力，全方位多角度宣传新时代石化人

作为能源基石和"工业血液"，石油在人民群众日常生活和社会经济健康发展过程中有着无可撼动的地位。2021年，我国共消耗原油7.0355亿吨，约合每天1400万桶。正是依靠着无数产业工人奋战在生产一线，身体力行地践行"我为祖国献石油"的庄严承诺，才能支撑起整个国家如此庞大的能源消耗量。但是，在千家万户灯火通明、道路上车水马龙的时候，却又很少有人能想起他们在背后的默默付出。扎根在沙漠里的石化人们更是如此：恶劣的自然环境、艰苦的生活条件，这一切都没能够阻挡他们前进的步伐，石化人还是秉持着"哪里有石油，哪里就是我的家"的信念，毅然决然地来到了大漠深处，成为漫漫黄沙一道橙红色的靓丽风景线。他们值得被更多人看见。

"塞翁失马，焉知非福"，一场洪水虽然使油区遭到了一定程度的破坏，但同时也将公众的目光吸引到了祖国边陲，让石化人从塔克拉玛干沙漠深处走上了舞台的中心。面对"从天而降"的社会热点，中石化并没有"三分钟热度"式地就事论事，而是久久为功，借着这一股东风对大漠里的石化人展开了持续的宣传报道。毕竟，抗洪抢险只是沙漠石化人日常工作的一个侧面，更多时候他们都是在浩瀚沙海中默默奉献，用地下汩汩冒出的"黑金"书写着属于他们的人生篇章。

就在洪水退去后不久，8月初，中石化就在微博、抖音和哔哩哔哩等平台发布了工人在油井巡检路上奔波的视频，以第一人称视角带领着观众一起在烈日与高温下的沙漠中"穿行"，途中还要遭遇沙尘暴的考验。这样的vlog带有一定的纪实属性，真实地反映了沙漠石化人日常工作的真实场景，也让观众对于他们的艰辛更多了一份直观的了解。

同时，也不忘抓取一线工人中的先进典型，比如聚焦像麦吾丽旦·沙拉木这样的青年模范，通过自我讲述的方式吐露青年心声、彰显青年态度，不仅能够在团队内部起到激励作用，还可以通过微观个体以小见大，折射出新时代石油工人队伍传承"铁人精神"、接续拼搏奉献的坚强形象。

除了工作之外，另一些视频也着眼于石化人日常生活中的一些"小确幸"：在沙漠中偶遇红色濒危物种长耳跳鼠，石化人则饶有兴致地在一旁围观它在沙地里储藏食物；生活在采油站附近的小狐狸已经不怕生，敢跟着小猫一起到营地来"蹭吃蹭喝"。这不仅展现出了石化人在大漠中仍然善于发现生活中的美好点滴，自身保

持革命乐观主义的积极心态，也从另一个侧面反映出了当地良好的生态环境，人与自然能够和谐共处，某些"大肆开采石油破坏当地生态环境"的悲观论调也就不攻自破。

（原视频请扫描二维码观看）

网友们对这些"沙漠精灵"也喜爱有加，纷纷在评论区留言互动，形成了良好的交流氛围，达到了宣传的预期效果。

3. 新豫同心，"全国一盘棋"更显企业责任与担当

当中石化自身还在受到洪水困扰的同时，汛情也在中原大地肆虐。7月中下旬，由于受到罕见特大暴雨影响，河南省发生严重洪涝灾害，造成了重大人员伤亡和财产损失。据统计，灾害共造成河南省 150 个县（市、区）1478.6 万人受灾，因灾死亡失踪 398 人，全省直接经济损失 1200.6 亿元。

中石化第一时间委托河南石油分公司向河南省慈善总会捐赠 5000 万元用于郑州市防汛救灾和灾后重建工作，还迅速启动了"省市县站库"四级联动机制，全力参与地方抗洪抢险用油保障工作。驻河南各下属企业也纷纷响应，投入人力物力开展能源保供、抗洪抢险、保障生产等工作，并在学习强国、抖音、微博、哔哩哔哩等多个平台以文字、图片、视频等多种形式连续跟踪报道。

当时，河南的灾情正牵动着全国人民的心。作为一家高标站位的超大型国企，宣传工作同样应具备高度的大局意识、长远的战略眼光以及深切的社会关怀，要做到"既见树木，又见森林"。"岂曰无衣，与子同袍"，中石化同时聚焦新豫两地，用宣传报道打出了一套"组合拳"，形成了隔空互文，其"先公而后私、先人而后己"的形象跃然纸上。如果说慷慨解囊承担起的是作为一家国企应负的社会责任，那么"全国一盘棋"就让中石化的企业形象"更上一层楼"，更加彰显出了国企在面对大考时的担当。

三、外部媒体报道

共青团中央、新华社旗下瞭望智库、南方周末、中国新闻周刊、第一财经等权威媒体都先后对此事进行了报道，四川日报、安徽卫视、昌吉日报等媒体则发布了相关视频，多篇报道的阅读量都突破了 10 万 +。

在微博上，话题"塔克拉玛干沙漠发洪水"的总阅读次数达到了 1.9 亿次，讨论次数 1.5 万次，原创人数 2774 人。除了作为话题主持人的国务院国资委新闻中心国资小新之外，还吸引了凤凰网视频、星视频、财联社 App 等专业媒体和乐天凌、晴雨风日等有一定影响力的自媒体博主加入到讨论当中，在微信、微博、抖音、哔哩哔哩等不同平台形成了"多层次主体""多角度参与""多平台互动"的"三多"基本传播格局，充分说明这场发生在沙漠深处的洪水得到了社会各界的广泛关注。

案例亮点

一是主动出击、注重方法，做好引导工作。 面对突如其来的洪水灾情，中石化第一时间做出响应，同步开展救灾和宣传工作，有效避免和消除了可能发生的次生灾害，堪称一次良好的危机公关处理范本。

在面对紧急的公关考验时，企业宣传部门首先要做到坚定核心价值观，牢牢把握舆论引导主动权，新闻真实性和时效性两方面不可偏废，针对社会关切做好恳切回应；其次，要注重宣传方式方法。在本案例中，中石化与上级主管部门及地方政府保持沟通、配合紧密，运用带有温度的文字内容取代冷冰冰的情况通报，并配以现场视频增加公众对灾情了解、消除社会忧虑，体现出了自身的专业能力。

二是新闻宣传功在平时，万事俱备"等风来"。 这一场洪水只是一次偶然，但在此之前，中石化始终对沙漠石化人保持着长期关注和正能量宣传，这也使得此次的偶然成为一种必然。

新闻宣传工作要做到"功在平时"。一方面，对基层的关注能够让奋战在一线的工人感受到来自企业的重视与关怀，在团队内部形成良好的团结氛围，对外才能更好地树立起优质的企业形象，更能够从整体层面在全社会营造起正能量的氛围；另一方面，只有在平时不断积累新闻素材和宣传实战经验，在合适的风口来临时才能真正把握住机会，并且懂得如何抓取热点、制造爆款，应对起来更加游刃有余，真正做到"来之能战，战之能胜"。

三是多用第一人称视角，彰显一线员工主体性。 随着传播技术的不断发展，媒介赋权使得传统新闻媒体对传播渠道的垄断权正在不断消解。对于企业的宣传部门来说，如何在全新的媒介环境之下讲好故事就成为一个新的命题。但是挑战之中也蕴藏着机遇，相比更加客观的新闻报道，中石化在新媒体平台上所发布的视频多采用工人的第一人称视角进行叙述，或是镜头执掌在一线工人的手中，或是以主人公的口吻自述，在声音方面也多选择保留现场环境声。叙述主体的改变在无形中就拉近了观众和故事讲述者之间的心理距离，能够帮助他们更沉浸式地"参与"到一线的日常工作中，从而对石化人的工作和生活有更加深入的了解，设身处地多看多听，也自然能够产生同理心，从而体会到石化人的奉献与付出。从"让我说"到"我来说"的过渡与转变，也能够有效提升和发扬产业工人队伍的"主人翁"精神。

中国安能

九八抗洪部队再上抗洪前线

—— "水电铁军" 抗洪抢险风采依然

2020 年 7 月，中国南方多地连续遭遇多轮强降雨袭击，一时间，管涌、塌方、溃堤、内涝等险情不断。中国安能建设集团有限公司（简称中国安能）抢险队员紧急驰援、逆行出征，经过 83 小时的连续奋战，于 7 月 13 日 23 时 8 分，打赢了这场全国人民关注的决口封堵攻坚战。

国资小新第一时间在微博、抖音、快手等平台发布了这段视频，浏览量迅速破千万。央视新闻、新华社、四川观察、澎湃新闻等知名媒体转载报道，网友纷纷评论转发，为央企担当点赞。7 月 17 日，国资小新结合"九八抗洪"在微信公众号发文宣传，开启了此次事件的二次引爆。

此次事件中，国资小新敏锐捕捉一线抢险英雄的正能量热点，第一时间在多平台传播现场影像，给网友以视觉与心灵震撼。后续传播中着眼当下，回溯历史，两者结合，二次引爆，其策划不可谓不用心，其构思不可谓不巧妙。

▶▶ 基本情况

一、事件概况

自入汛以来，受持续性强降雨影响，南方多地连续遭遇多轮强降雨袭击。一时间，管涌、塌方、溃堤、内涝等险情不断，人民群众生命财产安全面临严重威胁。危急关头，国资央企闻"汛"而动，全力做好抢险救灾工作，齐心协力筑起"央企大堤"。其中，中国安能投入千余名专业力量、400 余台（套）专业装备，紧急驰援、逆行出征，接连打响了一场场抗洪抢险攻坚战。

2020 年 7 月 13 日 23 时 8 分，江西上饶鄱阳镇，随着最后一车土石投入河道，鄱阳问桂道圩堤决口处成功实现合龙，这场全国人民关注的决口封堵攻坚战终于打赢了。为了这一刻，中国安能的抢险队员已连续奋战 83 个小时，汗水泥巴混在一起，换班时，浑身上下都湿漉漉的他们，体力已经严重透支，每个人几乎都是在拖着两条腿向前挪动。

不少受众对媒体报道中这支特别能战斗的队伍印象深刻，并深感其战斗作风似曾相识。后经深入报道得知，其实在正式划转到国务院国资委监管的中央企业序列之前，他们还有一个闪耀的名字，那就是曾先后出色完成了唐山大地震抗震救灾、九八长江抗洪、汶川抗震救灾、南方抗冰保电、江西唱凯堤决口封堵、甘肃舟曲泥石流抢险等 180 多次重大抢险救援任务的——武警水电部队！

二、传播内容

1. 真实动人的抢险画面

国务院国资委新闻中心官方账号国资小新发布的一条短视频中，开篇的航拍视角记录了洪水决堤的震撼场面，随后，一名名抢险队员，一台台专业装备，一面面红色旗帜，汇聚在夜色中，奋战在第一线！各种大型装备随着指挥员挥动的手势和吹响的哨声，一次次放下巨大的石块，最终使得决口处成功合龙。工程装备上"中国安能救援"几个大字表明了他们的身份。

整段视频中没有构图的精心设计，没有动效的震撼感受，没有色彩的绚丽夺目，甚至没有一句同期人声，但就是这样一段来自一线的纪实画面，使观众们直观看到了安能人的英勇无畏、搏击风浪、身手不凡、履险如夷，感受到了安能人为我们负重前行的感人行动。长达 28 个字、黄红双色的醒目标题，在字里行间流露出对安能人"弄潮儿向涛头立，手把红旗旗不湿"大无畏精神与豪迈气概的赞叹。

2. 光辉感人的过往事迹

其后，国资小新微信公众号发布了题为"九八抗洪的武警水电部队，今天的央企中国安能再上前线！"的推文，让更多网友了解中国安能这支抗洪抢险队伍的光荣历史与"水电铁军"精神。2018 年 8 月 30 日，按照党中央部署，武警水电部队集体退出现役，整体转隶组建为中央企业。此后，在京挂牌成立的中国安能建设集团有限公司，传承人民军队血脉基因，发扬"铁心向党、铁肩担当、铁胆攻坚、铁骨奋斗"的"水电铁军"精神，聚焦经济建设和应急抢险两个主战场，彰显共和国脊梁风范，体现国家队使命担当。如今，中国安能集团作为唯一一家以工程建设和自然灾害应急救援为主责主业的央企，作为一支自然灾害工程应急抢险领域的国家级专业力量，担负着国家重大自然灾害工程救援和重点工程建设任务，是我国重大地质灾害抢险中专业水准极高、实战能力很强、最能打硬仗恶仗的一支重要力量，时刻出现在国家应急救援的战场上，全力维护好群众生命财产安全，守护好共同的美好家园。

三、传播过程

1. 事件传播

2020 年 7 月 14 日，国务院国资委新闻中心官方账号国资小新在微博、抖音、快手等平台发布一段短视频，短短 20 秒的视频记录了奋战在一线的抢险队员们，并配字"中国安能，连续奋战 83 个小时，江西鄱阳问桂道圩堤决口，成功实现合龙"，浏览量迅速破千万。此外，"中国安能－水电铁军"账号也发布了短视频，点赞量近四十万。

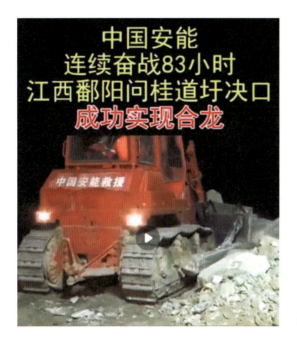

（原视频请扫描二维码观看）

当晚，总台《新闻联播》以《央视新闻特写：堵住决口的奋战》为题，播出了长达 2 分 50 秒的报道，期间还包含对现场指挥员及现场调度员等安能员工的现场采访。

同日，央视新闻、新华社、四川观察、澎湃新闻等知名媒体的抖音账号也报道了这一事件，引发更多网民的关注。其中，新华社的视频报道中则辅以文字，较为详细地说明了中国安能的人员和装备情况。

2. 二次引爆

2020 年 7 月 17 日，趁着短视频发布后的热度尚未消退，国资小新又在其微信公众号上发布了"九八抗洪的武警水电部队，今天的央企中国安能再上前线！"的推文。

标题中，出现了令人激动的事件"九八抗洪"、闪耀光辉的名字"武警水电部队"，言简意赅地阐明了央企中国安能的前世与今生。九八抗洪出现在标题上，把人们的记忆拉回到了 1998 年的汛期，军民团结奋战，同特大洪水进行殊死搏斗的场景。这场抗洪抢险中形成的"万众一心、众志成城，不怕困难、顽强拼搏，坚韧不拔、敢于胜利"的精神，深深印刻在了中华民族的发展历史中。九八抗洪与武警水电部队紧紧连接在一起，让人们感叹：这支队伍的风采仍然在，他们的精神仍在传承与发展。

推文中列举了他们曾经出色完成过的重大抢险救援任务，而且以图文并茂的方式详细介绍了其中 20 场最为惊心动魄的重大应急救援任务。丰富的图片，翔实的文字，有效弥补了短视频传播中信息量不足的短板，让读者得以深入了解这支队伍的辉煌事迹。不需要华丽的辞藻，只要列举中国安能曾经参与过的种种救灾事迹，人们就会感叹这支队伍的英勇，这些灾难的危险、救灾的艰难已然不需要赘述。

7 月 18 日 8 时 22 分，继问桂道圩堤决口处成功实现合龙后，国资小新又通过现场视频的方式在第一时间带来了新的好消息。中国安能第二工程局 200 余名抢险人员与前来增援的武警、消防指战员一道，经过连续 5 个昼夜的奋战，鄱阳县中洲圩 188 米宽的决口也成功实现合龙。

国资小新 👑

2020-7-18 来自 微博视频号

【合龙！江西鄱阳188米决口封堵成功，现场视频来了】7月18日8时22分，在抢险人员连续奋战5个昼夜后，江西省鄱阳县中洲圩188米宽的决口成功合龙。险情发生后，中国安能第二工程局迅速调集200余名抢险人员携带大型专业救援装备赶往现场，与前来增援的武警、消防指战员一同封堵决口。现场视频来了，戳👇 ...展开

1.7万次观看   0:45

当天，各主流媒体也开始对本次事件展开广泛报道。其中，澎湃新闻、看看新闻、红星新闻等媒体都以短视频的方式进行了报道，中国经济网则在微信公众号进行了推送。

四、传播反馈

2020年7月14日，首条视频发布后，浏览量迅速破千万，网友纷纷评论转发，为央企担当点赞，被水电铁军感动。众多网友在评论区为中国力量、为中国安能点赞加油。

八月妙歌
这就是中国奇迹👍因为有你们❤最可爱的人👍👍 1小时前   ♡ 1

老王25089
人民子弟兵辛苦了，加油，中国加油，困难马上就会挺过去的 1小时前   ♡ 1

PLA西域天狼
以前的水电武警！现在的中国安能！服装不同，但是一样还是为人民服务 1小时前   ♡

cu夏
回想起98年那会儿真的是肉身抗洪，人跳进水里，22年过去了，再看到机械化的抗洪的现在，中国一直在进步。
07-14 09:01   👍 23

hunxiaozi_b15b81
中国安能就是原来的武警水电。国家队。
07-14 09:42   👍 2

7月18日，在各大媒体发布的视频评论区，众多网友不约而同地关注到了一面面鲜红的旗帜在空中飘扬的感人瞬间，并评论区抒发了关于这一场景的感想"党旗飘扬在大坝上空，这是怎样一种浪漫啊！"

一条条留言中，满是"看哭了"的网友们对中国安能换装不换色、不忘初心的点赞，并称他们为"最可爱的人"。众多留言中，有位网友表示"我自豪我曾是你的一员"，激动之情溢于言表，这条留言也引发了众人的共鸣。

2020年年末，由国资小新联合国务院国资委网站、《国资报告》杂志发起，根据网友推荐和全年大数据分析，并综合各平台网友投票情况和专家意见，评选出"2020年度央企十大暖镜头"。其中，题为《水电铁军又上长江抗洪前线》的暖镜头，再次回顾了央企中国安能的抗洪壮举。

案例亮点

一是在选题上，展现了抢险救灾中的中国精神。 许多险情的发生是无法人为控制的，在历次防汛抢险救灾中，总有人要负重前行，他们冲锋在前、为人民服务、无私奉献，他们总是奔赴在最危险的一线。在日常浏览新闻资讯时，受众更容易关注险情本身，倘若没有媒体对抢险队员和背后故事的深入报道，这些默默奉献的抢险人注定鲜有人知。在《中国安能再上抗洪前线、奋战83个小时、实现江西鄱阳问桂道圩堤合龙》的传播视频中，国资小新敏锐地捕捉到了正能量热点，迅速推出了这则有温度的作品，并持续跟进报道，进而引发诸多重量级媒体的关注与转发，赢得了众多网友对抗洪抢险中"水电铁军"的点赞与肯定。

这类关注一线抢险英雄的选题，一方面向公众传递了险情事件中的另一面，在危急关头、灾难面前，有一群人时刻守护着许许多多人民群众的生命安全；另一方面，通过对这些感人事迹的报道，使公众切身感受到这些人不怕困难、顽强拼搏、坚韧不拔、敢于胜利的大无畏精神，打动人心的英勇事迹与网友们真挚的点赞汇聚在一起，形成一股凝聚在社会中积极向上的正能量。

二是在内容上，回溯历史，找准爆点。在整个传播过程中，国资小新并未止步于对此时此地此事的报道，而是通过资料梳理，理清了中国安能的前世今生，并以历史的眼光深度还原了事件的主角。

首先，从其历经的 180 多次重大抢险救援任务中凝练出"九八抗洪"这个关键词。1998 年，中国江南、华南大部分地区及北方局部地区发生了有史以来罕见的特大洪水，在同洪水搏斗中，中国人民展现出了万众一心、众志成城，不怕困难、顽强拼搏，坚韧不拔、敢于胜利的伟大抗洪精神。抗洪精神成为中国人民的宝贵精神财富之一，参与过九八抗洪的队伍被每一位中国人发自心底地敬佩与赞美。

其次，从其历经的 180 多次重大抢险救援任务中精心筛选出 20 个抢险故事。这需要熟读材料，仔细钻研，并成功凝练出最扣人心弦的故事片段，辅以图片，把一幅幅鲜活的抢险画面铺陈在读者的面前，使其更加具有时间上的厚度，人物的形象、品质和精神得到了更丰富和立体的刻画。

三是在传播上，一线、一手与第一时间。一线，指的是视频来源于现场。视频中的中国安能抗洪抢险场景，紧贴实际，画面虽然达不到精美的程度，但是足够真实，很接地气，体现了故事的生动性、鲜明性，真实鲜活的故事最为打动人。

一手，指的是具备获取、收集和传播原始素材的意识。在日常工作中，要拓宽视野、拓展思路，具备敏锐的观察力，做好故事的发现者，事物具有很多面，要能够在事件发生的时候发现其中蕴藏的正能量，并且敏锐地把这些展现正能量的人和事记录下来，并传播出去。

第一时间，指的是新闻的时效性。新闻具有一定的时效性，新闻传播也具有"黄金期"，事件刚发生的 24 小时一定是人们关注度最高的时候。在该事件的传播过程中，媒体平台在第一时间发布最新信息，从而为引发众多受众关注打下了坚实的基础。同时，"时"是时间，更是时机。在突发险情面前，要掌握主动，在网络传播的复杂环境中，要掌握好时机。以国资小新为代表的媒体平台在抗洪抢险报道中审时度势、灵活机动地抓住两次决口合龙的有利时机，更创造性地抢占突发新闻的"第二落点"，使得网民情绪与正能量传播均呈现螺旋上升的良好态势。

四是在发布上，采用形式组合与平台矩阵。在新闻报道平台方面，国资小新第一时间在微博、抖音、快手等平台发布了视频，随后又在微信公众号发布了长篇图文。这充分体现出国务院国资委在日常传播中，不但把网络传播平台作为重要阵地，而且成功打造并深度运营平台矩阵，立体展现了新时代网络宣传的新面貌、新作为。

在新闻报道形式方面，国资小新结合各类平台的特性与用户特征，在不同平台投放不同形式的内容信息，除在微博、抖音、快手等平台推出短视频外，还在微博推出短消息，在微信公众号推出长篇图文报道，充分体现出其对各大网络平台个性化及差异化的精准把握。这启发我们，需要充分遵循和利用融媒体传播规律，尊重"社交媒体"传播特性，同一批素材，根据各平台特点，最终生产出不同的产品，实现视频、文字、图片等多种媒体形态在抖音、快手、微博、微信公众号等多类型媒体平台矩阵的立体传播。

在新闻媒体联动方面，在国资小新率先发布之后，这个正能量选题迅速被多家媒体关注，并相继参与了事件的报道。这也告诉我们，在事件传播中，不但要主动出击，开展全媒体宣传，更要积极拓展与各级各类媒体的交流与合作，从而形成长时间、多层次、多角度的广泛宣传效果。

中粮集团

十年，花儿朵朵怒放

——"花儿朵朵"爱心援助计划宣传报道

2021年3月31日，在由中宣部、中央文明办等国家16部委组织的2020年度全国学雷锋志愿服务"四个100"先进典型宣传推选活动中，中粮集团有限公司（简称中粮集团）下属中粮可口可乐华中饮料有限公司（简称中粮可口可乐）"花儿朵朵"爱心援助计划项目（简称"花儿朵朵"）获评2020年度全国学雷锋"四个100"先进典型最佳志愿服务项目。2011—2020年，由湖南省青少年发展基金会和中粮可口可乐华中饮料有限公司联合发起的"花儿朵朵爱心援助计划"走到第十年。十年来，"花儿朵朵"爱心援助计划着眼贫困地区长远发展，精准扶贫、志智双扶，团结爱心企业、爱心人士，助力贫困地区学子成长成才、追梦圆梦。

▶▶ 基本情况

一、事件情况

2009年，中粮可口可乐华中厂的员工们响应国家号召，自发深入偏远贫困山区，在湖南凤凰开展了第一期"花儿朵朵"爱心赋能公益项目，为30余名小学生送上来自央企的温暖。经过两年摸索发展，在湖南省青少年发展基金会的指导下，"花儿朵朵"爱心援助计划于2011年4月正式启动。

中粮可口可乐华中饮料有限公司召集公司党员、职工群众组成爱心志愿者服务团队，深入偏远贫困山区，对偏远贫困山区的贫困学子进行"一对一"帮扶，建立资助人与学生的常态化联络机制，从物质和精神上为留守的贫困学子们构筑双重保障，使爱心援助从"候鸟式"的公益捐助发展成为常态化的亲情联系，开展爱心赋能公益项目，并由湖南凤凰扩展至石门、泸溪、慈利、汨罗，乃至四川石渠等欠发达地区。

2011—2020年，"花儿朵朵"爱心援助计划自起步时的10余名志愿者、30余名受众小学生，发展成有149名固定爱心志愿者的服务团队，累计捐助学生逾千名，捐赠助学金近350万元，累计收到2000余封感谢信件。"花儿朵朵"爱心援助计划获得社会各界的关注和支持。中粮可口可乐集团用十年坚守诠释了央企担当。

二、传播情况

十年树木，百年树人。在"花儿朵朵"爱心援助计划的十年发展历程中，中粮可口可乐高举"我们在乎"的志愿服务旗帜理念，完成了助学金、文具等慰问物资的发放，还全面组织开展"为爱同行"徒步行动、"爱在湘黔、衣旧温暖"爱心捐赠、"车尾箱集市"义卖、寒暑期游学活动等具有吸引力的大型活动。

自2011年创办起，该项目各项大型活动被天府早报、封面新闻等多家媒体报道、转载，项目突出成就在"微湖南""国企文化""文化文明"等官方微信公众号上广泛传播。

中粮集团公众号于2021年推送的《中粮：耕耘在雪域高原希望的田野上》提到，"花儿朵朵"爱心援助计划作为中粮集团助力乡村振兴的重要一环，是中粮集团帮助欠发达地区发展、迈向全面小康社会的一大举措。该项目的重大意义也被社会读者更为肯定。

正如宣传报道中所写：十年光阴，见证了湖南中粮可口可乐到中粮可口可乐华中饮料有限公司的华丽蜕变，也见证了湖湘大地上一群孩子命运的改变。或许再过十年，他们身处的那座大山、那条河流、那片红色的沃土，也将因他们而改变。

三、传播反馈

1. 十年花开，擦亮公益金字品牌

"花儿朵朵"公益十年，接续奋斗、久久为功，成为国资央企中响亮的公益金字招牌，通过品牌效应，获得社会各界的广泛关注和大力支持，不断吸纳来自社会各界的公益合力。2018年，"花儿朵朵"爱心援助计划在湖南省团省委、省民政厅等14家政府单位等联合主办的"湖南省第三届青年志愿服务项目大赛"中获得

银奖。获评 2020 年度全国学雷锋"四个 100"先进典型最佳志愿服务项目。这些都是对十年来"花儿朵朵"的充分认可与肯定。

2. 深化感召，厚植公益奉献情怀

"花儿朵朵"爱心援助计划的宣传报道挖掘典型案例、真实故事，将大山深处、偏远基层发生的感人故事毫不矫饰地加以传播，不仅是讲述故事，更是持续弘扬公益精神，凝聚社会向善合力，深化大众公益感召。

在长期的系列报道传播过程中，中粮可口可乐始终高举"我们在乎"的公益理念，将这响亮的四字口号标签化、典型化为自身的公益"名片"，同时始终聚焦"花朵"意象，以"花朵"象征偏远山区的孩子，使用这一经典化、大众化的象征进一步塑造传播记忆点，最终形成了极佳的传播效果。

与此同时，中粮可口可乐也借此树立了这样一个良好的社会形象：持续坚持公益行动，并让公益行动常态化，与企业共同生长；积极投身教育、生态环保等公益领域，让公益事业有了新的生命力；积极发挥自身资源优势，为公益慈善事业贡献力量，融入时代发展、乡村振兴的大格局中。

案例亮点

一是以点带面，呈现爱心计划暖底色。这样一个跨越十年之久的大型公益项目，其中自然生发了无数感人故事。在宣传报道中，中粮可口可乐选择了一位典型的受助学生案例。2019 年夏天，一位接受过"花儿朵朵"帮助的山村姑娘龙佳雨考入清华大学。宣传报道细细考察她的成长轨迹，最终向读者昭彰地展示出该项目的暖心底色："花儿朵朵"爱心援助计划对她的影响并不仅仅是一时的金钱、物质支持，更是将她与中粮可口可乐华中志愿者的心与心相连，凝聚了一条深厚的感情纽带。

自 2012 年起，中粮可口可乐华中厂员工陈凌志、李果夫妇连续七年一对一帮扶龙佳雨家庭。龙佳雨动情回忆："陈叔叔、李阿姨七年来时常寄书籍、衣物，细心耐心答疑解惑。尤其在我高三最压抑痛苦的那一年，为我开导让我放松。对我来说，李阿姨是良师，更是益友，她虽然不能时时陪伴，但我知道，只要我转头，她就在身后。"

这一典型事迹中，不论是志愿者对受助学生的无私关爱、悉心陪伴，还是受助

学生在关怀中笃志奉献、传递爱心的信念，双方长达七年的情感联结着实令人动容。龙佳雨的事迹经过宣传报道，为大众勾勒出双方互助互爱的美好画卷，已经成为"花儿朵朵"爱心援助计划的一个理想"范本"。真挚的情谊，便是这一系列宣传报道打动人心的落脚点。

与此同时，系列报道并没有忽略其后的"大多数"。宣传典型事迹，不是单拎出一个个例，大肆渲染其独特性，而是要以点带面，挖掘共性，通过典型案例，向公众展示出这一具备共同特质的群体。

在 2017 年 10 月 31 日"湖南中粮可口可乐"公众号的文章中，一批年幼孩子的故事被呈现出来。"在可口可乐大使队伍中的章细威，特意买了书包带给千惠。千惠满脸笑意接过，转眼就把书包藏进了房间。大家开玩笑要她把新书包打开看看，结果千惠摇摇头：'新书包先不拆，旧的还没用烂呢。'"尽管行文并未显露多少情绪，但孩子们纯真话语真实地击中了读者的内心。龙佳雨的故事同样如此，它并没有过多着墨于考入清华的成就，而是关注七年来受助学生与志愿者一同走过的风风雨雨。这是十年来所有受助学生共同的经历，因其真诚，所以动人。

二是久久为功，挖掘横贯纵深全脉络。"花儿朵朵"爱心援助计划历经十年发展，已成为中粮可口可乐的金字招牌。越漫长、宏大的公益项目，在宣传报道上越需要做好取舍，力争在展现项目发展全脉络、齐"骨架"的同时，保留下细部的精华"血肉"。

通过统计数据明晰体现十年发展。截至 2020 年 12 月，项目组已成为拥有 149 名固定爱心志愿者的优秀服务团队，累计捐助学生 266 名，捐赠助学金 66 万余元、各类学习生活用品 300 余套，建立爱心图书角 4 个。30 余名受助学生接受高等教育，其中 9 名学生考上本科，1 名学生考入清华大学。在新闻报道中，统计数据是最无可辩驳的材料，把数据统计清楚、讲明白后，无须过多赘述，读者自然能体会到数据背后十年风雨的重量。

通过系列报道层次分明地体现十年发展。"花儿朵朵"爱心援助计划并不是一次简单的发放助学金活动，它是一项系统化、体系化的公益项目。通过分门别类的系列报道，"花儿朵朵"爱心援助计划最终构建起涵盖湖南凤凰、石门、泸溪、慈利、汨罗，乃至四川石渠等地区，涉及寒暑期游学、"暖冬行动""爱心助学金""净水计划""慈善音乐会"等活动的完善体系。对读者来说，这个体系并不是杂乱无章的，在地区、活动各类别下，宣传报道层次分明地罗列出公益项目十年发展变迁。

通过跟踪报道纵深细腻地体现十年发展。在湖南中粮可口可乐微信公众号2020年12月14日发布的纪念文章《十年花儿，十分在乎》中，中粮可口可乐聚焦十年前项目的起源地湖南凤凰，一路溯源项目发展初心，进行了十年间受助学生的今昔对比。从青涩稚嫩的孩童面孔，走向如今青春昂扬的青年模样，简单的媒体拍摄形式，却为文字的叙述增添了动人光彩。

三是同频共振，融入时代发展大格局。经过十余年发展，"花儿朵朵"爱心援助计划见证花儿们从小学一年级走向高中甚至大学。中粮可口可乐意识到，为公益事业做贡献，加大社会公益的宣传声量，不仅要自己投入巨大心力，更需要社会各界的积极参与，形成社会的普遍合力，将这股力量汇入国家社会发展的大格局中。

　　"花儿朵朵"的相关宣传报道不仅细致展现了本项目的十年发展历程，而且将项目的十年发展定位在中粮可口可乐响应国家号召、履行社会责任、共同迈向全面小康社会的大格局下。在"中粮集团"公众号于 2021 年推送的《中粮：耕耘在雪域高原希望的田野上》中，"花儿朵朵"爱心援助计划拓展到四川省石渠县。该县位于青藏高原东南，境内平均海拔高、平均气温和空气含氧量太低，被称为"生命禁区"。由于雪灾频发，当地因灾致贫、因灾返贫现象十分普遍。2016 年底，中粮可口可乐承担起对口援助石渠县的任务。

　　该篇推送文章通过对"花儿朵朵"爱心援助计划等公益项目的介绍，擘画出中粮集团"以产业扶贫为先导，通过公益活动将扶智、扶志与扶贫工作有机结合"的壮阔蓝图。在 2 分半的视频中，藏族女孩卓玛作为受助学生的代表出镜，以稚嫩孩童的视角叙述了公益项目为当地带来的改变。在这样的设置下，"花儿朵朵"爱心援助计划立足中国发展、时代发展的大格局，留下了力透纸背的时代刻印。

　　在"花儿朵朵"爱心援助计划系列报道中，社会大众欣慰地看到这样一幅图景：十年，中粮可口可乐用实际行动积极践行"我们在乎"的公益理念，募集员工及社会各界的爱心力量，为贫困学子提供助学成长空间，帮助他们圆梦校园，并将公益融入国家脱贫攻坚、社会精准扶贫的大行动中来，积极履行社会责任，奉献爱心，回报社会。十年，用爱心播撒向往美好生活希望的种子，用"我们在乎"助力花儿朵朵美丽绽放。

中国中铁

踏足禁区，书写生命华章

——评《海拔 4750 米！生命禁区里的守望者》

2020 年 12 月 23 日，国务院国资委举办的"全面小康央企担当"第三届中央企业优秀故事发布活动在北京举行。中国铁道科学研究院集团有限公司（简称中国中铁科研院）以"西北院风火山精神"为主线的参赛作品《海拔 4750 米！生命禁区里的守望者》荣获一等奖，并作为 10 个获奖作品代表之一参加发布活动现场展演，这也是中国中铁系统此次唯一获得一等奖的作品。文章讲述了中国中铁科研人 60 年如一日，在海拔 4750 米的风火山观测站驻守生命禁区、坚守科研高地、勇于跨界创新的故事。

作品获奖后，在腾讯视频等平台得到广泛展示。作品宣传的科研人员的事迹令社会大众广受触动，20 世纪 60 年代至今所形成的风火山精神也成为中国中铁奋战在基层、科研一线的生动例证。

▶▶ 基本情况

一、事件情况

1961 年，中国中铁科研院西北院（简称中国中铁西北院）为了破解青藏铁路高原冻土区筑路技术难题，在远离人类文明的"生命禁区"——青藏高原多年冻土腹地、海拔 4750 米的风火山北麓，建立了我国第一座也是唯一一座全年值守的多年冻土定位观测站，开展高原气象、地温、太阳辐射以及各类工程建筑物地温场变化和稳定性的观测。

这是国内最早进行冻土观测和研究的科研机构，先后开展了区域冻土、冻土力学、热学、路基、桥涵、房建、给排水、建筑材料、生态环保等 9 个专业领域 36 个科研课题的研究，取得了 29 项重大科研成果，连续测取了 1500 万组数据，为破解多年冻土这一世界性难题奠定了坚实基础，为决策修建青藏铁路提供了技术支撑。

海拔 4750 米，高寒、低压、缺氧……极端的气候和自然条件常年在风火山囤积，一天四季的轮回更替，让人恍若隔世。诸多年来，这里被世人称为"生命禁区"。

59 年来，这里空气稀薄、荒无人烟、气候极端恶劣，是生命禁区中极为险恶的区域，冬季气温低达零下 43 摄氏度。59 年来，风火山观测站的科研工作从未停歇，先后有 200 余名科技工作者奋战在这个生命禁区，挑战高寒缺氧。59 年来，先后有四代科研工作者把自己的青春、智慧和生命献给了冻土科研事业。周怀珍、王占吉、张鲁新……一个个闪亮的名字永远载入我国冻土科研事业的史册，他们含冰卧雪、战天斗地，向世界展现了中铁科研人薪火相传的"风火山精神"：以苦为荣、勇于创新、孜孜以求、献身科学。

现任风火山观测站站长李勇正巧与冻土定位观测站同龄，他与同事们在这片生命禁区至今已坚守了 37 年。《海拔 4750 米！生命禁区里的守望者》一文，便以李勇的感人事迹展开的。

二、传播情况

移动互联网时代，分众化、差异化传播趋势日益明显，传统企业在传统媒体的话语体系下的单线作战、单一媒体、单向传播模式，已无法适应时代要求和受众需求。要讲好国资央企的正能量故事，不仅要故事动人，而且要渠道发达、传播通畅，不断创新媒体传播的形式与手段，持续扩大媒体报道的传播力、影响力、引导力。

2017年3月25日，央视《朗读者》节目"眼泪"主题剧中，国内著名冻土科学家、西北院冻土专家张鲁新带领冻土科研团队，深情回顾了西北院几代人在青藏铁路修建过程中发扬风火山精神，为攻克多年冻土世界难题所做出的奉献。他们用自己的实践和执着，创造了博大的"风火山精神"，成为青藏铁路建设精神不可或缺的重要组成部分。依托已有广泛社会影响力的《朗读者》节目，中铁西北院的事迹第一次进入社会大众的视野之中。

此后，澎湃新闻、中国新闻网等多家媒体不断挖掘青藏铁路冻土科研的故事，一位位代表人物与"风火山"隧道背后的建设历程受到社会各界的广泛关注。2019年12月7日，在央视中文国际频道《中国地名大会》栏目中，张鲁新专家再次向全国观众讲述了青藏铁路"风火山精神"的故事，将大家的记忆带回到那段难忘的岁月。

2020年12月23日举办的第三届中央企业优秀故事发布活动中，中国中铁西北院以新闻文本、事迹为基础，以位于海拔4750米的风火山观测站现任站长李勇的真实故事为原型，策划了一次现场展演活动。展演分坚守、传扬、开拓三个篇章，讲述了"风火山精神"一甲子薪火相传且焕发时代生机的故事。节目以生动的形式、朴素的话语，折射出淡泊名利、潜心研究的科研人精神。

2022年，由中国中铁联合央视拍摄制作的五集纪录片《开路先锋》正式播出。该纪录片以中国中铁在革命战争年代的突出贡献以及新中国经济建设时期的多项首次突破为切入点，用鲜活的实例，拉开历史帷幕，讲述在党的领导下，央企基建人在革命战争、国家建设、科技攻关、装备研发等方面的历史贡献和红色记忆。其中第四集便追溯了中国中铁西北院在青藏高原将天堑变通途的壮阔故事，一经播出，得到社会的广泛赞扬与认可。

（原视频请扫描二维码观看）

三、传播反馈

1. 树标杆：提炼"风火山精神"

《海拔4750米！生命禁区里的守望者》以李勇等代表人物的事迹为载体，充分展现中国中铁西北院几代科研人员的坚守和奉献，特别是对风火山精神的传承和开拓。一方面，本报道可以号召职工积极向科研人员学习，传承企业文化精神，在社会公众范围内让企业文化良好品牌和美誉度得到更好传播，助力企业改革发展大局。另一方面，老一辈科研工作者留下来的"风火山精神"在新时代不断焕发新的生机。2005 年 5 月 29 日的《人民日报》中，以风火山科研精神、风火山隧道精神、设计尖兵精神、高原铺架精神等精神结合凝聚的青藏铁路精神就已经得到了党中央的高度肯定。

时至今日，几代工程建设人用青春和生命铸就的"以苦为荣，勇于创新，孜孜以求，献身科学"的风火山精神，一直激励着新一代风火山人把高原冻土的研究作为终生奋斗的目标，激励着中铁科研人继续当好科研先行者、打造行业精神标杆、践行央企社会责任，在新时期铁路建设和"一带一路"的伟大实践中做出新的贡献。

2. 强感召：致敬新时代楷模

经过视频、展演活动、新闻报道之后，更多社会公众了解到中国中铁西北院高原冻土观测站的甲子壮阔征程。这群六十年如一日坚守的科研工作人员，他们的坚韧与信念，深深感动了无数网友。以先进事迹鼓舞人心，以榜样力量催人奋进，引领社会大众向榜样看齐、向使命聚焦，补足精神钙质，增强担当作为的责任感，永葆向上奋进的精气神，在榜样的引领下锤炼坚定意志、锻铸信念之基。

案例亮点

一是把握鲜明对立的主题。 媒体报道的成功与否，一个重要因素在于传达的意图是否明确。文章主线越清晰，主旨越鲜明，越容易达到优秀的传播效果。在本文的标题中，一眼就能发现"禁区"与"守望"的对立关系。对立与矛盾，是事件推进的根本逻辑，也是新闻发展的根本逻辑。"守望""禁区"，便是本新闻报道的主题主线。

一方面，是恶劣的生态环境与持续的科学研究间的对立。该篇报道极其用心地刻画了冻土科研站周边环境的恶劣：海拔达 4750 米，空气稀薄、荒无人烟、气候极端恶劣，冬季气温甚至低达零下 43 摄氏度。在这样恶劣的自然环境下，先后四代、200 余名科研工作者扎根此地 59 年，用一代代科研人的热情与信念书写下动人的青春华章。两组数据的对比，更深刻体现了文章的主题。

另一方面，是艰难的科研探索与坚定的科研决心间的对立。除了生命禁区恶劣的自然环境下，科研探索工作也面临着技术不成熟、人员不充足、物资不到位等种种挑战，在此地的科研工作可谓筚路蓝缕、举步维艰。此外，科研人员们还面临远离亲朋好友的苦楚与寂寞，在精神层面经受着严寒的"拷打"。双重压力与考验下，淬炼出一道"以苦为荣，勇于创新，孜孜以求，献身科学"的风火山精神。在无数坎坷荆棘的打磨下，其夺目的光彩熠熠生辉。在各种鲜明的对立中，报道的立意就如此真挚动人地浮现出来。

二是塑造可敬可亲的人物。 通过大量生动可感的细节，该篇报道着墨人物的闪光点，成功将风火山科研工作人员的独特、过人一面展示出来。为何要突出报道某一部分人物？自然是人物有其闪光点、独特性、典型性。在新闻报道中，要着墨于人物相比普通人、常人所不能及的特点，提炼和升华典型人物的精神，让人物可敬。

报道中提到，1985 年大雪封山，李勇在巡回观测时感受到了极其严峻的酷寒，在零下三十多度的环境里，"靠驾驶室窗户的半个身子冻麻侧转后背，后背冻麻木了又换回来，颠簸 10 余个小时，到达观测场后走路都变了样。"叙述严寒，不必赘述天气情况，只需用人物的神态、行为与具体情况即可四两拨千斤地体现出来。这就是细节的意义。正因文中有如此多生动可感的细节，李勇等科研人员的形象愈发立体可感、高大可敬。

同时，该篇报道不仅如前所述刻画了一群可敬的科研工作人员，而且还挖掘出了人物可亲的一面。在新闻报道呈现人物闪光点的过程中，切忌"神化"新闻人物。以往传统的新闻报道具有较强的宣传色彩，常把报道人物拔至高大上的"伟人""圣人"形象，不会出现一丝一毫的负面情绪。然而，典型人物、团队、事迹宣传的根本目的是传扬社会主义核心价值观，号召广大人民向他们学习。一味将人物向高大、神圣塑造，固然会让读者产生钦佩、敬仰之情，但过犹不及，甚至会让读者产生畏难情绪，不利于全社会学习、弘扬先进风尚。这其实与《论语》"子贡赎人""子路受牛"的故事有异曲同工之妙，如果将人物的道德、思想与行为拔高到大多数人难以企及的高度，反而致使许多人望而却步。

在这篇报道中，李勇等科研工作者有其伟大的一面，也有身为普通人的一面。他不是一个波澜不惊、泰山崩于前而面不改色的"圣人"，相反，他看到《朗读者》中张鲁新专家动情讲述过往故事的时候会"激动得哭成了一个泪人"，在逢年过节留守站点时，他也会感到孤寂与冷清，沉痛地感慨"当儿子难以尽孝、当丈夫难以尽职、当父亲难以尽责"。

这种看似负面的情绪表达实则并未产生负面效果。相反，这些普通大众都曾有过的情绪体验，恰恰是大众与科研工作人员的情感共鸣点。通过最为普遍的情感共鸣联结起新闻人物与普通读者，让新闻人物的品质特征真正走入大众心中，进而塑造出更为丰满的人物形象：有信念与坚持，有孤独与煎熬，从未后悔、放弃与退缩。有缺憾，反而更动人。

三是驾驭通达晓畅的语言。著名央视记者、主持人白岩松曾多次强调"真佛说家常"这句俗语，呼吁记者在新闻采写中使用面向大众、平白晓畅的语言。

首先要端正态度。国资央企的新闻报道需要摒弃以往高高在上、单向传播的宣传模式。在当下自媒体火热、"万物皆媒"的移动信息时代，大众拥有远超以往所有时代的信息接收手段与方式，传统企业的媒体传播与其他行业同样需要面临着考验：为什么大众选择你的新闻报道而非其他？分众化、差异化的大众传播对国资央企报道的阅读体验提出了更高的要求。当下国资央企的新闻报道必须首先要端正态度，确定自己的传播受众，转变传统的新闻发布叙事方式，将自身企业建设发展与大众生活相融合的，有温度、有品质的央企故事生动展现，形成受众易于理解、乐于接受的亲切语言。

多年冻土观测是一件极具技术含量的科研工作，要向公众讲清楚其中的发展脉络并不容易。该篇报道明确传播目的是向社会大众介绍这群默默奉献的科研工作人员，因此并没有堆砌科研术语。在简要的、不可避免的专业术语介绍后，它使用通俗易懂的文字，借助各式各样可歌可泣的细节，最终渲染烘托出整座科研站、所有工作人员使命光荣、责任重大的工作氛围，让读者深刻体会到 59 年栉风沐雨的时代重任。

其次要锤炼文字。注重语言晓畅并不意味着放松对文字的要求。大白话容易说，也容易写，但感情充沛、通达晓畅的语言文字才是新闻报道中最需追求的风格。文中对科研站工作环境有这样一段描述："冬日，刺骨的寒风吹打着僵冷的身体，大雪过后，灿烂的阳光刺得眼睛扎疼；夏天，时而风雨交加，时而电闪雷鸣，时而又冰雹阵阵，如同上演魔鬼剧。"这段描述的辞藻并不华丽，但使用的字词极为精当。"吹打""刺"几个动词一下子就表现出环境的严酷，"风雨交加""电闪雷鸣""冰雹阵阵"的词语以及"冬日""夏天"的句式排比更增添了行文的恢宏气势，段落内长短句的交替使用也让行文的语感节奏更为流畅。可以说，这段文字毫不生僻、通俗易懂，又形成了极具语感的文字之美，当可为参考。

中国石油

巧修辞、真情谊，文质兼美的新闻报道

——评《生命禁区的"输血站"》

　　西藏自治区双湖县被誉为"人类生理极限的试验场"，平均海拔 5000 多米，空气含氧量约为内地的 40%，全年冻土时间、8 级大风天数超过 200 天。中国石油西藏销售双湖加油站是双湖地区 11.67 万平方千米范围内唯一的加油站，当地人们亲切地称之为生命禁区"输血站"。2021 年 4 月 10 日，摄影师拍下了这个坚持 24 小时营业的双湖加油站。这张照片被评为"2021 年度央企十大暖镜头"。其背后的种种动人故事，借由后续的跟进报道传达给大众，成为中国石油企业扎根基层发展的生动缩影。这一系列报道的成功之处，得益于其在传播内容与传播方式上的完美融合。

▶▶ **基本情况**

一、事件情况

藏北双湖县是全国海拔最高县，平均海拔超过5000米，平均气温零下5摄氏度，最低气温零下40摄氏度，空气含氧量仅为内地的40%左右，被称为"人类生理极限的试验场"。1979年，双湖设立临时加油点。2002年，中国石油将双湖加油站纳入援藏项目，年均补贴40余万元，以保障其正常运行。

中国石油双湖加油站是世界海拔最高的加油站，在此之前，距离此地最近的加油站也有着近600千米的往返路途。双湖加油站的建成缓解了县内用油困难，其库存容量达200立方米，满库存运行时可保供1600辆汽油车、640辆柴油车用油。

2020年，双湖县开始极高海拔生态搬迁，如今县内只剩下一千多人。人少，年加油量也急速下降，但双湖加油站始终坚持24小时营业，全年无休。

作为县域内唯一一家加油站，双湖加油站还承担着远超一座普通加油站的社会责任。它不仅要为"生命禁区"加油，还成为当地的生活驿站、邮站和救助站。加油站员工们率先破土挖井，热心捎带物资，普惠一方群众，做雪域高原的守望者，为民生幸福加油。

极其艰苦的条件导致首任站长占堆患有严重的风湿病，双腿先后进行了8次手术，现在还得依靠拐杖行走。保供应的艰辛与付出远超想象：运趟油来回1000多千米，全是土路，每次拉油都要备上一两个月的糌粑；加箱油，需人工操作手摇加油泵半个小时，冬天满手冻疮是常态……

"农牧民有需要，再难也得坚守！"第5任站长次旦巴宗深有感触地说，"加油站是高原不可或缺的'生命输血站'，双湖医疗条件有限，一旦有人突发疾病须紧急加油快速外送。"除了为抛锚在半路的牧民车辆配送维修零件，双湖加油站还为当地学生捎带习题册、生日礼物，为金榜题名的学子递送录取通知书等。在群众心中，双湖加油站不但是高原上的坐标、加油的地方，更是家的灯塔。

二、传播情况

在 2021 年 4 月 10 日之前，双湖加油站就以"世界上海拔最高的加油站""离太阳最近的加油站"而闻名。2015 年 8 月 21 日，人民网发布新闻摄影组图《走进世界上海拔最高的加油站》，以 10 张新闻摄影照片刊载了双湖加油站的动人故事。

2018 年 3 月 23 日，中国西藏网发表《"生命禁区"世界海拔最高的加油站年轻姑娘其布的故事》文章及视频，讲述了双湖加油站中一位 80 后年轻员工其布在站点工作的日常生活。

2020 年 11 月 4 日，新华社发表文章《为西藏小康加油——90 后夫妻坚守生命禁区的"能量站"》，在我国全面迈向小康社会的时间节点上，讲述第 5 任双湖加油站站长次旦巴宗与一家三口在站点的生活。次旦巴宗和桑珠这对 90 后夫妻正在用行动诠释着"老西藏精神"，浇灌着双湖"能量站"的绚烂。

在 2021 年 4 月 10 日记者拍下夜晚加油站的照片后，双湖加油站的故事得到社会大众的广泛关注。西藏销售双湖加油站被确定为"我为群众办实事"宣传典型，人民日报、新华社、央视等进行全媒体报道，如中国青年报于 4 月 22 日发表文章《双湖加油站：在生命禁区"加油"温暖服务当地群众》，新华社于 4 月 30 日发表文章《他们，坚守在离太阳最近的加油站》等，受到各大媒体广泛转载。

2022 年 9 月 12 日，由中央网信办网络传播局指导，国务院国资委新闻中心主办，人民日报新媒体中心等主流媒体合作的"我们这十年 @ 坐标中国"网上主题宣传正式启动，聚焦党的十八大以来具有代表性的基础设施建设和科技创新重大成果，讲述国资央企胸怀"国之大者"、牢记使命担当、当好国民经济"顶梁柱""压舱石"的生动故事。在"中国高度"板块中，双湖县加油站作为位于海拔5000 米的世界最高加油站被收录其中，被赋予"雪域之家"的光荣称号。与此同时，新华社还拍摄了长达 6 分 18 秒的双湖县加油站微纪录片，一同上映播出。共青团中央、国资小新等官方微信号纷纷推送相关宣传文章。

2022 年 10 月 10—15 日，《人民日报》推出 6 个整版系列图片报道，通过大国重器、重大工程的恢宏风采，呈现我国十年来各地各行业的发展成果，彰显中国建设者攻坚克难的奋斗精神，展示我国科技水平和制造能力的大幅跃升，充分展现新时代中国特色社会主义的伟大成就。双湖加油站作为"世界上海拔最高的加油站"登报。

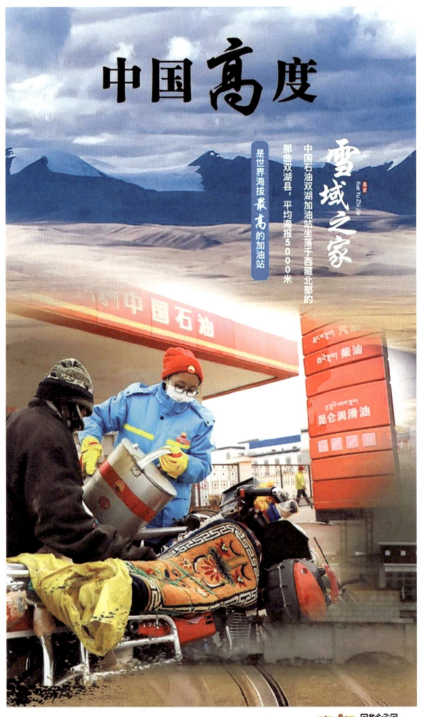

指导单位：中央网信办网络传播局　　　　主办单位：国务院国资委新闻中心
合作单位：新华社新媒体中心、中国新闻网、人民网人民视频　　支持单位：中国互联网发展基金会

三、传播反馈

经过中国石油的宣传报道与人民日报、新华社等各大媒体的跟进，双湖加油站"世界最高的加油站"的声誉已经打响。其背后数十年的坚守与付出得到了广大网友的肯定与感叹。在这一系列的故事中，读者们看到了加油站员工的奉献，看到了中国石油的担当，看到了国家发展西部、乡村振兴的决心——这正是社会主义核心价值观的真实写照。

案例亮点

一是言之有物，情感细腻。"内容为王"是媒体发展的基础和根本，不论技术如何发展，好的内容才是吸引大众的根本点，是新闻的"道"之所在。这一新闻事件受到广泛关注的起因来自于记者于 2021 年 4 月 10 日拍摄的双湖加油站夜晚营业照片。新闻摄影用新闻照片配以简单的文字，传递新闻信息和影响受众，是新闻重要的组成部分。

在本张摄影照片中，画面首先含有两个要素：光与暗，近三分之二的区域为暗部、三分之一的区域为亮部，贴近要素对比的黄金切分比例。亮部中，又分为左侧的暖色调、不规则图形形状、只有站点物件的加油站与右侧的冷色调、长方形形状、有人正工作的值班窗口，在三重对比之下，非常巧妙地烘托出夜晚员工值班时孤寂冷清的氛围，令受众不免唱叹值班员工的辛勤付出与奉献精神。这种精妙的对比式构图在准确传达新闻信息的同时，让受众能身临其境般自然而然地生发情绪，这足以看出记者深厚的拍摄功底。

除此之外，后续宣传报道跟进及时，为摄影图片提供了更为丰富的新闻信息，使相关的系列新闻宣传交相辉映。

其一，新闻文本提供了大量真实细腻、情感真挚的故事细节。文本中有这样一段值班员工相互扶持的片段："次塔放心不下索南次仁独自值守，临走时又在火炉中添了一大铲煤球。次塔一步三回头地消失在了黑夜中。""一步三回头"的细节极为动人，值得读者反复回味。此外，加油站员工在深夜里送油、帮助牧民志桑送妻子到医院生产的事例在不同报道文本中都有提及。新闻文本中将这一事件发生的时间、气候、环境、人员交流、行动、声音、神态等娓娓道来，通过大量细节的合理组织，使得这一事件极具震撼力。

所以，新闻报道中的细节叙述能够提供充分的联想、思考空间，充分调动读者的想象力、共情力，常常能起到画龙点睛的作用。这种细节并非从业者臆造，而是真实客观存在着的新闻信息，因而其所具备的思想深刻性与延展性，才能使新闻报道真正"立"起来，给予读者难以磨灭的印象。

其二，视频手段也从不同的媒介角度丰富了读者对本新闻事件的认识。《坐标中国》的微纪录片先是通过大量的空镜，以蒙太奇的手法呈现青藏高原的辽远雄阔，渲染出"生命禁区"的巨大张力，随后镜头又发生变换，从广袤的高原景象转移到布局平整的双湖县俯瞰视角，再拉近到县域里车辆驶进的双湖加油站，给予加油站特写，让加油站的形象在高原与人居的对比中分量十足地树立起来。后续皮肤皲裂的驻守员工特写、员工与牧民们的亲切交流场景等视频内容更是直观真切地将这份情谊、奉献精神带到读者面前。

二是巧用修辞，锃亮品牌。 在新闻报道中，新闻语言始终是从业者关注的重要方面，其有着自己的特点与修辞、传播规律。有效的新闻修辞，可以使新闻语言及其所传达的新闻信息具有形象性、生动性与深刻性，让新闻的传播度、穿透面、影响力大幅度跃升。

不难发现，在双湖加油站的相关系列报道中，最为广泛使用的便是比喻的修辞手法。在新闻标题中，双湖加油站被称作"输血站"，生动地描绘出其在双湖县建设发展的极其重要的地位；在新闻文本中，"中转站""生命驿站""邮电站"等表述也相当常见。

比喻是指运用通俗易懂的具体事例来说明一些罕见或不易理解的事理。一方面，它能使新闻信息清晰、形象、生动化，如上所述的文本比喻，非常迅速地让读者明白双湖加油站是如何在双湖县县域之中发挥重要的中介、联结作用，揭开这"世界海拔最高的加油站"的神秘面纱。恰当的比喻，能使文字简练、深刻："输血站"便是双湖加油站最响亮的金字招牌。干净利落、简洁晓畅的表述也符合新闻传播的时效性原则。

从传播与受众的角度来看，比喻的修辞手法可以尽可能吸引受众的注意。在新媒体时代，信息洪流纷繁复杂，人们有自由选择阅读与否的权利。也正因此，国企的新闻报道必须考虑受众的接受程度，从以往单向的、高高在上的转变为双向的、平等的传播姿态。比喻的修辞手法可以将抽象道理变为具体事例、将平淡语言变为生动形象，将晦涩拗口变为浅显易解，增强新闻文本的感染力、说服力，在信息海洋中瞬间吸附受众的眼球，进而增强受众黏性。

三是媒体融合，多元宣介。当今，全媒体时代已经成为趋势，媒体融合发展是大势所趋。媒体融合的浪潮越发汹涌澎湃，各类传媒因介质差异而产生的鸿沟逐渐被填平。传统媒体如报社、电台、电视台、通讯社等，都将不再仅仅生产一种形态的新闻产品，也不再仅仅依靠某一种终端载体为受众提供新闻信息。数字技术与网络技术的发展，使所有媒体都能够成为提供各种形态新闻产品，并通过各种载体发布新闻信息的内容提供者。

新闻业如此汹涌袭来的媒体融合浪潮昭示着国企宣传的发展道路。"酒香也怕巷子深"，不仅是先辈遗留千载的思索，也是当代泛媒介传播语境下任何新闻宣传报道的一大困境——精品内容同样需要形式包装和渠道开拓，在传播手段、方式、渠道、工具等方面做足功夫。国企应该勇于突破传统新闻宣传方式，改变以往单一、枯燥的方式，充分利用新技术、新手段、新渠道、新平台，采用广大人民群众喜闻乐见的形式和载体开展新闻宣传工作，贯彻媒体深度融合发展理念，做到线上线下齐发力、网上网下相呼应。

四是"道""术"结合，内容为王。在新媒体传播语境下内容和形式的统一，也即新闻的"道""术"结合，是国企宣传报道需要不断探索和创新的领域。新闻界一般认为，在受众接受新闻事实的心理过程中，感知、情感和理解三个心理因素最为重要。从感知层面，以完备、充分的新闻信息给受众身临其境的效果，不断激发和强化受众对信息的理解和记忆；从情感层面，通过真挚的情感铺排、巧妙的谋篇布局以及趣味、通俗的语言等手段，达到受众的情感认可。从理解层面，形成受众对新闻事实的理性认同与价值共振，引起社会公众的广泛共鸣。优秀的新闻报道，必然要在三个层面上共同发力，以新闻之"道"充实新闻之"术"，以新闻之"术"贯彻新闻之"道"。

当然，归根到底，产生强大传播力度、效果的原因正是新闻事件本身引起社会共鸣的真挚情感、人类共同的理性价值。新闻报道，内容为王，必须言之有物、有情，才能打动读者、受众。新闻当事人的情感反应，与公序良俗、道德伦理、悲欢离合等全人类共同的情感相联系，能够使新闻信息及其所要传递的价值观念更好地被受众接受、理解。国企的媒体传播要站在受众的角度思考，探寻传播的价值共振和心理共鸣，不断增强新闻报道的吸引力、感染力，让新闻报道的理性价值能穿越时空的局限，熠熠生辉。

国家管网

用小角度、小切口
展现"管网橙"的温暖力量

—— "管网橙"志愿服务品牌的宣传打造

绵延的输油管道旁，总伴随着一抹管网"橙"，他们用脚丈量着管道的长度，用心守卫着管道的安全。"管网橙"成了国家石油天然气管网集团有限公司（简称国家管网或国家管网集团）员工最熟悉的颜色，也成为群众对管网人最亲切的称呼。国家管网集团东部原油储运公司襄阳输油处志愿服务协会（简称志愿服务协会），以"管网橙"志愿服务为载体，用满腔的热情与真诚，彰显友爱无私，坚持公益服务——连续9年送爱心帮扶社区空巢老人，连续5年开展文明交通志愿服务，连续6年为偏远学校"助学送教"……疫情期间更是冲锋在抗疫一线，以一抹"管网橙"温暖了一座城。他们先后获得"湖北省荆楚学雷锋示范集体""湖北省优秀志愿者""襄阳市优秀志愿者集体"等荣誉称号。2021年，长虹路社区获得全国"最美志愿服务社区"荣誉称号，志愿服务活动图片入选"2021年度央企十大暖镜头"。

▶▶ 基本情况

一、事件情况

国家管网集团东部储运公司襄阳输油处志愿服务协会成立于2010年4月。志愿服务协会设立环境保护、关爱孤老、关爱孤残儿童、文明交通、助学送教、夕阳红、红十字和青少年8个志愿服务分队，成员由最初的几十人发展到如今的300人。

十余年来，志愿服务协会撑起正义、诚信、友爱的大旗，围绕"内育襄输和谐文化、外树管网企业形象"，组建 24 小时在线的"邻里 +"关爱服务队，启动"邻里 +"志愿服务计划，实施"邻里 +"劳务家庭关爱服务，开展"邻里 +"居民健康关爱服务，为社区邻里撑起一片晴空；结对志愿帮扶，让贫困学生能够茁壮成长；设立"文明交通志愿服务岗"，坚持多年参加"绿满襄阳"植树活动，捡拾垃圾进行分类处理，累计献血量约 3.75 万毫升，让文明新风洒满襄阳。"管网橙"们以真诚的服务践行社会主义核心价值观，先后被诸多媒体关注，并多次推出专题报道；志愿服务协会获得了"湖北省荆楚学雷锋示范集体""湖北省优秀志愿者协会""全省经济会议志愿者服务优秀组织单位"等荣誉称号。

2021 年 3 月 4 日，襄阳输油处 20 余名志愿者再次来到重点关爱管道沿线的贫困学生张春安、张金鹏两兄弟家中。他们的爷爷年事已高，劳动力不足，爸爸精神分裂症未见好转，妈妈过世多年，奶奶前不久也因病去世，一家人笼罩在不幸的悲痛中。每逢节假日、寒暑假，志愿者们都会到张春安、张金鹏家，为兄弟俩送衣物鞋子、书本文具、学习资料、米面油、爱心捐款等，并辅导兄弟俩学习，为他们做爱心餐，进行互动游戏，开展心理交流，努力为他们营造温馨的家庭氛围。这次，"管网橙"们送来一份"特殊的礼物"。志愿者们通过 9 个小时的爱心改造，让这个曾经老旧脏乱、昏暗阴沉的小家焕然一新，帮助他们开启美好幸福的新生活。

二、传播情况

十余年时间里，国家管网集团东部储运公司襄阳输油处志愿服务协会的事迹，先后被楚天都市报、襄阳日报、大河报、襄阳电视台、南阳电视台等诸多传统媒体关注，并多次推出专题报道。新媒体时代，"管网橙"则更广泛地出现在各类新媒体平台上，故事的呈现更加鲜活和生动，他们的形象也更加丰富和立体。

2021 年 3 月 24 日，工人日报微信公众号发布一篇名为《一面锦旗，一个故事，一份温暖，一种激励……看锦旗背后的故事》的文章，以"送锦旗"这一行为为契机，汇编了一面面锦旗背后的事迹。其中就收录了 3 月 20 日，国家管网东部储运襄阳输油处管道班在巡线途中，收到湖北省襄阳市古驿镇吕镇村党支部和村民张定文（张春安、张金鹏兄弟的爷爷）送来的锦旗的故事。

2021 年 4 月 9 日，国家管网东部储运微信公众号发布一篇名为《最美志愿服务社区 11 年述职报告》的文章，在国家管网集团东部储运公司襄阳输油处长虹路社区刚获得"最美志愿服务社区"荣誉称号之际，回顾了志愿服务协会十几年来的发展历程、工作理念与具体成果。图文并茂，推文里还插入了一段时长达 2 分 31 秒的短视频。志愿者定点帮扶张春安、张金鹏兄弟的情况被记录在了这份述职报告中。

2021 年 4 月 9 日，国家管网东部储运在澎湃新闻·澎湃号·政务栏目发布了这份述职报告，收录于话题"管网人"中。此外，杨鑫娟撰写了一篇国家管网集团东部原油储运有限公司襄阳输油处志愿服务工作侧记——《一抹"管网橙" 温暖一座城》，见载于企业杂志 2021 年第 6 期刊物上。作为专题新闻，《一抹"管网橙" 温暖一座城》也先后在国资委、人民党建云、学习强国公众号发布，获得了广泛的关注和高度的肯定。

锦旗送"亲人"

3 月 20 日，国家管网东部储运襄阳输油处管道班巡线途中，收到湖北省襄阳市古驿镇吕镇村党支部和村民张定文送来的一面锦旗。八十多岁的张定文面对"亲人"，感谢之情无以言表。

张定文口中的"亲人"，是襄阳输油处管道班的志愿者。张定文是湖北省襄阳市襄州区精准扶贫对象，他的两个孙子张春安、张金鹏是管道班重点关爱管道沿线贫困学生之一。5 年前，志愿者在巡线中与两兄弟建立了结对志愿

社区外传递管网深情

在魏荆管道沿线有很多贫困学生得到了我们的帮助。11 年间，襄阳输油处志愿者协会先后与管道沿线的刘湾小学、胡集镇丽阳小学、古驿镇中学等 10 余所偏远学校结成帮扶对子，邀请优秀教师到校开展"助学送教"行动。联系管道沿线乡镇政府，甄选张春安和张金鹏、侯子馨、吕旭飞等 15 名沿线贫困学生、留守儿童，结成助学帮扶对子，让缺失家庭温暖的孩子感受快乐。

襄阳输油处志愿者协会到刘湾小学送学助教。

三、传播反馈

"管网橙"志愿者们始终践行社会主义核心价值观，用满腔的热情与真诚，友爱无私，公益服务，温暖襄城。在相关推送的评论区，人们纷纷为其点赞，称他们"奉献社会，履行央企责任，做最美管网人""爱的奉献值得颂扬""汇志愿之爱，成管网大爱"……

一片赞美声和祝福声，反映的是受众心里那份真挚的感动，这些评论又反过来促进了积极情绪的传递，形成一个从文章内容到评论环境的正向循环，营造出了更具正能量的可贵氛围。

上面这张照片，是 2021 年年末，由国务院国资委新闻中心微信公众号国资小新联合国资委网站、《国资报告》杂志发起并评选出的"2021 年度央企十大暖镜头"之一——《希望每一颗小小的种子，都能长成参天大树》。照片中，志愿者抱着张金鹏的这张照片堪称精品。张金鹏怀抱一只可爱的小狗，脸上绽放出灿烂的笑容，志愿者叔叔温柔地看着怀中的张金鹏，眼神充满了对他未来的期待和祝福。志愿者身着橙色工作服，与背景的红砖交相辉映，显得无比温暖和美好。

这张照片，直观呈现了国家管网集团东部原油储运公司襄阳输油处的"管网橙"志愿者们通过"爱心改造家"计划帮扶张春安、张金鹏兄弟的故事。通过国务院国资委宣传平台及相关媒体的广泛宣传和持续报道，"管网橙"的品牌传播效果层层推进，实现了央企正能量的最大化传播。

案例亮点

一是以小见大，从细微处把握大局。新闻角度是记者发现事实、挖掘事实、表现事实的着眼点，从不同的角度切入，最终新闻呈现的报道效果和吸引力也大不同。新闻报道的影响力与传播力，很大程度上取决于它与读者距离的远近。在当今新媒体环境下，类似"大水漫灌""高举高打"式的新闻报道往往令读者敬而远之，而"精准滴灌"的小落点式新闻报道理念，以及坚持以小切口讲故事，用小切口呈现大主题、用小故事反映大变化、用小视角折射大时代的创造手法，更容易获得社会的关注、引起读者的注意，也更容易拉近与读者的距离，让读者感到很有亲和力。同时，也令这样一篇简简单单的小文章富有了大格局。依托鲜活的故事来讲述"管网橙"的事迹，管网集团大国重器的精神品质跃然纸上，具有了更为动人的美，从而获得更强的吸引力与更好的传播效果。

"管网橙"志愿服务协会结对助学帮扶贫困生张春安和张金鹏兄弟就是这样一则以小见大的新闻报道。站在襄阳输油处层面看，这仅仅是襄阳输油处"管网橙"志愿者们在魏荆输油管道沿线所经过的大大小小 10 余所中小学校进行"送学助教"的一个缩影。站在国家管网集团层面看，类似这样的"管网橙"志愿者们共有 2000 余名，他们活跃在 9 万多千米油气管网沿线，传递着管网温暖，贡献着青春力量，凝聚着奋斗伟力，在推动社会文明进步中彰显"管网"价值。站在国家层面看，2021 年 7 月 1 日，习近平总书记在庆祝中国共产党成立 100 周年大会上代表党和人民庄严宣告，"经过全党全国各族人民持续奋斗，我们实现了第一个百年奋斗目标，在中华大地上全面建成了小康社会"，这一目标的实现正是数以亿计的个体共同奋斗的结果。

二是典型化、标签化、视觉化。志愿者"送学助教"的身影遍布管道沿线十余所中小学校，而其中的张春安、张金鹏兄弟因家庭困难格外突出——父亲患病、母亲离世，爷爷作为家中仅有的劳动力也年事已高，闻者皆倍感牵挂和忧愁，从而成为众多被"管网橙"帮扶过的群众中的一个典型。

报道紧扣"以'管网橙'温暖一座城"这个宣传重点，通过两个"cheng"的巧妙谐音让人读来朗朗上口，并且加深了对"管网橙"这一标签的记忆。此外，报道中个性化、通俗化的语言也是其加分项。没有华丽铺张的辞藻，少了大而无当的信息，直接构建起与读者交流的桥梁，更亲切、更易引发读者共鸣。

融媒体时代，短视频行业发展如火如荼，新闻作品越来越注重短视频的创作和传播，这也成为媒体展示融合报道能力的舞台。"管网橙"相关报道中不仅图文并茂，而且顺应融媒体发展的趋势，加入了一些短视频，不但全景化呈现襄阳输油处志愿者们对于贫困学生的关怀，而且使主旋律报道也可能拥有"流量"。在改造现场的影像记录中，志愿者们统一身着的"管网橙"工作服成为一道靓丽的风景线。大家变成"粉刷匠"，对黑旧墙体进行粉刷维护，对室内、檐下、院落堆放的杂物进行全面整理，整改杂乱线路、检查用电安全、重新布置电路、更换节能灯泡，把专门准备的床铺、床垫等家具搬进屋里，经过9个多小时挥汗如雨的劳动，老旧脏乱的屋子焕然一新，视觉化的呈现再一次强化了那一抹"管网橙"，成为唯一醒目而温暖的亮色，直击每一位观众的视线。

报道对移动化、社交化和可视化传播方式把握准确、运用熟练，贴近实际、贴近生活、贴近群众，"管网橙"精神的传播效果在此基础上得到极大提高。或许，耀眼的不是颜色本身，而是穿着它的一个个平凡人们所展现出的不平凡的灵魂。

三是合集式群像报道，丰富文章内容。对于国家管网集团这样体量巨大、机构众多的国资央企而言，每一天都会面对无数可供报道的题材或素材。如果要逐个进行深度采访，一来费时费力，将耗去大量不必要的制作成本，二来宣传过于琐碎，甚至可能适得其反，让受众感到枯燥乏味。

因此，大型集团在报道时常常采用合集式群像描写，整合相似的事迹，围绕一个主题展开各自的侧写。例如，杨鑫娟撰写的文章《一抹'管网橙' 温暖一座城》就围绕襄阳输油处志愿服务工作的主题，分别从"为社区邻里撑起一片晴空""让贫困学生能够茁壮成长""让文明新风洒满襄阳"三个方面列举多个志愿服务事例，如此不仅文章内容丰富，涵盖送学助教、爱心捐助、关爱社区老人、文明交通执勤、公益植树等多项志愿服务，而且基调昂扬向上、个体形象生动感人，主题鲜明突出，因此获得了更好的整体社会宣传效果。又例如，在2022年学雷锋日当天，国家管网以《学雷锋志愿服务 管网"橙"暖心又走心》为题，汇集了东部储运公司襄阳输油处志愿服务协会、西气东输公司的"橙衣卫士"志愿服务队、北京管道公司河北分公司管通宝宝志愿服务队、北方管道公司"四心"志愿服务队、东部储运公司团委等一大批志愿服务品牌。

回首近年来，能源行业各企业积极围绕"双碳"目标的落实，努力绘就波澜壮阔、宏伟的时代画卷，围绕脱贫攻坚、乡村振兴和全面建成小康社会和推进共同富裕，能源国资央企勠力同心、积极作为，彰显了大国重器排头兵的角色。国家管网集团东部原油储运公司襄阳输油处支援协会"管网橙"志愿服务的系列报道，体现了管网人、央企人坚持志愿服务，弘扬价值观，传递正能量的精神与行动，为全社会增添了温度和人情味。

"管网橙"正能量传播中也存在一些不足。一是传播的总声量不足。报道主要集中于地方传统媒体、国家管网自有融媒体平台，以及党政学习平台，人民日报、中央广播电视总台等更具影响力和权威性的主流媒体尚未参与。二是采写集中于对事件本身的叙述。如果能将宏大的背景与个体的情感相结合，既点明扶贫工作的大环境，又深度发掘事件中人物的内心想法和细节，想必将形成一股更动人的力量。

正如那张入选央企十大暖镜头照片的介绍所言："希望每一颗小小的种子，都能长成参天大树。"点点滴滴的志愿之爱能汇聚成江河湖海，对小人物的新闻记录也能映射时代精神和主旋律，传播中国声音，讲出中国故事。一代代央企人、国企人创造了无比巨大的物质财富，涌现了大量可供讲述的新闻素材，培育出可歌可泣的精神财富，在全社会树立了可敬、可亲、可信、可学的群体形象。

南航集团

"为了救孩子，飞机都能叫回来"

——如何把突发事件处置做成传播范本

2021年4月30日，新疆和田一名7岁男孩被拖拉机皮带轮绞断手臂，情况危急。赶到机场时，当晚最后一班南航航班已经滑入跑道。紧急状况下，中国南方航空集团有限公司（简称南航集团）迅速决策"二次开门"，为断臂男孩抢回救治的黄金时间，赢得了社会各界广泛赞誉。

事件发生后，南航总部所在地主流媒体《广州日报》首先对本次事件进行跟踪报道。随后，人民日报、中国日报等中央媒体组织发起话题，新疆当地媒体和澎湃新闻等市场化媒体纷纷加入讨论，引发了全社会的广泛关注。

南航集团在本次事件中，不讲条件、不计代价，充分彰显了央企担当、中国力量，并通过持续的宣传推动，将本次事件打造成为"南航故事""新疆故事""中国故事"的又一时代范本。

▶ 基本情况

一、事件情况

2021年4月30日晚23时43分，新疆和田机场接到紧急求助，一名被拖拉机绞断手臂的七岁小男孩需要在六小时内赶到乌鲁木齐医院进行接臂手术。此时，最后一班飞往乌鲁木齐的航班正按计划推出廊桥准备滑行起飞。

接到消息后，南方航空新疆分公司运行指挥部向机组下达中国民航史上极为罕见的"滑回廊桥，二次开门"指令。

接到指令后，机组立即分工协作。乘务组协调旅客预留出宽敞的空间，准备好了冰块等物品。23时49分，飞机滑回停机位。23时54分，舱门被再次打开，断臂男孩和家属在医护人员的陪同下登机。0时整，航班重新关门。0时09分，航班再次起飞。

航班起飞后，南方航空新疆分公司又紧急与乌鲁木齐机场就本次航班落地时刻进行协调，并将停机位由远机位调整至邻近通道的近机位。

在飞机上，乘务组也安排了专人照顾男孩，不断鼓励他。同时，还有一名医生旅客协同观察男孩情况。机组还凑了现金给孩子应急。

5月1日凌晨1时36分，本次航班提前17分钟抵达乌鲁木齐机场。舱门打开，已经提前做好准备的医护人员立即将小男孩送往医院。

"感谢您的理解和配合，感谢您同我们一起与时间赛跑开展这一场生命速递。"在护送男孩顺利下机后，乘务长赵燕哽咽地向旅客广播道。机舱里响起雷鸣般的掌声。

二、传播情况

5月1日当晚，广州日报采访该航班的乘务长，讲述多方齐心协力为断臂男孩与时间赛跑的故事，并首次放出现场视频。此微博迅速引发大量关注，视频播放量过千万。

5月2日上午，人民网官方微博发起"待飞航班为救断臂男童二次开门"话题，事件冲上微博热搜，引起越来越多网友的关注。

 人民网 ✓
2021年05月02日 10:00 来自 微博视频号
【谢谢你们！#待飞航班为救断臂男童二次开门#❤️】4月30日23:42，新疆和田机场，一班由和田飞往乌鲁木齐的CZ6820航班按计划推出廊桥，准备滑行起飞。此时，候机楼一行3人的旅客正在求助。经初步了解，一名7岁男孩因手臂被拖拉机绞断，需紧急前往乌鲁木齐进行接臂手术。当地医生告知需在6小时之内完成，否则细胞坏死将无法治疗。经多方协调，南航向机组下达"滑回廊桥，二次开门"的决策！5月1日1:36，航班顺利抵达乌鲁木齐机场，急救车第一时间将男孩送往医院救治。@广州日报 💿广州日报的微博视频 收起^

值得一提的是，在参与人民网组织的话题"待飞航班为救断臂男童二次开门"中，南航集团官方微博号将网友的赞扬引向了"航班上所有旅客的理解和配合"，体现出高超的公关素养。

各类主流媒体也开始对本次事件展开广泛、深度报道。人民日报、中央广播电视总台、中国日报等中央媒体，新疆、广东等地主流媒体和澎湃新闻等在全国有影响力的市场化媒体相继投入密集报道。此时，南航集团推动当事航班乘务长出面接受媒体采访，再次吸引了媒体和网络的关注。"航班乘务长讲述救助断臂男孩始末"随即登上头条新闻热点话题。

5月5日，中国日报（China Daily）首先发布了本次事件的两分钟的救援过程视频，视频播放量快速超过300万，引发了"新疆断臂男孩救援全程"的话题。人民日报融媒体也对视频进行转载并做报道。

5月14日，南航集团在广州开展表彰大会，为相关个人、集体颁发荣誉勋章，弘扬"生命至上，大爱无疆"精神。中国青年报等媒体进行报道。

表彰大会上，南航还向航班上全程看护男孩、曾担任外科主治医师的乘客董先杰赠送了南航终身荣誉金卡。再次展现了南航对乘客与公共关系的重视。

断臂男孩家属也通过远程视频参加了此次表彰会议，面带笑意地说道："感谢党和国家的关心，感谢南航的帮助，南航亚克西！"表彰会现场响起阵阵掌声。

不久，"中国之声"《听见》栏目也编辑播发了这一事件，央视新闻账号同步通过网络报道。

三、传播反馈

"救助断臂男孩"事件获得了媒体和社会公众的一致认可。

1. 从"断臂男孩"到"你我身边"

一是对断臂男孩的关心，始终是网友关注的焦点。当得知男孩的手术获得成功，小男孩恢复良好时，网络上一片欢呼雀跃。

二是为本次救助事件默默付出的人们，获得了网友的一致赞扬。从机场塔台，到乘务组、医护人员、同机旅客等，纷纷"被看见"。

三是网友在对事件的评论互动中，更多身边的暖心瞬间被不断提起，正能量氛围迅速放大。

妙品轩主人 🔖:曾在火车上经历过身体突发不适的情况，乘务员广播后立马就过来了两位医生乘客（一男一女），虽然列车上没有设备当时不能检查出什么问题，但是女医生指挥大家换个车厢帮我找糖补充能量，男医生对我说：我以医生的名义向你保证，你不会有任何生命危险！他们给了当时焦虑不安的我最大的安慰，永远感恩 🙏

21-5-5 19:44　　　　　　　　　　　　　　　　　🔗　💬　👍 137

妙品轩主人 ✅ 🔖:由此及彼，在危难的时候有人愿意伸手支援，是非常珍贵的、难忘的，会永远铭记在心的大恩大德。好人一生平安！🙏

21-5-5 19:46

2. 从"生命至上"到"人民至上"

"断臂男孩"事件的传播与讨论，处处体现出了社会公众对生命价值的关爱。很快，这一话题就上升到了国家与民族的层面。此时，"生命至上"迅速成为"人民至上"的最佳注脚。

一是网友开始纷纷表达对祖国朴素的热爱。

二是网友们关注到"生命至上"背后的国家意志与民族精神。特别是经过主流媒体的提炼与深挖，将话题升华到了一个全新的层面。

三是在自媒体端，网友结合西方媒体近期热炒的"新疆人权"问题，开始尖锐回击。在短视频平台，网友也对西方所称宣称的"人权问题"进行驳斥和反问。

案例亮点

本次南航救助"断臂男孩"事件同时引起了主流媒体和社交网络"两个舆论场"的强烈共鸣共振，体现出了南航品牌宣传和公共关系团队在背后的许多专业工作。

一是在讲好故事层面。本次救助过程跌宕起伏，让旁观者的心态反复在"绝望"与"希望"中左右游移。从和田地区人民医院，到救护车送往和田机场，再到机场地面、塔台、航班内的多方沟通，再到已准备好的救护车送往乌鲁木齐医院，最后一直等待的医生进行手术，多个流程紧密有序，完成一场紧张的生命接力赛。同时，无数事件细节中闪现的人性光辉也被翔实地记录下来、推送出来。这些"小事"所展现出的人性关怀和善意，成为网友们纷纷被打动并自发传播的关键。

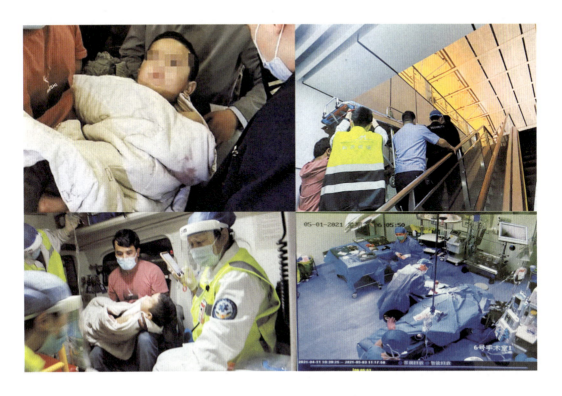

特别是故事传播中最关键的一句——"把飞机叫回来"，既顺理成章，又极具震撼力。

二是在选题发力层面。 大型企业的品牌宣传部门，每一天都会面对无数的素材。对航空公司而言，航班救助伤员或危重病人其实也不乏先例。但南航能将本次事件做成"样板"，体现了其观察素材的敏锐眼光和深厚功底，也是对本起事件特殊背景的深刻体察。

首先是特殊的地区背景：事发地在新疆，题材敏感的背后是极大的宣传机遇；**其次是**特殊的当事人背景：偏远地区、乡村、7岁儿童等这些事件标签，非常容易引发同情和关注；**再次是**特殊的救助背景：断肢再植与其他重大手术相比，难度很大但效果可见性强；**最后是**特殊的专业背景：飞机滑入跑道又回来"二次开门"在我国航空史上极为罕见。

应当说，正是对这些互相叠加的特殊背景的充分认知，让南航集团主动地把握住了事件机遇，协调了企业内外部的宣传力量，把事件传播推向高潮。

三是在传播策划层面。在本案例发生前的 2018 年，民航行业刚刚发生了一起全国知名的正能量事件，即四川航空川藏线航班紧急迫降事件。当事机长刘传健被授予感动中国年度人物，并被拍摄成了电影《中国机长》，取得了全国性的重大影响。一般来说，在正面宣传上，同一行业短期内不易连续爆出全国性的热点事件。但南航集团在本次事件的宣传中突破了这一点，主要的原因就来自对传播策划的把握。

在本次救助断臂男孩事件中，与四川航空"中国机长"事件不同，南航集团在策划、塑造和传播中，更加重视"群像"的概念，表现出了明显的差异化。在媒体的解读下，所有参与本次救助的人，都只是在完成了自己本职工作的前提下"多走了一点点"。仅在南航集团职责体系中，从果断下令"二次开门"的指挥长、积极协调和田机场和乌鲁木齐机场的值班员、抢回 17 分钟的机组人员，到认真负责的乘务长、专心照顾孩子的乘务员，每个人似乎都称不上英雄，但每个人又都是英雄。可能没有人能记住他们的名字，但是他们共同的名字南航集团恰恰就在事件传播中更加突出的展现出来。这种与"中国机长"在传播策划中的错位，给了媒体与公众更多的新鲜感和贴近感，让事件传播"燃爆"成为可能。

四是在节奏把握层面。在事件的传播过程中，南航集团有效把握节奏，不断引导议题，让媒体和公众不断接受新鲜信息，是将事件影响不断放大的关键。

从 5 月 1 日事件发生开始，广州日报先于新疆本地媒体对事件展开报道，就已经体现出了南方航空卓越的品牌传播意识。随后，在媒体和公众面前的话题不断更新、变化：从男孩千里救治到航班二次开门，从断臂手术成功到乘务长接受专访，从抛出救援视频到表彰大会，从"把飞机叫回来"到"南航亚克西"……自始至终，南方航空虽然不能决定公众的意见本身，但是一直在不断提供新的媒体话题，吸引着网友对事件的关注。

五是在技巧使用层面。在此次的传播中，发布者使用多种小技巧、小手段，起到了非常精巧的画龙点睛作用。

如，广州日报所发布的第一个视频仅有 13 秒，内容极其简洁，充分契合了当下偏向简短紧凑视频的用户心理需求。视频中在听觉上，以 *Star Sky* 这样让人心潮澎湃、具有宏大史诗感的纯音乐作为背景音乐，将网友的情绪充分调动起来；视觉上，使用时间现场具有冲击力的照片，还原真实场景，让网友更直观了解事件情况；文字表达上，直接引用人物话语，采用第一人称叙述而非第三人称的客观描述，更易于网友共情等。凸显出新闻传播专业能力的高超，也处处流露着其良苦用心。

六是在企业收益层面。品牌宣传不能脱离主体主业而存在。对南航集团而言，作为中国航班最多、航线网络最密集、年客运量最大的航空公司，对品牌形象、服务形象的要求，在国内也处于顶尖水平。

同时，作为扎根新疆的中央企业和新疆地区最大的主基地航空公司，南航集团一直高度重视新疆的市场开发。2021 年，南航集团包括新疆分公司在内的 16 家分、子公司近 90 架运力将执行 91 条涉及新疆市场的航线，通航点达 59 个，日均航班量超过 240 班次，是在新疆影响最大、耕耘最深的航空公司。

在此背景下，南航集团救助"断臂男孩"事件，取得了新疆及全国各地公众的广泛赞誉。南航集团"安全第一、客户为本"的价值观、高效的应急管理体系、专业的机组人员和服务团队，以及对新疆人民的善意，都在本次事件的传播中体现出来，为南航集团的品牌形象增色不少。

值得一提的是，本次事件还被改编拍摄成为电影《平凡英雄》，于 2022 年国庆期间作为主旋律主打影片之一排入院线。该片邀请了李冰冰、冯绍峰、黄晓明等诸多国内一线明星的参与，将救助事件进一步与新时代的新疆形象地联结起来。本片在乌鲁木齐的首映礼上，南航集团董事长亲自出席致辞，救助男孩的机组同台亮相。首映式在当天的新疆新闻联播播出，让南航集团与新疆的市场联结和情感联结都更加紧密。

中核集团

彭士禄："中国核动力事业的拓荒牛"

——向先进看齐，中国核工业集团弘扬时代楷模精神

彭士禄，革命英烈彭湃之子，中国工程院首批及资深院士，中国核动力领域的开拓者和奠基者之一，被誉为"中国核潜艇之父"。他主持了我国潜艇核动力装置的论证、设计、装备、试验以及运行的全过程，参加指挥了我国第一代核潜艇的调试和试航工作。改革开放后，他负责我国第一座百万千瓦级核电站——大亚湾核电站的引进、总体设计和前期工作，组织自主设计建造秦山核电站二期，为我国核事业发展做出了开创性的贡献。

2021 年 5 月 26 日，中共中央宣传部下发了《关于追授彭士禄同志"时代楷模"称号的决定》，当晚 9 时，央视一套综合频道播出了"时代楷模发布厅"，详细回顾了彭士禄为核工业奉献的一生，节目播出后，彭士禄院士的事迹在社会各界引起强烈反响。众多媒体、网友纷纷在网络平台向彭士禄院士致敬，大家表示这才是我们应该追的星，闪亮的启明星！

为深入宣传彭士禄同志的先进事迹和崇高精神，中国核工业集团有限公司（简称中核集团）党组决定在全集团范围内深入开展向"时代楷模"彭士禄同志学习活动，号召广大党员干部特别是科技工作者、青年员工以英雄为榜样，更加紧密地团结在以习近平同志为核心的党中央周围，立足两个大局，心怀"国之大者"，在建设先进核科技工业体系，打造具有全球竞争力的世界一流企业中当先锋、做表率。

▶▶ **基本情况**

一、人物介绍

作为革命英烈彭湃之子的彭士禄，童年经历过常人难以想象的苦难：1928

年，他 3 岁时，母亲被反动派枪杀；第二年，父亲彭湃也在上海牺牲；为了躲避国民党的"斩草除根"，党组织安排他辗转到 20 多户百姓家里寄养；8 岁时，由于叛徒出卖，彭士禄被捕入狱；出狱后，由于生计无着，他又沦为"小乞丐"……回忆起这段经历，彭士禄说："坎坷的童年经历，磨炼了我不怕困难艰险的性格。父母把家产无私地分配给了农民，直至不惜牺牲生命，给了我要为人民、为祖国奉献一切的热血。"

1940 年，周恩来找到彭士禄，并把他送到延安。彭士禄常对延安中学的同学们说："我们的父母经过残酷的斗争，有的流血牺牲了，要不好好学习，怎么对得起自己的父母亲，怎么对得起党？"1951 年，品学兼优的彭士禄被选派留学苏联，前往喀山化工学院化工机械系学习。1958 年 6 月，彭士禄学成回国，被分配到北京原子能研究所工作。1962 年 2 月，他开始主持潜艇核动力装置的论证和主要设备的前期开发。然而，当时中国在核潜艇建造方面的知识近乎为零，一无图纸资料、二无权威专家、三无外来援助，包括彭士禄在内的所有人，谁都没见过真正的核潜艇到底长什么样，不得不全靠自学。

1964 年，我国第一颗原子弹爆炸试验成功后，加紧研制核潜艇的任务进一步提上了日程。1965 年，中央专委批准正式研制核潜艇，并要求 1970 年建成潜艇陆上模式堆。于是，彭士禄等一大批科技人才从祖国四面八方汇聚到四川西南部大山深处的一个代号叫"909"的基地。1970 年 12 月 26 日，我国自主研制的第一艘核潜艇成功下水。值得一提的是，艇上零部件有 4.6 万个，需要的材料多达1300 多种，没有用一颗外国螺丝钉。

和平运用核能，将核能服务于社会，是彭士禄毕生的心愿。1983 年，他被任命为我国第一座百万千瓦级核电站——大亚湾核电站建设总指挥，为我国核电事业发展做出了开创性贡献；1988 年，彭士禄担任核电秦山联营公司董事长，成功实现了我国核电由原型堆到商用堆的重大跨越。

从核潜艇到核电站，彭士禄从事的工作都是拓荒。49 岁时，彭士禄在一次核潜艇调试工作中突发急性胃穿孔，胃被切除了 3/4。手术后他仅仅住院一个月，就继续扑到了核动力事业上。彭士禄曾在自述中写道："也许因是属牛的吧，非常敬仰'孺子牛'的犟劲精神，不做则已，一做到底。活着能热爱祖国，忠于祖国，为祖国的富强而献身，足矣！"

二、传播过程

2021 年 3 月 22 日 12 时 36 分，彭士禄因病医治无效，在北京逝世。2021年 3 月 22 日 15 时 50 分，中核集团以《中国核潜艇第一任总设计师彭士禄院士逝世》为题，发布彭士禄院士逝世的消息，回应社会关切。2021 年 3 月 22 日，中核集团根据中国核工业报、中国核工业杂志等媒体公开报道整理，发布缅怀彭士禄的文章。此后，中核集团又多次发布缅怀彭士禄、学习彭士禄先进事迹的相关文章。

彭士禄逝世的消息也引发媒体和网友们的广泛关注。人民日报微信公众号发布报道《恸！巨星陨落》《送别！彭士禄院士骨灰撒向大海》，新华社微信公众号发布报道《巨星陨落！彭士禄院士逝世》，央视新闻微信公众号发布报道《痛别！巨星陨落》，阅读量均超 10 万 + 。新浪微博央视军事发布的短视频报道《彭士禄生前最后一次面对镜头》播放量达 16.1 万次；国资小新、国企文化、共青团中央等新媒体均第一时间对彭士禄去世及对核工业的贡献作出专题报道；新浪微博话题"我国核潜艇首任总师彭士禄逝世"阅读量达 7675.2 万次。

彭士禄一生的事迹亦成为媒体关注和宣传的重点。人民日报、中央广播电视总台、央视网、新华网、中国新闻网、中国网、环球网、新京报网、中国青年网、科技日报、光明日报、科学网、澎湃新闻等媒体从不同角度，以不同形式，追忆了彭士禄院士为核事业奉献一生的人生历程。2021 年 4 月 3 日，中央广播电视总台新闻频道《新闻联播》《朝闻天下》等栏目分别用了将近 4 分钟，以《愿将此生长报国》为题，深切缅怀了彭士禄院士专注于核动力事业，爱国爱党爱人民奉献的一生。央视网、央视新闻客户端也分别播发了《国士无双！这个清明，追忆中国首任核潜艇总设计师》等相关报道。4 月 4 日，央视新闻频道《面对面》栏目在当晚黄金时段以《我的父亲彭士禄》为题，用纪实讲述的方式对彭士禄院士一生的传奇故事以及重要贡献进行专题报道。

2021 年 5 月 26 日，中共中央宣传部下发了《关于追授彭士禄同志"时代楷模"称号的决定》，当晚 9 时，央视一套综合频道播出了《时代楷模发布厅》，详细回顾了彭士禄为核工业奉献的一生，节目播出后，彭士禄院士的事迹在社会各界引起强烈反响。

2021 年 5 月 27 日，中核集团在全集团范围内深入开展向"时代楷模"彭士禄同志学习活动，号召广大党员干部特别是科技工作者、青年员工以英雄为榜样，更加紧密地团结在以习近平同志为核心的党中央周围，立足两个大局，心怀"国之大者"，在建设先进核科技工业体系，打造具有全球竞争力的世界一流企业中当先锋、做表率。

人民网开设"时代楷模"专题，集中报道彭士禄的生平故事，并收录了各个媒体对于彭士禄的报道，展现他将个人理想追求融入党和国家事业的奋斗人生。

2022 年 3 月，彭士禄被评为"感动中国 2021 年度人物"，颁奖词中写道："历经磨难，初心不改。在深山中倾听，于花甲年重启。两代人为理想澎湃，一辈子为国家深潜。你，如同你的作品，无声无息，但蕴含巨大的威力。"作为"感动中国"年度人物，彭士禄的事迹被更多的群体知晓。

"时代楷模"彭士禄：把个人理想追求融入党和国家事业

我国核潜艇第一任总设计师彭士禄：
中国核动力事业的拓荒牛

作为我国农民运动的先驱彭湃烈士之子，彭士禄继承先辈遗志、传承红色基因，以身许国、科技报国。哪里有危险、哪里有困难，他总是冲在最前面。但在名利面前，他却总是谦逊、静看。有人送他"核潜艇之父"的称号，有人说他是"中国核电站创建人"，他却谦虚地回答："我只是核动力领域的一头垦荒牛。"

彭士禄：为了核事业奋斗一生

作为我国核动力领域的开拓者和奠基者之一，彭士禄主持了我国潜艇核动力装置的论证、设计、装备、试验以及运行的全过程，参加指挥了我国第一代核潜艇的调试和试航工作。改革开

三、传播反馈

中核集团及各大主流媒体对于彭士禄事迹的宣传，让彭士禄广受关注，引发社会各界的学习。

1. 缅怀英雄，感念英雄功勋

在中核集团微博官方账号的评论区及各大主流媒体的评论区，网友们纷纷留言，缅怀彭士禄，希望彭士禄"一路走好"，感念"人民英雄"。

在人民日报等主流媒体的新媒体账号上，道别彭士禄、缅怀英雄的评论也获得数千条甚至上万条点赞，可见网友们对于英雄的感激之情。

2. 致敬忠烈，激发爱国情怀

作为核动力事业的拓荒者，彭士禄筚路蓝缕启山林，栉风沐雨砥砺行，为人民呕心沥血，为共和国的建设与发展做出了伟大贡献。这样的功劳，人民百姓不会忘记。

通过宣传彭士禄一生的事迹，更多人明白，今日生活来之不易。由此，在忠烈事迹的鼓舞下，他们由衷致敬，向先辈学习，努力为国建设。

宣传先进人物，不仅是讲述故事，更是弘扬精神。在各大媒体的广泛宣传下，先进人物的事迹化为普通老百姓的精神力量，激发他们的爱国情怀。斯人已去，但是精神长存，通过宣传先进，致敬忠烈，能够激励和鼓舞青年一代，继承先辈事业，勇担重任，成为党和国家最可信赖的中流砥柱。

案例亮点

一是在立意层面，宣传先进，弘扬时代精神。彭士禄以身许国、科技报国，求实创新，践行了"核潜艇，一万年也要搞出来"的铮铮誓言，为我国核动力事业作出了开创性的贡献。中核集团相关报道围绕彭士禄的先进事迹开展，弘扬先进典型，彰显榜样力量。

一方面，宣传先进事迹，激发爱国情怀。彭士禄将自己的奋斗融入国家与民族的发展之中，在荆棘丛生、条件艰苦的科研道路上开辟一条大道，为国家安全、人民幸福无私奉献。通过宣传功勋人物，能够凝聚社会力量，激发爱国情感，鼓励民众为国家与民族的事业努力奋斗。

另一方面，宣传优秀党员，发挥先锋模范作用。2021年，正是中国共产党成立100周年。彭士禄是党的早期领导人、我国农民运动的先驱彭湃烈士之子，也是一位孜孜不倦、献身祖国事业的党员。值此时机，宣传优秀党员，充分弘扬了党性精神，充分发挥了党员先锋模范作用，有力激励党员始终不渝地践行初心，砥砺奋进。

二是在节奏层面，追求时效，把握传播时机。中核集团对于彭士禄的报道展现了其对于时效的追求，事实也证明，基于事件热点进行及时、准确宣传，能够收获更好的传播效果。在宣传节奏上，有两个突出的时间点。

其一是发布英雄离世的消息，回应社会关切。彭士禄为我国核动力领域做出了开创性的贡献。在他离世后，经过亲属确认，迅速发布了相关消息，告别彭士禄，缅怀英雄。中核集团还在送别彭士禄当天开设线上云祭奠活动，为广大网民缅怀彭士禄提供了一个平台。在彭士禄离世的第二天，发布报道，补充更丰富的背景与细节，通过回顾彭士禄的生平事迹，让人们对于彭士禄有更全面和深入的了解。

其二是学习时代楷模，赓续共产党人精神血脉。2021 年 5 月 26 日，彭士禄被追授"时代楷模"称号。5 月 27 日，中核集团党组便号召"向'时代楷模'彭士禄同志学习"，并在此后持续发布学习时代楷模的相关报道。2021 年正值中国共产党成立 100 周年，全党深入开展党史学习教育，中核集团以此为契机，号召学习时代楷模，对于传承红色基因，具有重要的意义。

三是在渠道层面，内外发力，营造学习氛围。彭士禄的事迹通过内外部宣传渠道被广泛宣传，引发热烈反响，在全社会范围内形成学习"时代楷模"的氛围。

在内部层面，发挥集团党组力量，号召集团全员向"时代楷模"学习。彭士禄是中核集团功勋卓著的元老，中核集团以彭士禄为榜样，展开新闻报道、模范学习等活动，相关成果在企业微信公众号的时代楷模彭士禄合集中展示，在集团内部进行广泛的宣传，表明了向优秀党员、时代楷模学习的决心，也展示了中央企业以先进为榜样、建设祖国、发展民族事业的作为。

在外部层面，发挥主流媒体力量，激励社会全员学习"时代楷模"。彭士禄不仅是中核集团的英雄，更是国家的英雄、人民的英雄。人民日报、央视等多家主流媒体向彭士禄致敬，回顾共和国核动力发展历程，细数彭士禄在核动力领域的贡献，电视、网络等不同媒介共同发力，覆盖广泛群体，让彭士禄的事迹获得跨年龄、全民性的关注，在社会范围内弘扬"时代楷模"力量，为中华民族伟大复兴凝聚起澎湃的力量。

三峡集团

张超然的"超燃人生"

——总工程师全情投入水电事业 50 年

1996 年，张超然同志进入中国长江三峡工程开发总公司担任总工程师；2021 年担任科学技术委员会顾问。多年来，他为三峡工程等建设做出了突出贡献，是科技工作者的先进典型。他的事迹被新华网等多家媒体报道，他的故事入选第四届中央企业优秀故事，激励着人们坚定目标，砥砺前行。

▶▶ 基本情况

一、人物介绍

1940 年 8 月出生的张超然，毕业于清华大学水利工程系。1966 年毕业分配时，张超然同志毅然选择到祖国最需要的地方去。虽然故乡远在浙江温州，他还是做出了支援西部水利建设的决定。

1996 年，张超然出任中国长江三峡工程开发总公司（2009 年 9 月更名为中国长江三峡集团公司）总工程师。随后，他参与了三峡工程重大技术问题的决策，协调和解决科技应用和攻关中存在的意见和问题及现场施工中出现的疑难问题，为三峡工程建设作出了重要贡献。

由于工作勤奋，成绩卓著，2003 年，张超然当选中国工程院院士。张超然当选中国工程院院士的消息刚一公布，国内一家大型公司立即给他打电话试图"挖角"，不仅承诺给他一套别墅，还许以百万年薪。张超然毫不犹豫地拒绝了。说起这件事，他说："我是从三峡工程走出来的，我只为三峡工作。"张超然明确将自己的人生抉择与三峡工程紧紧地联系在一起了。

根据中国长江三峡集团有限公司（简称三峡集团）"不忘初心、牢记使命"主题教育工作安排，为传承弘扬三峡精神，发挥先进典型示范作用，激励干部职工不忘初心、砥砺前行，三峡集团党组决定，选树张超然等9名个人和长江电力三峡电厂、三峡建设管理公司白鹤滩工程建设部2个集体为主题教育先进典型。

张超然从事水电事业四十余年，兢兢业业、勤勤恳恳、不计名利、默默奉献，1999年被评为三峡工程优秀建设者，先后获得湖北省劳动模范、全国五一劳动奖章、全国劳动模范等荣誉称号。

二、传播情况

2013年，张超然获评第十三届全国职工职业道德建设评选表彰标兵个人，人民网刊发人物报道《三峡总工张超然：40年如一日 勤勤恳恳、兢兢业业》。稿件通过采访张超然和他身边的人，为读者们呈现了一个丰富立体的人物形象，整篇稿件分为"世纪工程勇于担当'技术总长'""超然物外演绎'净土'人生"和"转场金沙江成就'金色晚年'"三个部分。作为总工程师，张超然始终以"如临深渊""如履薄冰"的态度对岗位敬畏有加；作为学者，张超然一丝不苟。报道通过具体的故事细节展示了张超然攻坚克难、兢兢业业、不计名利、默默奉献的精神品质。

新华网评价他："他全情投入水电事业50余年，淡泊名利潜心科研攻关，为三峡工程倾注大量心血。他身上体现的是'科学民主、求实创新、团结协作、勇于担当、追求卓越'的三峡精神和鲜明的时代意识、责任意识。他的事迹是激励人们砥砺前行，追寻'三峡梦'的精神动力。"

除了人民网、新华网刊发的报道，澎湃新闻、清华校友总会和中国工程院等平台也转载刊发了很多张超然的报道。

2017年，中国三峡集团澎湃号发布关于张超然的专访文章《院士谈丨张超然：推进长江开发和保护的重要项目》，张超然院士讲述了他所了解的白鹤滩工程，也对工程建设提出了建议。

清华大学建校94周年之际，其官方网站刊登了《敬业者的人生——记三峡总公司总工程师张超然》，文章中指出"张超然1966年2月毕业于清华大学水利工程系。像许多水利工作者一样，他把能献身三峡工程建设事业，当作自己人生最大的追求。"

为传承弘扬三峡精神，发挥先进典型示范作用，激励干部职工不忘初心、砥砺前行，中国长江三峡集团推出视频《张超然的"超燃"人生——记中国工程院院士、三峡集团原总工程师张超然》。

（原视频请扫描二维码观看）

　　视频与配套的文字稿紧扣"超燃"二字，通过其"超燃"的笔记本、"超燃"的担当和"超燃"的数据，写出这位技术功底深厚、实践经验丰富、人品优良的老人，一生痴情水电开发事业，写出他足迹踏遍西南大地，青春陪伴大江大河，将一座座巨型水利水电工程定位成人生坐标，最终呈现出来的"超燃"的水电人生。

　　值得注意的是，三峡集团的官方抖音账号还推出了"你好，三峡人"的视频合集，其中多个视频都讲述了张超然的人生故事，有的视频展示了张超然参与过的工程与成就，有的介绍了他的人生事迹，还有的视频配上了更加生活化的文字。比如：那年除夕，青年博士给老人送来饺子，老人很高兴："今晚有过年饺子吃了！"青年问他过年准备了什么好吃的，老人笑说："什么都没买，就跟平常一样，昨天下午去买了两棵白菜回来。"这位"两棵白菜过春节"的老人，就是中国工程院院士、三峡集团原总工程师张超然。

三、传播效果

在关于张超然的新闻与成就的传播过程中，主要呈现出了两个方面的正能量评论，一方面，网友们为张超然点赞，为他竖起大拇指，表示"致敬""厉害"，另一方面，也有不少网友表示自己也参与了工程建设，比如提到"我也参与了""有幸参与三峡集团建设"，两种评论汇聚在一起，谱写出了关于三峡人、关于大国工程的积极向上的"共鸣曲"，让更多的人看到并感受到张超然的事迹，有利于传播先进的事迹，弘扬"科学民主、求实创新、团结协作、勇于担当、追求卓越"的三峡精神。

案例亮点

一是感人的故事细节。 如果要正面宣传一个人物，不能只是塑造一个"伟光正"的形象，而是要通过大量真实的故事，去刻画出一个能够让读者与观众们共情的人物。

描写真实的故事离不开充分的采访和对于人物生活工作中细节的挖掘。

这些细节一方面来源于采访对象本身，比如"两棵白菜过春节"的故事，写出了一位院士的淡泊名利。再比如，人民网的新闻稿件中提到"仅 2012 年，由张超然主持的金沙江下游水电项目技术专题会议就达 56 次。他主持会议时，总是认认真真听取专家和各方面意见，仔仔细细做笔记，晚上查看各种技术报告和资料，关键数据还要亲自算一遍，直至把问题搞清楚。"

另一方面，也源于对周围人物的采访，比如在稿件中采访张超然在三峡集团的同事和朋友，人民网在报道中采访过刘锋，他于 2006 年 5 月调入三峡集团，在此后两年多的时间里，主要跟着张超然工作，相当于担任张总工的秘书，他向记者谈起过工作时的一件"小事"：2007 年向家坝建设部请张总工前去审查 310 混凝土系统的基础处理方案，当时有个学术会议也邀请张超然参加，张超然毫不犹豫地推掉了外面的邀请，带着技术委员会的专家赶赴工地组织审查会。这种通过旁人采访所得的内容，更加突出了张超然急工程所急，一心扑在中国水电事业上。

可以说，人物的精神与品质正是通过这些被组织在新闻稿件之中的细节所塑造的，无论是采访张超然本人，还是对他身边人进行侧面采访，最终获得的细节与真实的故事都起到了勾勒人物形象、渲染人物精神、深化主题的作用。

二是真实的人物塑造。除了用细节勾勒人物，在新闻宣传中，人们常常会只写优点，避讳缺点，但是在现实生活中，人无完人，如果一味地歌颂人物光亮的一面，可能会削弱他所在的日常生活的根基，也会让人觉得到人物不够真实。

因此，在人民网的报道之中，并没有只写张超然的勤恳与奉献，也写到了他有些"不近人情"的一面，比如："2000年，远在日本的大女儿分娩在即，盼望亲人赴日照料。当时正赶上中国三峡总公司准备组团赴日本考察，总工程师张超然已在名单之内。但他坚决拒绝这种照顾，执意为老伴办理了因私出国护照，送老伴去日本照料女儿。在张超然眼里，公就是公，私就是私，没有公私兼顾的道理。"这种"缺点"的呈现反而更加凸显了张超然的执着与公正，也让读者与观众们感受到，这个人物是真实存在的，而非生长在空中楼阁里。

三是难忘的三峡印记。在关于张超然的宣传与报道中，三峡集团、三峡工程是不可割舍的一部分。在采访中，张超然说自己"是从三峡工程走出来的，我只为三峡工作"。可以说，他的人生与三峡工程无法分离。

在三峡集团进行树典型、学先进的过程中，三峡集团通过各种故事与媒介渠道报道了张超然的"超燃人生"，这具有典型性与代表性，因为张超然的故事之于弘扬三峡精神、发挥先进典型示范作用具有重要的意义和价值，他是三峡工程建设的奉献者，是科技攻关的攀登者，他的身上所折射出来的勤恳工作、无私奉献的精神也是三峡工程建设者们的精神。

四是丰富的音像资料。在文字报道之外，在张超然的故事与精神的传播过程中，也可以看到大量的影像资料，特别是在三峡集团官方账号发布的视频里，既有他较为年轻时的工作照片，也有较近时间段里的资料，既有在大国工程现场的工作视频，也有在办公室里辛勤工作的影像。

照片与视频不同于文字，它们具备瞬间纪实特性，通过一幅幅画面，以真实的形象再现了张超然的样貌、生活与工作的情形，让人们直观感受到这位院士的日常是什么模样。

文字是一种娓娓道来的叙述，用文字多角度、多方位地刻画人物，从而给读者带来更多更大的想象空间。照片则具备定格时刻的功能，是直接将张超然某一时刻的工作情景呈现出来；视频则是动态的照片，通过视频，观众能更加全面地了解张超然，比如他的工作环境如何，他如何与人沟通等。

不同媒介的配合，注意收集报道对象相关的文字、图片、影像资料，能够让这些资料在人物塑造之中相得益彰，刻画出一个真实、鲜活的人物。

航空工业

《与梦想一起飞》：我们的目标是星辰大海

——航空工业与梦想一起飞

中国航空工业集团有限公司（简称航空工业）以《与梦想一起飞》为主题，制作了航空宣传片。在宣传片中，以"梦想"为主线，讲述了中国航空事业以梦想开启未来之门，日积跬步逐渐实现梦想的历程，激励广大群众追寻梦想，心中要有"星辰大海"。该宣传片中呈现了诸如歼-20隐身战斗机、运-20大型运输机等已经在中国军队中服役的先进装备，并勾勒出舰载隐形无人机、未来空间站甚至空天飞机等仍未面世的先进装备，表现了中华民族在航空领域的不断追求。该宣传片在腾讯视频、哔哩哔哩等平台播出，达到了千万次的播放量，引起了不小的轰动，被看过的网友称赞为"科幻大片"。

▶▶ 基本情况

一、事件过程

2018年11月6日，第十二届中国国际航空航天博览会（简称第十二届中国航展）在珠海正式开幕，持续6天的展会是航空爱好者的盛宴。而就在航展开幕的前一天，作为主要的参展商，航空工业在网上发布《与梦想一起飞》的宣传片，引发广泛关注；同时又获得新华社的转发，相关文章获得10万+的阅读量，被看过的网友称赞为"科幻大片"。

二、传播情况

这部片子由航空工业影像中心首发于2018年11月5日，第十二届中国航展正式开幕前夕，借力这一年度性科技盛宴，迅速获得了广泛关注，也为珠海航展造势。

2018年11月6日，第十二届中国航展开幕当日，新华社微信公众号宣传珠海航展，发布标题为《酷！中国航展！帅！中国飞机》的文章，并转发了《与梦想一起飞》，进一步提高了宣传片的传播度。

该片子在网友们当中引发热议，也获得更多自媒体的讨论与转发，成为舆论场上的热点，让航空工业的高科技形象走进网友们心中。

三、传播反馈

作为一部为珠海航展预热性质的宣传片，其实并不一定会获得太多的关注，但这部《与梦想一起飞》却赢得了空前的关注，成为网友们讨论的焦点，让网友们感受到中国航空的强大实力，感受到中国科技的巨大进步。宣传片展示了多种先进精尖的航空设备，展示了中国航空为了梦想不断努力的过程，展示了中国通过航空工业武装军队、改善生活、振兴民族的决心。宣传片的内容震撼人心，宣传特效也同样具有令人热血沸腾。优质的内容加上精良的制作，令很多网友直呼"科技大片"，感慨"我们的征途是星辰大海"！

案例亮点

一是宣传内容方面，强国之梦，彰显大国实力。 宣传片以《与梦想一起飞》为标题，虽然文字不多，但处处点题。

"梦想，源于现在的每一天；梦想，源于今天的每一步；梦想，源于当下的每一次。为军队铸造梦想的盾牌；为生活插上梦想的翅膀；为民族开启梦想的引擎。与梦想一起飞行！"

宣传片前半段写"追梦"的故事，后半段写圆梦的畅想，将一个个追梦、圆梦的故事展开。

"识别已完成，允许进入指挥中心。"宣传片开头，随着识别完成，一个军人进入指挥中心，身后的五星红旗格外醒目。在科技感十足的指挥中心，可以看见无数高精尖的航空设备，可以看到浩瀚宇宙，更重要的是，可以看到科学家们精益求精、不断调试、发明更精密的设备，他们的努力都构成了逐梦的当下，这也正是宣传片所说的"梦想，源于现在的每一天"。随后镜头转向了广阔的室外飞行场地，飞行员们面向排列整齐、蔚为壮观的飞行器,全副武装,不断向前,他们步伐坚定地走向梦想,"梦想,源于今天的每一步"。在科技人员、飞行员的控制下,无数个飞行器起飞、腾空,场面令人震撼。与此同时,音乐也随之转换,更加令人振奋,当一个个飞行器在空中腾飞时,旁白随之出现:"梦想,源于当下的每一次"。

这是影片前半段追梦的故事,令人热血沸腾,激励着人们心存"星辰大海",并为之努力奋斗。而在后半段,则展现了中华民族如何通过科技强军、强国,同时也在改善人们的生活。

指挥员在指挥中心操纵设备,审时度势,而飞行员则驾驶飞行器在云中遨游,持枪战斗。航空器成我国军队的强大盾牌,也展示我国的强大军事实力。而战火熄灭后,中国军人又展示了他们的铁血柔情——拯救在受战火折磨的老百姓,把一个个难民儿童抱回飞机之中。随后,镜头切到孩子们无忧无虑玩耍的场景,与此同时,字幕随之而出:"为生活插上梦想的翅膀"。孩子们嬉戏的笑脸令人感慨,正是这强大的军事实力,才换来国泰民安和灿烂笑容。随着飞行器在城市、乡村、高原、平原等飞过,影片中出现了更多的充满希望的笑容。这些幸福的笑脸令人相信:"强国梦就是航空梦"。

在这些场景当中,高精尖的设备十分震慑人心。不过正如前面所描述的场景一样,这部影片不仅是设备的展示,更讲述有血有肉的故事。这部片子,与其说是一部宣传片,不如说是一部有故事有情节的微电影,既展现中国航空追梦圆满的科技之路,又展现中国航空、中国军事与普通百姓们紧密相连的关系。科技并非是冷冰冰的技术,更有对普通百姓的关心,对人民生活的改善。

二是制作手段方面,鸿篇巨制,展现先进科技。这部宣传片,最令网友拍手叫绝的正是制作手段,充满科技感的设备加上技术精湛的大制作,共同呈现出一个精神非凡的视觉盛宴,因此这部片子也被网友称为"科幻大片"。

首先在镜头语言上,通过"先进科技设备 + 大场面"的结合讲述"梦想"。与传统意义上的宣传片不同,这个片子不是仅仅以客观镜头展示当下的航空设备,而是采用了"科幻片""游戏感"的形式,以科幻的情节来表现当下我国的航空成就,同时又以"梦想"的形式畅想未来,具有无限的想象空间。一方面,这样科幻的场景搭配上游戏般的场景,既能展现高科技实力,同时也能够吸引年轻群体的关注和喜爱。另一方面,这里的科幻并不是完全想象的。例如,一架飞翼式布局的无人机搭乘航空母舰的升降机缓缓升起，被运送至航母的甲板，之后这款飞机又在影片中多次出现，包括诸如"编队飞行""航母着舰"等多个镜头。本片通过类似于科幻游戏的镜头营造科技的氛围，同时片中呈现的设备又有迹可循，虚实结合，更令人明白中国科技取得的卓越成就，并蕴含着强大潜力。

其次是在配色上，整体色调以蓝色为主，同时辅以亮银色，每个颜色都具有金属质感，充分体现现代元素。同时在片中的各个设备启动时，白色、银色、淡绿色、紫色等荧光色的灯光闪烁，既具有美感，又具有十足科技感。

（原视频请扫描二维码观看）

整体而言，这部宣传片的制作正如网友们所感慨："每一帧都堪比好莱坞大片！"从中也可见中国航空工业集团在这部宣传片的制作中下了不少功夫。

三是传播策划方面，多方传播，打造爆款视频。宣传片得到关注与其内容精彩、制作手段精良息息相关，而与此同时，也离不开传播的过程。

首先，以珠海航展为契机，借势传播。珠海航展（又称中国国际航空航天博览会）是由中央人民政府批准在中国珠海举办的国际性专业航空航天展览，从1996年开始举办，已经发展成为集贸易性、专业性、观赏性为一体，代表当今国际航空航天业先进科技主流，展示当今世界航空航天业发展水平的蓝天盛会，是世界五大最具国际影响力的航展之一。值此盛会，借助这一热度发布视频，可以获得更广泛的关注和更热烈的讨论。

其次，借力主流媒体，提高传播广度。航展开幕当日，新华社转发了《与梦想一起飞》，获得了10万+的阅读量，扩大了这个视频传播范围。中国航空工业集团依托中央企业的优势，获得中央媒体的关注，并能够凭借优质的内容获得中央媒体的推广，进一步提升了自身的影响力。

再次，结合视频特点，多平台发布，共同造势。该视频在腾讯视频、哔哩哔哩等平台发布，力求覆盖更广年龄层的受众，尤其获得年轻群体的关注和喜爱。例如，在哔哩哔哩上，可以看到很多年轻人发布的弹幕，通过诙谐幽默的话感慨"比游戏还刺激"。

最后，高精尖的仪器引发科技爱好者的解读和传播。如 DeepTech 深科技在知乎发布《中国隐身无人机今揭开面纱！珠海航展"科幻"宣传片有望成为现实》的文章，通过科普形式讲解视频中呈现的设备。从彩虹 7 号到"天宫"空间站，文章一一介绍了视频中具有科技感的设备，从专业性的角度进一步提高了视频的关注度。

这部片子既依托中央企业、中央媒体的传播优势，又凭借优质的内容赢得很多自媒体、网友的传播和二次传播，成为一部在网络上传播甚广、影响巨大的爆款视频。

四是视频价值方面，引发热议，传播正能量。视频播出后，网友们纷纷点赞、评论和转发，在广泛的赞誉中，可见本片的价值与意义。

首先，致敬中国航空。从精尖设备的呈现，到精良用心的大制作，都展现了航空工业所掌握的先进技术。这个视频既有专业的设备，让无数的航空爱好者钻研其中，进一步感慨中国航空的强大实力，又有通俗易懂的故事，让航空领域的"门外汉"也能领略中国航空的风采。总体而言，视频能够走进不同群体的心里，有助于提高航空工业在大众中的认知度，塑造一个先进、强大的企业形象。

酷！中国航展！帅！中国飞机！

新华社　2018-11-06 17:08　发表于北京

今天，第十二届中国国际航空航天博览会（简称中国航展）在珠海正式开幕！据悉，**本届航展将是中国航展迄今规模最大的一次。**

其次，致敬中国人民解放军。片中呈现高科技运用下的战争场景，展现我国强大的军事实力，但更重要的是战后对于百姓的照顾。战火无情，战争是可怕的，在残酷战争中展现温暖一面，展现了中国人民解放军是一个为了百姓、为了人民的队伍，中国是一个热爱和平的国家。拥有了强大的武器，是为了保家卫国、保护人民，这也让更多的受众由衷地致敬中国人民解放军。

再次，激发民族自豪感。在评论中，"帅、酷、赞！""大国重器！飒爽英姿"等赞扬随处可见，足见百姓们对于中国先进科技成就的自豪感。而也有网友感慨："我们啊，再也不会被欺负了"，经过一代又一代航空人的努力，中国已经能够自信地站在世界舞台上。通过展示这样的技术，让百姓们对生于华夏感到安全、感到自信、感到幸福。

最后，激发广大网友勇敢追梦、幸福圆梦。该片以"梦想"为主题，讲述中国的航天梦、军事梦，但是这些梦想并不是宏大遥远的，国家的命运与个体的命运紧密联系在一起，每个人的目标都可以是星辰大海。片中通过讲述中国航空的追梦历程、并最终圆梦的结果，启发受众："梦想，源于现在的每一天；梦想，源于今天的每一步；梦想，源于当下的每一次。"鼓励人们为了梦想拼搏和奋斗，总能与梦想一起飞！

中航集团

保护生物多样性，"绿色翅膀"助飞品牌形象

—— "生物多样性保护"主题航班系列报道

2021年10月11日，联合国《生物多样性公约》缔约方大会第十五次会议（COP15）于中国昆明开幕。期间中国国际航空股份有限公司（简称国航）携手中华环境保护基金会举办"生物多样性保护"系列主题航班活动，中国航空集团有限公司各单位同参与、共保障，助力COP15大会圆满成功。

活动前后，微信公众号中国国际航空发布一篇名为《万物生长 国航'生物多样性保护'主题航班飞往昆明》的推文中国民航报上也刊出一篇题为《国航举办"生物多样性保护"主题航班活动》的文章。中央广播电视总台、北京青年报、澎湃新闻、封面新闻、中国环境报等各大媒体相继对其进行报道，树立起了中航集团的责任担当和良好企业形象，促进了在全社会形成保护生物多样性、绿色出行的新风尚。

▶▶ 基本情况

一、事件过程

COP15开幕前后，国航打造了主题客舱和航班，在客机上开展生物多样性宣传，传递绿色保护理念，为盛会的顺利举办营造良好舆论氛围，引导动员社会各界参与生物多样性保护。国航选择最为先进、环保的空客A350机型执飞，共飞行14班，为2800余名乘客提供了"生物多样性保护"知识宣传，并对所有主题航班进行碳排放抵消。

10月9日13时42分，国航CA1667航班从首都机场平稳飞抵昆明长水国际机场，这是国航携手中华环境保护基金会举办"生物多样性保护"系列主题航班活动的首个航班。活动以"万物生长"为主题，倡导旅客共同保护生物多样性，共建地球生命共同体，共谋人与自然和谐共生之道。

同日上午9时，国航在首都机场举办了国航"生物多样性保护"主题航班首飞仪式，北京绿色交易所在活动现场为国航颁发了碳中和航班证书。活动当天，"生物多样性保护"主题元素从地面延伸至航班飞行的各个环节。国航在首都机场自营休息室设置了生物多样性保护倡议板，并在主题航班登机口摆放宣传海报和动物合影立板供旅客合影留念。同时，国航对客舱全舱进行了主题布置，并在机舱娱乐系统中增加了"保护生物多样性，共建生命共同体"以及"国航节能环保"系列视频，向旅客发布"生物多样性保护"电子倡议书，旅客可以通过电子设备观看，了解更多生物多样性保护知识。

此外由国航捐赠，并携手中华环境保护基金会共同设立了"国航长江生态保护基金"，开展"国航守护长江生态行"公益项目。项目将积极支持生物多样性保护目标的实现，发挥国航平台优势，汇聚资源，在长江沿线各地开展生物多样性保护公益活动。

二、传播情况

对于航空公司而言，宣传是强化社会大众对其产生印象的过程，而固定认知的形成和塑造是循序渐进、不断强化的。国航在每年的不同时期，连续性、经常性地通过人际传播、媒体传播、印刷资料传播等方式，从多维度、立体化向社会公众报道公司绿色出行和保护生物多样性的理念，这种长期"和风细雨"式的深入宣传有助于更自然、更深刻地树立好其特色品牌形象，宣传效果也会更好。

国航对绿色环保的倡导由来已久。2021年国航在北京总部就率先开展了拒绝使用一次性杯子项目，通过限制使用、近零使用，于7月实现"零使用"目标。而后将"全国低碳日"与"节能宣传周"相结合，开展"节能降碳，绿色发展"主题活动，一方面引导全体员工形成勤俭节约风尚，另一方面在给人们的认知转变提供铺垫。

COP15前后，国航对"生物多样性保护"主题航班进行了集中报道，通过互联网、杂志报纸、媒体广告牌等多种方式展出，抓住"绿色环保"的重点，提高其宣传效率。

而在此后的冬奥期间，国航重提绿色出行，推出一项名为"净享飞行低碳行"的自愿碳抵消服务，旨在为旅客提供便捷的低碳出行服务，降低航空出行碳排放对于环境的影响。通过建立一站式碳抵消平台，为旅客提供飞行碳足迹计算及国家核证减排量碳抵消服务，帮助旅客实现飞行"碳中和"。旅客可以通过飞行里程和现金支付的方式参与植树造林等碳减排项目，项目收入则将被用于支持国家发改委备案的碳减排项目。

2022年国际生物多样性日前后，国航、腾讯公益和中华环境保护基金会再次联手为"国航守护长江生态行"公益项目宣传。中国国航App开启"净享飞行生态行"活动，乘客只需点击专栏参与环保承诺、每日任务、环保问答等活动，将收集到的"竹子"奖励投入到长江生态保护公益活动中，就可以为减少碳排放、促进环境保护贡献一份力量。

COP15早已落幕，国航的绿色出行理念进入常态营运阶段，受众难免容易在感官上产生倦怠。国航在此后结合其他时事热点重提环保，打造主题活动，在长期的持续报道下，其传播力、引导力、影响力和公信力都得到了彰显。

三、传播反馈

国航"生物多样性保护"主题航班的相关报道在各个平台都取得了较好的传播效果。在COP15期间，由北京往返昆明的14个"生物多样性保护"主题航班受到多方好评。中央广播电视台、北京青年报和澎湃新闻等主流媒体相继对这一主题航班进行宣传报道，促进了社会公众的一致认可，大范围地实现了品牌的文化传播。

同时，生物多样性主题元素也从空中延伸到了网友的指尖，国航推出的9张讲述生物多样性故事的飞行海报让很多网友眼前一亮："太可爱啦，太哇塞啦，好多都没见过哎。"在抖音相关短视频的评论区，网友也纷纷评论"漂亮""国航yyds""保护生态环境，国航一直在路上"。国航的微信公众号推送的《万物生长 国航'生物多样性保护'主题航班飞往昆明》阅读量也达到了1.8万。

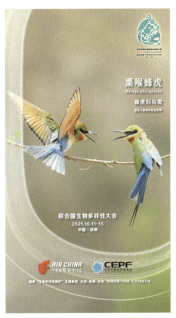

社交媒体为消费者表达态度提供了平台，同时也是传播态度的空间。从本案例中可以发现，要了解影响受众接受品牌传播的因素，针对不同平台受众制作不同内容，用人们喜闻乐见的形式传播品牌文化，才能收到受众反馈，提高交流互动的效率。

案例亮点

一是借力社交媒体，创新融合方式。企业媒体宣传是塑造企业形象、培育企业文化的重要手段，是其"软实力"的集中体现。随着互联网的不断发展，企业媒体宣传方式由传统单一的报刊、电视宣传逐渐向社交媒体延伸发展，例如于 2016 年 9 月上线的短视频 App "抖音"，其优秀的数据表现被很多企业作为宣传的新手段。因这类 App 具有平民化、交互快、自由和低门槛、易操作等特点，传播内容及方式更接地气，也更容易得到观众的接受。在 COP15 期间，国航通过社交媒体平台发布短视频，以更轻松可理解的方式宣传了生物多样性主题航班。

不过在社交媒体宣传并非立竿见影的事情，需要不断地投入资源，投入较多同类视频形成特色的 "内容包"，形成自己的特色。国航在抖音上推出了 "好听的机长广播" 合集，一方面宣传了主题航班，另一方面又延续了品牌的宣传特色，起到一石二鸟的效果。

（原视频请扫描二维码观看）

二是实在空间与虚拟空间相结合。 近年来，互联网、大数据、人工智能等新型媒体技术在政策性利好之下急速成长，建构了全新的传播模式。互联网的信息传播能力已经获得了公众和各类机构的认可，今天已经很少有人能够忽视互联网在文化传播方面的力量。甚至可以说宣传的主要阵地早就转到线上，无论是媒体的两微一端平台，还是以短视频为主要表现形式的新型社交媒体，"得网民者得天下"，虚拟空间在公共领域中攻城略地，不断分流受众的注意力。

然而，传播离不开其物质性。实在空间中直观的外在形象展示，不仅给接触该事物的受众留下深刻的印象，而且还能够使其在反复接触中因熟悉而产生认同。人们需要通过眼睛来真实地看到，通过身体来真实地感受到。

国航的"生物多样性"主题航班策划就顺应了这一传播物质性的本质，不仅停留在线上活动的层面，更巧妙地对实在空间进行了一次直接"策展"。装饰飞机外壁、布置客舱全舱主题、在休息室设置了生物多样性保护倡议板、登机口摆放海报和动物合影立板……绿色的元素从地面延伸至航班飞行的各个环节。在系列安排下，乘客切身置入到一个倡导环保的物质环境中，能够调动全部感官来接受信息，环保的相关符号深深嵌入每一位参与者脑中。

这样的装饰和布置也为线上传播提供了素材。国航微信公众号的推送里就附有大量图片和一段 46 秒的短视频，以航班机长播报为背景线索，以第一人称视角呈现了从登机到整个飞行过程中的体验。在哔哩哔哩等视频网站，相关飞机爱好者上传了大量关于"中国国际航空公司 COP15 专机于昆明长水国际机场跑道起飞 / 降落"的视频。利用摄影摄像的手段还原"现实"，结合虚拟空间进行线上宣传，最终达到持续不断地传播公司绿色出行文化的意义和价值的效果。

三是顺应时代，宣传方针与国家发展路径同向同行。中航集团认真贯彻落实党中央、国务院决策部署，将自身发展与社会生态文明建设相结合，加强顶层设计，实施系统管理，形成了"横向到边，纵向到底"的节能环保管理网络，开展了从空中到地面的全方位节能减排项目。作为国资央企，中航集团始终秉持"绿色运营，可持续发展"理念，不断提升运行效率，最大限度减少自身碳排放对环境的影响，助力长江经济带生态环境系统保护修复和绿色高质量发展。步入"十四五"阶段，依然持续抓紧抓好节能环保工作，以改革创新为动力，以减碳治污为抓手，紧贴行业实际、强化工作举措，为推动生态文明建设实现新进步、美丽中国建设迈上新台阶、生物多样性保护开创新局面不断地做出新的贡献。

长期以来，中航集团一直坚持"绿色飞行"，关注碳排放管理，盯紧关键环节，多措并举，形成合力，力促低碳运行。在机队建设上，通过优化机队结构，引进高燃效机型，构建机龄年轻、技术先进的绿色机队；在运行节油上，开展飞机性能监控、实施计算机计划油量精细化管理等方法，有效降低航班油耗。COP15 期间的

"生物多样性保护"系列主题航班活动正是国航落实生态环境部相关要求，积极开展环保公益宣传，传递"绿色运营，可持续发展"理念的重要举措。

以本案例为鉴，国资央企在进行宣传时首先要找准主题立意，结合相关时事有的放矢，同时顺应时代特色，令宣传方针与国家发展路径同向同行；其次，要注重持续宣传，"罗马不是一天建成的"，塑造良好的公司品牌形象也绝非一朝一夕的短期行为，取决于企业长期以来的持续经营，需要在其已有的基础上不断调整、发展和创新，强化人们的认知；此外，在移动互联网时代，尤其要注重运用社交媒体进行宣传，融合多种形式，全方位创新报道的手段；同时，现实空间的活动策划是虚拟空间传播的基础，要把握好每一次线下活动的机会，用心设计相关环节，融入主题特色元素进行布置，以积累大量精品素材为前提，线上线下结合报道，最终达成宣传效果最大化的目的。

上述这些方法与措施都应成为中航集团后续报道的发力点所在，不仅要做好实事，更要做好宣传，发挥品牌作用，扩大社会效益。